Anton-Rudolf Götzenberger

Anlagestrategien vor der neuen Abgeltungsteuer

Anton-Rudolf Götzenberger

Anlagestrategien vor der neuen Abgeltungsteuer

Gestaltungstipps für die steuereffiziente Geldanlage im In- und Ausland

Mit über 100 Praxistipps

Bibliografische Information Der Deutschen Bibliothek

Die Deutsche Bibliothek verzeichnet diese Publikation in der Deutschen Nationalbibliografie; detaillierte bibliografische Daten sind im Internet über http://dnb.ddb.de abrufbar.

Das Werk ist urheberrechtlich geschützt. Alle Rechte, insbesondere die Rechte der Verbreitung, der Vervielfältigung, der Übersetzung, des Nachdrucks und der Wiedergabe auf fotomechanischem oder ähnlichem Wege, durch Fotokopie, Mikrofilm oder andere elektronische Verfahren sowie der Speicherung in Datenverarbeitungsanlagen, bleiben, auch bei nur auszugsweiser Verwertung, dem Verlag vorbehalten.

ISBN 978-3-7093-0197-5

Es wird darauf verwiesen, dass alle Angaben in diesem Fachbuch trotz sorgfältiger Bearbeitung ohne Gewähr erfolgen und eine Haftung des Autors oder des Verlages ausgeschlossen ist.

© LINDE VERLAG WIEN Ges.m.b.H., Wien 2008
1210 Wien, Scheydgasse 24, Tel.: +43/1/24 630
www.lindeverlag.at

Umschlag: buero8
Satz: deleatur, Dr. Ing. Karl Giesriegl (www.deleatur.com)
Druck: Hans Jentzsch & Co. GmbH., 1210 Wien, Scheydgasse 31

Inhalt

Abkürzungsverzeichnis 13

Vorwort 17

Teil I: Die neue Besteuerung der Einkünfte aus Kapitalvermögen mit Abgeltungsteuer 19

Allgemeines 20
Gewinner und Verlierer der Abgeltungsteuer 26
Der maßgebliche Abgeltungsteuersatz 28
    Steuerberechnung 29
Wichtige Stichtage für Kapitalanleger mit Einführung der Abgeltungsteuer ... 30
Das System der Abgeltungsteuer im Vergleich zur Besteuerung von Kapitaleinkünften aus dem betrieblichen Bereich von Personenunternehmen und Kapitalgesellschaften 32
    Der Subsidiaritätsgrundsatz 32
    Wann zählen Kapitalanlagen zum Betriebsvermögen? 33
    Das Teileinkünfteverfahren 36
    Zusammenfassende Übersichten 37
Von der Abgeltungsteuer erfasste private Kapitaleinkünfte .. 39
    Allgemeines 39
    Abgeltungsteuer auf laufende Einkünfte 40
        Überblick 40
        Besteuerung von Dividenden 43
    Abgeltungsteuer auf Veräußerungsgewinne 45
        Überblick 45

Bemessungsgrundlage für Veräußerungsgewinne 49
Fiktive Veräußerungstatbestände 50
Besonderheiten für unmittelbare oder mittelbare Beteiligungen an
Personengesellschaften 50
Besteuerung von Zertifikaten 51
Besteuerung von Investmentfondsanteilen............................ 52
Laufende Erträge, ausschüttungsgleiche Erträge und ausgeschüttete
Gewinne aus Wertpapieren 52
Veräußerung von Investmentfondsanteilen 54
Besteuerung von Kapitallebensversicherungen und fondsgebundenen
Lebensversicherungen... 56
Sonderregelung für bestimmte Darlehen und
Back-to-back-Finanzierungen.. 60
Kapitalerträge aus Beteiligungen mit unternehmerischen Interessen 62

Abgeltungsteuer bei Vermögensübertragungen auf andere Gläubiger sowie
im Erbfall und bei Schenkungen.. 62

Abgeltungsteuer bei Depotübertragungen: Vermeidung der Strafsteuer! 64

Abzugsverbot für Werbungskosten 65

Verlustverrechnung aus Kapitalanlagen 68
Allgemeine Verlustverrechnung und Verlustverrechnungstopf 68
Besonderheiten bei Stückzinsen 71
Besonderheiten bei Spekulationsverlusten aus Aktiengeschäften 71
Steueroptimale Berücksichtigung der Altverluste aus Kapitalvermögen
und privaten Veräußerungsgeschäften 73
Verluste aus Einkünften aus Kapitalvermögen 73
Altverluste aus privaten Veräußerungsgeschäften................... 73

Befreiung von der Abgeltungsteuer durch Vorlage einer Nichtveranlagungs-
Bescheinigung.. 74

Sparer-Pauschbeträge und Freistellungsauftrag.......................... 75

Abgeltungswirkung, Günstigerprüfung und Antragsveranlagung 77
Berücksichtigung abgeltungsteuerpflichtiger Kapitaleinkünfte für
steuerliche und außersteuerliche Zwecke........................... 77
Antragsveranlagung und Günstigerprüfung 79

Übergangs- und Altbestandsregelung, Bestandsschutz für vor dem 1.1.2009
erworbene Wertpapiere.. 82
Allgemeine Regelungen 82
Sonderregelungen für Zertifikate 82
Sonderregelungen für Investmentfonds.............................. 83

  Anteilscheine an Publikumsfonds 83
  Anteilscheine an Spezialfonds 85
  Wertpapierveräußerungen aus Alt- und Neubestand 85
Fokus: Einkünfte aus Kapitalvermögen, die im
Steuerveranlagungsverfahren mit dem Abgeltungsteuersatz besteuert werden . 86

Teil II: Steueroptimierte Vermögensanlagestrategien vor Einführung der Abgeltungsteuer 89

Allgemeines 90
Konzentration aller Wertpapieranlagen auf ein Depot zur sofortigen
Verlustverrechnung und Vermeidung von Liquiditätsnachteilen 94
Steueroptimierung fremdfinanzierter Wertpapieranlagen nach dem 31.12.2008 94
Verlagerung von Zinserträgen mit „negativen" Stückzinsen 96
Verlagerung von Zinserträgen durch Umschichtungen in Zero-Bonds,
sonstige Abzinsungspapiere, Kombi-/Gleitzinsanleihen und niedrig
verzinsliche Anleihen 98
Wertpapiere mit Emissionsdisagio innerhalb der Disagiostaffel 101
Währungsgewinne in 2008 letztmals steuerfrei vereinnahmen 102
Veräußerung von Lebensversicherungen 103
Vermögensanlagestrategien mit Investmentfonds 104
  Allgemeines 104
  Mischfonds 104
  Dachfonds 105
  Fondssparpläne in Fondspolicen umschichten 107
  Immobilienfonds: Steuerfreie Wertzuwächse realisieren 108
  Aktiv gemanagte Fondsinvestments (Investmentfonds mit vermögens-
  verwaltendem Charakter) 108
    Allgemeines 108
    HVB FirstMandat-Fonds 109
  Ausländische thesaurierende Fonds: Attraktiver Steuerstundungseffekt . . . 111
    Allgemeines 111
    Aktien Bonus- und Discount-Zertifikate Fonds mit Schweiz-Depot . . . 112
Vermögensanlagestrategien mit ausländischen Privat- und Spezialfonds 113
  Allgemeines 113
  Vorteile von Privat- und Spezialfonds für vermögende Kapitalanleger 114
  Steuerliche Sonderregelungen bei der Veräußerungsgewinnbesteuerung
  für ausländische Spezialfonds 116

Vermögensanlagen in Luxemburger Spezialfonds 118
   Allgemeines... 118
   Rechtsform und Gründung 119
   Personelle Voraussetzungen des Fondsgründers.................... 119
   Rückgabe der Fondsanteile und Auflösung des Fonds (Exit) 120
   Besteuerung des Spezialfonds in Luxemburg..................... 120
   Besteuerung des deutschen Fondsanteilseigners 121
   Nachlass- und Vermögensplanung mit Teilfonds 122
   Kosten und Wirtschaftlichkeitsaspekte 122
   Zusammenfassende tabellarische Übersicht....................... 123
Vermögensanlagen in österreichische Privatfonds 123
   Allgemeines... 123
   Rechtsform und Gründung 124
   Der Vermögenstransfer 125
   Die Fondsbeteiligten 126
   Asset Allocation, Fondsbestimmungen und Anlagerichtlinien 127
   Rückgabe von Fondsanteilen und Auflösung des Fonds (Exit) 131
   Besteuerung des Fonds in Österreich............................. 131
   Besteuerung des deutschen Fondsanteilseigners 131
   Ausübung von Stimmrechten aus dem Fondsvermögen (Proxy Voting). 135
   Kosten und Wirtschaftlichkeitsaspekte 135
   Zusammenfassende tabellarische Übersicht....................... 136
Vermögensanlagen in liechtensteinische Anlagefonds
(Investmentunternehmen) 137
   Allgemeines... 137
   Die einzelnen Fondstypen 138
   Gründung und gesellschaftsrechtliche Ausgestaltung 139
   Der Vermögenstransfer 140
   Die Fondsbeteiligten 141
   Asset Allocation und Anlagevorschriften 142
   Rückgabe von Fondsanteilen und Auflösung (Exit) 142
   Besteuerung der Investmentunternehmen in Liechtenstein 143
   Besteuerung des deutschen Fondsanteilseigners 143
   Kosten und Wirtschaftlichkeitsaspekte 145
   Laufende Kosten für die Führung des Fonds 146
Vermögensanlage und Vermögensplanung mit der Luxemburger SOPARFI
und der Familienvermögensverwaltungsgesellschaft SPF 147
Vermögensverlagerungen auf Kinder 148
Der abgeltungsteueroptimale Vermögensverwaltervertrag 152

Teil III: Abgeltungsteuerfreie Anlagestrategien 155

Geschlossene Beteiligungsmodelle 156
    Checkliste für ein erfolgreiches Investment in geschlossene
    Beteiligungsmodelle 157

Immobilienanlagen 157
    Allgemeines 157
    Eigengenutzte Immobilien 158
    Vermietete Immobilien zur Vermögensanlage 158
    Immobilienfonds 159
    Immobilienaktien und REITs 160
    Steuerliche Behandlung von Immobilienanlagen hinsichtlich der
    Abgeltungsteuer 161

Schiffsbeteiligungen 163
    Allgemeines 163
    Besteuerung von Schiffsbeteiligungen (Tonnagesteuer) 163
    Beispielhafte Beteiligungsmodelle 165

Dachfondslösungen für geschlossene Beteiligungsmodelle in Sachwerte 167
    Allgemeines 167
    Beispielhaftes Beteiligungsmodell 168

Geldanlagen im Mantel einer liechtensteinischen Lebensversicherung 169
    Allgemeines 169
    Warum Liechtenstein? 169
    Rahmenbedingungen des Versicherungsplatzes Liechtenstein 170
    Die einzelnen Schritte 173
    Der Versicherungsschutz 175
    Steuerliche Beurteilung 175
    Zinseszins-/Steuerstundungseffekt mit liechtensteinischen
    Lebensversicherungen 176
    Beispielhaftes Anlagekonzept für liechtensteinische
    Versicherungslösungen 176

Teil IV: Altersvorsorgeplanung unter Berücksichtigung der Abgeltungsteuer 179

Allgemeines 180

Klassische Vorsorgemodelle: Banksparpläne und private
Rentenversicherungen 181

Besteuerung von privaten Rentenversicherungen 182

Steueroptimiertes betriebliches Altersvorsorgesparen 184

Staatlich geförderte Altersvorsorgeprodukte 188
   Riester-Rente... 188
      Allgemeines.. 188
      Geförderte Altersvorsorgeprodukte und Förderumfang 188
      Steuerliche Behandlung 189
   Private Basis(Rürup-)Rente.. 190
      Allgemeines 190
      Geförderte Altersvorsorgeprodukte und Förderumfang 191
      Steuerliche Behandlung..................................... 192
Die Altersvorsorge-Sondervermögen (AS-Fonds) 193
Fondspolicen-Rente durch steuerbegünstigtes Investmentfondssparen 194
   Fondspolice versus Kapitallebensversicherung........................ 194
   Die Fondspolicen-Rente im Detail 195
   Beispielhaftes Vorsorge-Fondssparkonzept........................... 198
   Nettopolicen für mehr Transparenz und Kapitalanlegerschutz 199
   Fondspolicen mit dynamischer Allokation............................200
      Allgemeines..200
      Beispielhaftes Vorsorgekonzept mit Fondspolicen mit dynamischer
      Allokation..200

Teil V: Das abgeltungsteuerfreie Konto im Ausland.... 205

Allgemeines 206
   Wahl des Anlagelandes: Checkliste der wichtigsten Kriterien............206
   Wahl der Auslandsbank: Global Investment Performance Standards
   (GIPS) als Auswahlkriterium 207
Die Besteuerung ausländischer Kapitaleinkünfte 208
   Allgemeines...208
   Anrechnung von ausländischen Quellensteuern auf die Abgeltungsteuer .. 210
Das Konto in der Schweiz 212
   Allgemeines... 212
   Bankgeheimnis, Amts- und Rechtshilfe 212
   Kontoarten und Einlagensicherung 216
   Die Suche nach der richtigen Bank................................. 218
   Besteuerung der Kapitalerträge auf nationaler Ebene 219
      Verrechnungssteuer 219
      EU-Steuerrückbehalt..220
Das Konto im Fürstentum Liechtenstein 222
   Allgemeines...222

Bankgeheimnis, Amts- und Rechtshilfe................................223
Kontoarten und Einlagensicherung...................................225
Die Suche nach der richtigen Bank..................................225
    Das Bankensystem...225
    Ausgewählte Geschäftsbanken..................................226
Besteuerung der Kapitalerträge auf nationaler Ebene.................228
Exkurs: Der Brunei-Trust als Kontoinhaber eines
Vermögensanlagekontos in Liechtenstein 229

Das Konto in Österreich...231
    Allgemeines..231
    Bankgeheimnis, Amts- und Rechtshilfe 231
    Kontoarten und Einlagensicherung 234
    Die Suche nach der richtigen Bank..............................236
        Das Bankensystem..236
        Zollausschlussgebiete Vorarlberg/Mittelberg und Jungholz..........236
        Online-Banking in Österreich...............................240
    Besteuerung der Kapitalerträge auf nationaler Ebene..............241
        Allgemeines..241
        Sonderregelungen für Investmentzertifikate....................244

Das Konto in Luxemburg 246
    Allgemeines..246
    Bankgeheimnis, Amts- und Rechtshilfe..........................247
    Kontoarten und Einlagensicherung 250
    Die Suche nach der richtigen Bank..............................251
    Besteuerung der Kapitalerträge auf nationaler Ebene..............251
Fokus: Das Konto im Dubai International Financial Center 251

Teil VI: Abgeltungsteuer im internationalen Vergleich..255

Überblick..256
Fokus: Deutsche Abgeltungsteuer und österreichische Kapitalertragsteuer
im Vergleich...257
    Allgemeines..257
    Vermeidung der deutschen Abgeltungsteuer durch Verlagerung der
    „Lebensinteressen" nach Österreich 260

Stichwortverzeichnis..263

Abkürzungs-verzeichnis

a.a.O.	am angegebenen Ort
a.F.	alte Fassung
Abl.	Amtsblatt der Europäischen Gemeinschaften
Abs.	Absatz
AEAO	Anwendungserlass zur Abgabenordnung
AG	Aktiengesellschaft
Anm.	Anmerkung
AO	Abgabenordnung
Art.	Artikel
AstG	Außensteuergesetz
Aufl.	Auflage
AV	Anlagevermögen
BA	Betriebsausgaben
BA-Abzug	Betriebsausgabenabzug
BaG	Schweizer Bundesgesetz über die Banken und Sparkassen v. 8.11.1934
BAO	Bundesabgabenordnung
BayObLG	Bayerisches Oberstes Landesgericht
BetrAVG	Deutsches Betriebsrentengesetz
BewG	Bewertungsgesetz
BFH	Bundesfinanzhof
BGB	Bürgerliches Gesetzbuch
BGBl.	Bundesgesetzblatt
BMF	Bundesminister der Finanzen
BStBl.	Bundessteuerblatt
Buchst.	Buchstabe
BverfG	Bundesverfassungsgericht
B-VG	Österreichisches Bundes-Verfassungsgesetz

BZSt	Bundeszentralamt für Steuern
bzw.	Beziehungsweise
DBA	Doppelbesteuerungsabkommen
DBG	Bundesgesetz über die direkten Bundessteuern (Schweiz)
DIFC	Dubai International Financial Centre
DStR	Deutsches Steuerrecht (Zeitschrift)
EBK	Eidgenössische Bankenkommission
EFTA	European Free Trade Association
EGVVG	Einführungsgesetz zum Versicherungsvertragsgesetz
EstG	Einkommensteuergesetz
EstH	Einkommensteuer-Handbuch, Amtliche Hinweise
EstR	Einkommensteuerrichtlinien
EU	Europäische Union
EuRHÜK	Europäisches Übereinkommen über die Rechtshilfe in Strafsachen
EU-RL	EU-Zinssteuer-Richtlinie
EU-QuStG	Österreichisches EU-Quellensteuergesetz
EWR	Europäischer Wirtschaftsraum
FATF	Financial Action Task Force on Money Laundering
FinStrG	Finanzstrafgesetz
Fn.	Fußnote
GewStG	Gewerbesteuergesetz
GmbH	Gesellschaft mit beschränkter Haftung
GrEStG	Grunderwerbsteuergesetz
HGB	Handelsgesetzbuch
i.d.F.	in der Fassung
i.d.R.	in der Regel
i.H.v.	in Höhe von
i.S.	im Sinne
i.V.m.	in Verbindung mit
InvFG	Österreichisches Bundesgesetz über Kapitalanlagefonds – Investmentfondsgesetz
InvStG	Deutsches Investmentsteuergesetz
IRSG	Bundesgesetz über internationale Rechtshilfe in Strafsachen
JStG 2008	Jahressteuergesetz 2008
KESt	Österreichische Kapitalertragsteuer
KG	Kommanditgesellschaft
KSt	Körperschaftsteuer
KStG	Körperschaftsteuergesetz
KV	Kapitalvermögen
KWG	Kreditwesengesetz
LGBl.	Landesgesetzblatt
NWB	Neue Wirtschaftsbriefe (Zeitschrift)
OECD	Organization of Economic Cooperation and Development
OFD	Oberfinanzdirektion

OGH	Oberster Gerichtshof
REIT	Real Estate Investment Trust
RHAbgV	Deutsch-österreichischer Vertrag vom 4.10.1954 über die Rechtshilfe in Abgabesachen
RHG	Liechtensteinisches Rechtshilfegesetz
RHStrV	Deutsch-österreichischer Vertrag vom 31.1.1972 über die Ergänzung des Europäisches Übereinkommen über die Rechtshilfe in Strafsachen
Rz.	Randziffer
Solz	Solidaritätszuschlag
SOPARFI	Société de participation financière
SPF	Société de Gestion de Patrimoine Familial
SPG	Liechtensteinisches Sorgfaltspflichtgesetz
SR	Systematische Rechtssammlung (Schweiz)
TEU	Twenty-foot Equivalent Unit (Maß für die Ladekapazität bzw. Transportkapazität von Containerschiffen)
Tz.	Textziffer
VAE	Vereinigte Arabische Emirate
VersAG	Liechtensteinisches Versicherungsaufsichtsgesetz
VersAV	Liechtensteinische Versicherungsaufsichtsverordnung
Vgl.	Vergleiche
VSB	Vereinbarung über die Standesregeln zur Sorgfaltspflicht der Banken
WK	Werbungskosten
z.B	Zum Beispiel

Vorwort

Die „Abgeltungsteuer kennt fast nur Verlierer". So brachte es die Presse – z.B. die Tageszeitung „Die Welt" – in einem Beitrag vom Juli 2007 auf den Punkt – und besser hätte man es auch nicht ausdrücken können. Bundesfinanzminister Steinbrück meinte in seiner Rede am 25. Mai 2007 anlässlich der abschließenden Beratung des Bundestages über den Entwurf des Unternehmensteuerreformgesetzes 2008, dass es besser sei, „25 Prozent auf X zu haben statt 42 Prozent auf gar nix. So simpel ist die Rechnung".

Abstrakt betrachtet mag diese simple Rechnung logisch erscheinen – doch aufgehen wird sie nicht! Kapitalanleger, die bisher rund die Hälfte ihrer Einkünfte mit dem Fiskus teilen mussten, werden einen Steuersatz von „nur" 25 bzw. 27,82 Prozent mit Solidaritätszuschlag und Kirchensteuer auf den ersten Blick verlockend empfinden. Der informierte Kapitalanleger weiß jedoch, dass sich die effektive Steuerlast nicht allein nach dem Steuersatz bemisst. Es bedarf vielmehr auch einer steuerlichen Bemessungsgrundlage – dem zu versteuernden Einkommen.

Und die steuerliche Bemessungsgrundlage erhöht sich durch den Wegfall des Werbungskostenabzuges und des Halbeinkünfteverfahrens für Dividenden und Veräußerungsgewinne aus Aktienanlagen ganz erheblich. Das Verbot des Werbungskostenabzugs trifft insbesondere Anleger mit fremdfinanzierten Wertpapieranlagen. Die Abgeltungsteuer droht hier zu einer echten Bruttobesteuerung zu werden.

Die Abgeltungsteuer negiert ferner beim Kapitalgeber die Vorbelastung der Eigenfinanzierung mit Gewerbe- und Körperschaftsteuer. Durchgerechnet bis zum Kapitalgeber summiert sich die Belastung der Eigenfinanzierung auf rund 48 Prozent (30 Prozent Unternehmenssteuer zzgl. 25 Prozent Abgeltungsteuer auf 70 Prozent der Kapitalerträge).

Der schmerzlichste Eingriff der Abgeltungsbesteuerung in die private Vermögensanlage und Vermögensplanung ist jedoch zweifelsohne der Wegfall der einjährigen Spekulationsfrist für private Veräußerungsgeschäfte. Die Abgeltungsteuer entwickelt sich dadurch zu einer Wertzuwachs- oder Substanzsteuer.

Die deutliche Verschlechterung der Rahmenbedingungen für die Kapitalanlagen in Deutschland wird zur weiteren Kapitalflucht in ausländische Finanzplätze führen. Der fünfte Teil dieses Buches ist daher dem abgeltungsteuerfreien Konto im Ausland gewidmet. Das abgeltungsteuerfreie Konto im Ausland bietet legale Möglichkeiten, die Abgeltungsteuer hinauszuzögern. Der Auslandgeldanleger erzielt dadurch einen legalen Steuerstundungseffekt und erfährt darüber hinaus durch gesetzlich geregelte Bankgeheimnisse an ausländischen Finanzplätzen ein hohes Maß an Diskretion.

Der Inhalt dieses Buches ist nach bestem Wissen und nach sorgfältiger Recherche erstellt worden. Dennoch kann von Seiten des Verfassers keine Haftung übernommen werden. Für Hinweise und Anregungen aus dem Kreis der Leser bin ich dankbar.

München, im Januar 2008   Anton Rudolf Götzenberger

E-Mail: anton.goetzenberger@steueroffice-goetzenberger.de
Internet: www.steueroffice-goetzenberger.de

Teil I: Die neue Besteuerung der Einkünfte aus Kapitalvermögen mit Abgeltungsteuer

Erträge aus Geld- und Wertpapieranlagen, Wertzuwächse und Substanzgewinne werden ab 2009 mit einem einheitlichen Abgeltungsteuersatz von 25 bzw. 27,82 Prozent besteuert. Der auf den ersten Blick niedrige Steuersatz täuscht darüber hinweg, dass Werbungskosten im Zusammenhang mit Geld- und Wertpapieranlagen die Steuerbemessungsgrundlage nicht mindern. Zu den Verlierern der Steuerreform zählen insbesondere die Aktienanleger.

Allgemeines

Mit der Einführung einer Abgeltungsteuer auf Kapitaleinkünfte schlägt der Steuergesetzgeber einen völlig neuen Weg in der Besteuerung der Einkünfte aus Kapitalvermögen ein. Der vom Gesetzgeber vollzogene Paradigmenwechsel von der progressiven Einkommensteuer zur „Schedulensteuer" bewirkt ab 2009 merkliche Abweichungen zum heutigen Recht, mit denen sich der deutsche Kapitalanleger möglichst frühzeitig auseinandersetzen sollte.

Die Abgeltungsteuer erfasst sowohl laufende Erträge als auch Gewinne aus der Veräußerung von Kapitalanlagen. Verluste sind im Gegenzug unter bestimmten Voraussetzungen steuerlich zu berücksichtigen. Die Einführung einer generellen, von einer bestimmten Haltedauer unabhängigen Besteuerung von realisierten Kursgewinnen stellt die für private Geldanleger schmerzlichste Neuerung dar. Die bisherige Regelung, dass Gewinne aus privaten Veräußerungsgeschäften steuerfrei vereinnahmt werden können, wenn der Zeitraum zwischen der Anschaffung und Veräußerung mehr als ein Jahr betragen hat, entfällt mit Inkrafttreten der Abgeltungsteuer. Damit entfaltet die Abgeltungsteuer den Charakter einer „Substanzsteuer" bzw. einer „Wertzuwachssteuer", was innerhalb der Staaten der Europäischen Union eine Ausnahme darstellt.[1] Nur Wertzuwächse aus Immobilienanlagen können weiterhin nach einer Mindesthaltefrist von zehn Jahren steuerfrei realisiert werden.

Die Abgeltungsteuer wird als Quellensteuer[2] erhoben und fließt direkt vom Schuldner der Kapitalerträge (bei laufenden Erträgen aus Aktien, Gesellschaftsanteilen oder eigenkapitalähnlichen Instrumenten) oder in allen übrigen Fällen von der die Kapitalanlagen handelnden oder die Kapitaleinkünfte auszahlenden Stelle im Inland an das Finanzamt. In den meisten Fällen wird ein inländisches Kredit- oder Finanzdienstleistungsinstitut die steuerabführende Stelle sein; Steuerhinterziehungen sind künftig

---

[1] Vgl. Teil VI unten.
[2] Die „Quellensteuer" ist keine Steuerart, sondern eine Besteuerungsmethode, genauer gesagt eine Erhebungstechnik, deren Besonderheit darin besteht, dass steuerbare Zuwendungen nicht beim Leistungsempfänger (Gläubiger), sondern beim Schuldner oder beim Vermittler der Leistung (dem depotführenden Kreditinstitut) erfasst werden. Letztlich aber tritt die Steuerbelastung beim Empfänger (dem Gläubiger der Kapitalerträge) durch Kürzung der Zuwendungen um den Steuerbetrag ein.

ausgeschlossen.[3] Damit soll die Abgeltungsteuer zu mehr „Steuergerechtigkeit" beitragen. Die bislang geltende Zinsbesteuerung wurde in der Vergangenheit wegen des sogenannten § 30a der Abgabenordnung (AO) als nicht sachgerecht empfunden, weil diese Vorschrift als „Schutz von Bankkunden" die Finanzbehörden an gezielten Ermittlungen bei Banken hinderte.

Die Erhebung der Abgeltungsteuer erfolgt in Form der „Kapitalertragsteuer" anonym und direkt an die Finanzkasse. Die Abgeltungsteuer ist genauer gesagt die Kapitalertragsteuer. Die Bezeichnung Abgeltungsteuer kommt im Gesetz nicht vor – es handelt sich hier nicht um eine eigene Steuerart. Der Name leitet sich ausschließlich von der „abgeltenden" Wirkung ab. Die Abgeltungsteuer löst die bisherige „Zinsabschlagsteuer" ab. Der Abgeltungsteuer unterliegen nicht sämtliche steuerpflichtigen Einkünfte aus Kapitalvermögen. Bei welchen Kapitalerträgen eine Abgeltungsbesteuerung in Form eines Kapitalertragsteuerabzugs erfolgt, bestimmt sich nach den einschlägigen einkommensteuerlichen Vorschriften des § 20 i.V.m. § 43 EStG.[4]

Die Abgeltungsteuer hat „Abgeltungscharakter". Einen späteren Nachschlag wegen eines höheren persönlichen Steuersatzes gibt es nicht mehr. Konsequenterweise bleiben Kapitaleinkünfte, die mit Abgeltungsteuer belastet werden, für Zwecke der Einkommensteuer bei der Ermittlung der Einkünfte, der Summe der Einkünfte, dem Gesamtbetrag der Einkünfte, dem Einkommen und dem zu versteuernden Einkommen unberücksichtigt.[5] Abgeltungsteuerpflichtige Kapitaleinkünfte haben somit ab 2009 wegen ihrer Sonderbesteuerung keine progressionserhöhende Wirkung mehr.

Die Abgeltungsteuer wird mit einem einheitlichen proportionalen Steuersatz von 25 Prozent erhoben. Hinzu kommen Solidaritätszuschlag (5,5%) und Kirchensteuer von im Regelfall acht Prozent. Alles in allem werden Einkünfte aus Kapitalvermögen ab 2009 somit mit 26,38 Prozent (inkl.

---

[3] Weitere Abzugsverpflichtete sind: inländische Wertpapierhandelsunternehmen oder inländische Wertpapierhandelsbanken als auch die inländischen Zweigstellen/Niederlassungen ausländischer Banken.

[4] § 43 Abs. 1 EStG, vgl. Abschnitt: Von der Abgeltungsteuer erfasste private Kapitaleinkünfte sowie Abschnitt Exkurs: Einkünfte aus Kapitalvermögen, die im Steuerveranlagungsverfahren mit dem Abgeltungsteuersatz besteuert werden.

[5] Zu den Ausnahmen vgl. unten Abschnitt: Abgeltungswirkung, Günstigerprüfung und Antragsveranlagung.

Solidaritätszuschlag) bzw. mit 27,82 Prozent (inkl. Kirchensteuer) besteuert. Damit nimmt die neue deutsche Besteuerungsregelung für alle privaten Kapitaleinkünfte traditionsgemäß einen Spitzenplatz ein, welcher nur noch von Schweden übertroffen wird.[6] Experten rechnen folgerichtig mit einer massiven Kapitalverlagerung ins Ausland bis Ende 2008. Der Teil V dieses Buches ist daher der Geldanlage im Ausland gewidmet.

Mit Einführung der Abgeltungsteuer entfällt das für Erträge aus Aktienanlagen geltende Halbeinkünfteverfahren. Dividenden und Kursgewinne aus Aktien, Erträge aus aktienähnlichen Genussrechten, Dividendenanteile aus Ausschüttungen von Investmentfonds usw. unterliegen damit wieder der vollen Besteuerung und es tritt auf Ebene der Kapitalanleger (Anteilseigner) eine erhebliche steuerliche Mehrbelastung ein. Dies hat selbst die Bundesregierung bestätigt, die negativen steuerlichen Konsequenzen aber gleichzeitig relativiert mit dem Argument, dass eine isolierte Bewertung der Belastung auf der Anteilseignerebene ohne Berücksichtigung der Entlastung auf Unternehmensebene nicht sachgerecht sei. So würde ein Kapitalanleger auch von den Entlastungen auf Unternehmensebene profitieren, zum einen durch höhere Ausschüttungen und zum anderen durch einen Substanzgewinn auf Unternehmensebene mit der Folge entsprechender Kursgewinne. Und im Übrigen sei wirtschaftlich die Gesamtbelastung auf Unternehmens- und Anteilseignerebene entscheidend. Diese Gesamtbelastung würde durch die Steuersenkungen auf Unternehmensebene sowie Anteilseignerebene gesenkt.[7] Diese Annahme setzt freilich voraus, dass die Unternehmen die Steuerentlastungen auf die Anteilseignerebene transferieren. In diesem Fall könnte der Kapitalanleger unter der Abgeltungsteuer tatsächlich eine Entlastung erlangen, wie die Beispielrechnung im unteren Abschnitt „Besteuerung von Dividenden" aufzeigt.

Besonders hart trifft es jene Kapitalanleger, die Wertpapieranlagen bisher teilweise mit Kreditgeldern finanziert haben. Denn diese können ab 2009 gezahlte Schuldzinsen nicht mehr als Werbungskosten geltend machen. Werbungskosten werden in Verbindung mit einer Geldanlage generell nicht mehr berücksichtigt.[8] Sämtliche Werbungskosten gelten

---

[6] Vgl. unten Teil VI: Abgeltungsteuer im internationalen Vergleich.
[7] Vgl. Bundesrat-Drucksache 220/07 vom 30.3.2007, Teil II zu Nummer 3 (§ 3 Nr. 40) Buchstabe h (Satz 2).
[8] Vgl. hierzu als mögliche Anlagestrategie Teil II Abschnitt: Steueroptimierung fremdfinanzierter Wertpapieranlagen nach dem 31.12.2008.

mit dem Sparer-Pauschbetrag, welcher im Jahr 2009 nur noch 801 Euro für Ledige betragen wird, als abgegolten.[9] Werbungskosten, die vor 2009 anfallen und mit Einnahmen im Zusammenhang stehen, die erst nach 2009 vereinnahmt werden, sind ebenfalls nicht abziehbar.

Mit Einführung der Abgeltungsteuer entfallen die seit 2005 von inländischen Geschäftsbanken und Finanzdienstleistungsinstituten zu erstellenden zusammenfassenden Jahresbescheinigungen nach § 24c EStG über Kapitalerträge und Veräußerungsgeschäfte aus Finanzanlagen. Diese Bescheinigung enthielt sämtliche steuerrelevanten Daten aus allen geführten Wertpapierdepots und Konten, welche der unbeschränkt steuerpflichtige Steuerbürger in seine Steuererklärung aufnehmen musste. Anstelle der zusammenfassenden Jahresbescheinigungen treten allerdings die Steuerbescheinigungen nach § 45a Abs. 2 und 3 EStG (Steuerbescheinigungen auf Verlangen des Gläubigers der Kapitaleinkünfte = Kapitalanleger).

Beibehalten werden ebenfalls die Meldungen nach § 45d EStG. Die Vorschrift verpflichtet inländische Kreditinstitute, jeweils bis zum 31. Mai des auf die Vereinnahmung der Kapitalerträge folgenden Jahres jeden vom Kunden erteilten Freistellungsauftrag an das Bundeszentralamt für Steuern zu melden. Da alle Kapitalerträge ab 2009 dem gleichen Steuersatz unterliegen, entfällt die bisherige Differenzierung zwischen Dividenden und Zinsen bei den Mitteilungen. Übermittelt werden ab 2009 folgende Daten:[10]

- Vor- und Zunamen sowie das Geburtsdatum der Person – gegebenenfalls auch des Ehegatten –, die den Freistellungsauftrag erteilt hat (Auftraggeber),
- Anschrift des Auftraggebers,
- bei den Kapitalerträgen, für die ein Freistellungsauftrag erteilt worden ist:
  - Kapitalerträge, bei denen vom Steuerabzug Abstand genommen worden ist
  - Kapitalerträge, bei denen die Erstattung von Kapitalertragsteuer beim Bundeszentralamt für Steuern beantragt worden ist
- Namen und Anschrift des Empfängers des Freistellungsauftrags.

---

[9] § 20 Abs. 9 Satz 1 EStG.
[10] § 45d Abs. 1 Satz 1 Nr. 1 bis 4 EStG.

Praxistipp 1:

Mittels dieser Meldungen scheinen all diejenigen Kapitalanleger auf, die ihren für Kapitaleinkünfte geltenden Sparer-Pauschbetrag dadurch mehrmals nutzen, dass sie mehrere Wertpapierkonten eröffnen und für jedes Depot einen Freistellungsauftrag in voller Höhe erteilen.

Nicht weggefallen ist außerdem der umstrittene automatisierte Kontenabruf. Die Ausforschung privater Vermögensverhältnisse deutscher Kapitalanleger wird stattdessen weiter intensiviert. So bleibt der Kontenabruf weiter bestehen in Fällen, in denen auch nach Einführung der Abgeltungssteuer noch die Erforderlichkeit besteht, Konten und Depots eines Steuerpflichtigen zu ermitteln, um eine gleichmäßige Festsetzung und Erhebung der Steuern gewährleisten zu können.

Die „Erforderlichkeit", Konten und Depots eines Steuerpflichtigen im Inland zu ermitteln, ergibt sich für sämtliche steuerpflichtige Kapitalerträge vor 2009. Damit wird der Kontenabruf bis zum Ende der für die Steuerhinterziehung geltenden langen Festsetzungsverjährungsfrist von zehn Jahren uneingeschränkt durchgeführt werden, also noch bis einschließlich 2018.

Praxistipp 2:

Insbesondere Kapitalanleger, die von ihrem Veranlagungswahlrecht Gebrauch machen und beantragen, dass ihre Kapitaleinkünfte dem allgemeinen Steuertarif unterworfen werden sollen, stehen weiter im Fokus.[11]

Ein Kontenabruf ist ferner in allen Fällen zulässig, in denen die Kenntnis von Einkünften aus Kapitalvermögen notwendig ist, um festzustellen, ob der Steuerpflichtige bestimmte steuerrechtliche Vorteile geltend machen kann. In diesem Zusammenhang müssen Kapitalanleger auch nach 2008 mit Kontoschnüffeleien rechnen, insbesondere für Zwecke der Überprü-

---

[11] Vgl. unten Abschnitt: Abgeltungswirkung, Günstigerprüfung und Antragsveranlagung.

fung der Sonderausgabenabzugsfähigkeit von Spenden, der Berücksichtigungsfähigkeit eines Kindes, der Überprüfung der zumutbaren Belastung bei außergewöhnlichen Belastungen oder für die Ermittlung des berücksichtigungsfähigen Unterhalts. Für diese Zwecke werden abgeltungsteuerpflichtige Kapitaleinkünfte weiterhin im Steuerveranlagungsverfahren berücksichtigt.[12] Der Kontenabruf soll hier zur Überprüfung dienen, ob als Voraussetzung für steuermindernde Tatbestände tatsächlich alle Kapitaleinkünfte angegeben worden sind.

Außerdem sind Kontenabrufe für außersteuerliche Zwecke erweitert worden. Beispielhafte außersteuerliche Zwecke sind:

- Überprüfung des Arbeitslosengeldes II,
- Überprüfung der Sozialhilfe,
- Überprüfung der Ausbildungsförderung,
- Überprüfung der Aufstiegsförderung und des Wohngeldes.

Die Finanzverwaltung erfährt durch den Kontenabruf – zunächst – keine Kontostände oder Kontobewegungen, sondern nur die Kontostammdaten wie den Namen und das Geburtsdatum des Kontoinhabers und ggf. eines Verfügungsberechtigten, bei Treuhandkonten Namen und Anschrift eines abweichend wirtschaftlich Berechtigten sowie die Kontonummer und den Tag der Errichtung und der Schließung des Kontos. Weitere Informationen kann die Finanzverwaltung allerdings im Rahmen der allgemein für Kreditinstitute geltenden Auskunftspflichten anfordern.[13]

---

[12] § 2 Abs. 5b Satz 2 EStG, vgl. Abschnitt: Abgeltungswirkung, Günstigerprüfung und Antragsveranlagung.
[13] Weitere Informationen vgl. Götzenberger, Anton-Rudolf, „Der gläserne Steuerbürger", Verlag Neue Wirtschafts-Briefe, Herne 2006, sowie Götzenberger, Anton-Rudolf, Diskrete Geldanlagen, 5. Auflage, Linde Verlag, Wien 2007.

Praxistipp 3:

Die Reichensteuer[14] wird nicht von im Privatvermögen vereinnahmten, unter die Abgeltungsteuer fallenden Kapitalerträgen erhoben. Der Abgeltungsteuer unterliegende Kapitaleinkünfte werden auch nicht in den für die Einkünfte der anderen sechs Einkunftsarten maßgeblichen Progressionsvorbehalt einbezogen.

Gewinner und Verlierer der Abgeltungsteuer

Während die Abgeltungsteuer Besitzer von Anleihen bzw. allen festverzinslichen Wertpapieranlagen (unter ihnen besonders die Besserverdiener) begünstigt, verschlechtert sich das Steuerumfeld für Kapitalanleger in Beteiligungskapitalanlagen wie Aktien usw., die im Privatvermögen gehalten werden, durch den Wegfall des Halbeinkünfteverfahrens und der Besteuerung sämtlicher privater Veräußerungsgeschäfte ganz erheblich. Ein schwacher Trost für die stetig sich verschlechternden steuerlichen Rahmenbedingungen des Finanzplatzes Deutschland dürfte dabei die Aussage der Bundesregierung darstellen, dass nämlich „der Abbau der bisherigen Begünstigung von Veräußerungsgewinnen" dazu führen kann, „dass Aktienbesitzer in Zukunft höhere Dividenden erhalten, weil nicht mehr so häufig Anteilsveräußerungen erfolgen und die Beteiligungen damit länger gehalten werden".[15] Aktienanleger versteuerten durch das Halbeinkünfteverfahren bisher von einem Euro Dividendenertrag oder steuerpflichtigem Kursgewinn nur 50 Cent und zahlten bei einem Steuersatz von angenommenen 40 Prozent 20 Cent. Mit der Abgeltungsteuer werden es 25 Cent pro einem Euro Dividendenertrag bzw. Kursgewinn sein.

Negativ auswirken wird sich die Abgeltungsteuer auch auf die Renditen aus Anlagen in offenen Investmentfonds.[16] Bisher konnten Investment-

---

[14] Reichensteuer steht für den Zuschlag von drei Prozent auf die obere Proportionalzone i.S. von § 32a Abs. 1 Satz 2 Nr 5 EStG. Danach steigt der Grenzsteuersatz ab einem zu versteuernden Einkommen von 250.001 Euro auf 45 Prozent.

[15] Vgl. BT-Drucksache Antwort der Bundesregierung auf die Kleine Anfrage der Abgeordneten Frank Schäffler, Dr. Hermann Otto Solms, Carl-Ludwig Thiele, weiterer Abgeordneter und der Fraktion der FDP – Drucksache 16/4478 Seite 6 Frage 14.

[16] Zu Anlagestrategien mit geschlossenen Fonds vgl. unten Teil III Abschnitt: Geschlossene Beteiligungsmodelle.

fonds realisierte Kursgewinne aus Aktien, Zertifikaten usw. ihren Anteilseignern unabhängig von Haltefristen steuerfrei ausschütten. Fondsanteile waren darüber hinaus nach einer Haltefrist von mehr als einem Jahr steuerfrei veräußerbar. Künftig unterliegen Ausschüttungen aus Investmentfonds der vollen Abgeltungsteuer, egal, ob es sich dabei um Dividenden, Zinserträge oder Veräußerungserlöse handelt. Lediglich für Thesaurierungsfonds bestehen Ausnahmen von der Steuerpflicht.

Zu den Gewinnern der Abgeltungsteuer gehören hingegen ganz eindeutig alle Zinspapiere und Geldanlagen, die Festzinsen generieren, wie insbesondere Anleihen oder Festgeldanlagen.

Anlageform	Abgeltungsteuer 25% auf		Verbesserung (+) Verschlechterung (-)
	Erträge	Kursgewinne	
Aktien im inländischen Depot	Ja	Ja	(-)
Aktien im ausländischen Depot	Ja (evtl. ausl. Quellensteuer anrechenbar)	Ja	(-)
Investmentfonds	Ja	Ja	(-)
Bundesschatzbriefe	Ja		(+)
Festgeldanlagen	Ja		(+)
Fondsanlagen im Rahmen von Rürup-/Riester-Sparplänen	Wie bisher nachgelagerte Besteuerung		Wie bisher
Fremdwährungsanleihen	Ja	Ja	(-)
Anleihen	Ja	Ja	(+)
Immobilien	Nein	Nein	Wie bisher
Geschlossene Immobilienfonds	Nein	Nein	Wie bisher
Lebensversicherung	Bei steuerpflichtigen Versicherungsleistungen ist der volle Unterschiedsbetrag i.S. § 20 Abs. 1 Nr. 6 EStG anzusetzen (§ 43 Nr. 4 S. 1 EStG). Begünstigte Leistungen fallen nicht unter die Abgeltungsteuer (§ 32d Abs. 2 Nr. 2 EStG).		Wie bisher

Tabelle 1: Abgeltungsteuer Gewinner und Verlierer im Überblick

Der maßgebliche Abgeltungsteuersatz

Der Abgeltungsteuersatz beträgt einheitlich 25 Prozent.[17] Die bisherigen Steuersätze für die Kapitalertragsteuer von 20, 25 sowie 30 Prozent entfallen zum 31.12.2008. Für Leistungen bzw. für den Gewinn der nicht von der Körperschaftsteuer befreiten Betriebe gewerblicher Art gilt ein ermäßigter Abgeltungsteuersatz von 15 Prozent.[18]

Gehört der Kapitalanleger einer Religionsgemeinschaft an, vermindert sich der Abgeltungsteuersatz um 25 Prozent der auf die Kapitalerträge entfallenden Kirchensteuer,[19] soweit der Kapitalanleger von seinem Wahlrecht Gebrauch gemacht hat und die Kirchensteuer im Steuerabzugsverfahren einbehalten lässt. Vom Veranlagungszeitraum 2009 an wird kirchensteuerpflichtigen Kapitalanlegern ein Wahlrecht eingeräumt. Sie können die Kirchensteuer entweder als Kirchensteuerabzug einbehalten lassen oder sie von dem zuständigen Finanzamt veranlagen lassen. Entscheidet sich der Kapitalanleger für den Kirchensteuerabzug, wird diese als Zuschlag zur Kapitalertragsteuer erhoben; die Kapitalertragsteuer stellt ihre Bemessungsgrundlage dar. Die Kirchensteuer knüpft insoweit nicht mehr an die aufgrund des persönlichen Steuersatzes ermittelte Einkommensteuer an, sondern an die Einkommensteuer, die unter Anwendung des Abgeltungsteuersatzes ermittelt wird.

Der effektive Abgeltungsteuersatz ermäßigt sich im Kirchensteuerabzugsverfahren auf 24,51 Prozent.[20] Damit wird das Sonderausgabenabzugsrecht der Kirchensteuer[21] bereits an der Quelle der Kapitalerträge bzw. bereits im Kapitalertragsteuerverfahren pauschal berücksichtigt. Der Abzug der Kirchensteuer als Sonderausgabe im Rahmen der Einkommensteuerveranlagung ist insoweit ausgeschlossen.[22]

---

[17] § 32d EStG.
[18] § 43a EStG.
[19] § 43a EStG.
[20] Vgl. unten Steuerberechnung, Beispiel 2.
[21] § 10 Abs. 1 Nr. 4 EStG.
[22] § 10 Abs. 1 Nr. 4 EStG.

Steuerberechnung
Die Abgeltungsteuer berechnet sich nach folgender Formel:

$$\frac{e - 4q}{4 + k}$$

Dabei steht „e" für die nach den steuerlichen Vorschriften zu ermittelnden Kapitaleinkünfte, „q" für eventuell anrechenbare ausländische Steuern und „k" für den Steuersatz der entsprechenden Religionsgemeinschaft, welcher der Kapitalanleger angehört.

Beispiel 1:
Die Einkünfte aus (inländischem und ausländischem) Kapitalvermögen betragen 25.000 Euro. Aus ausländischen Geldanlagen ist eine Quellensteuer von 3.000 Euro anrechenbar.[23] Der Kirchensteuersatz beträgt acht Prozent.

Die Abgeltungsteuer beträgt: $\dfrac{25.000\,€ - 4 \times 3.000\,€}{4,08} = 3.186{,}27\,€$

Ohne anrechenbare ausländische Steuern errechnet sich die Abgeltungsteuer nach der Formel:

$$\frac{e}{(4 + k)}$$

Beispiel 2:
Die Einkünfte aus (inländischem) Kapitalvermögen betragen 25.000 Euro (Kirchensteuer 8%).

Die Abgeltungsteuer beträgt: $\dfrac{25.000\,€}{4,08} = 6.127{,}45\,€$

Das entspricht einem effektiven Abgeltungsteuersatz von 24,51 Prozent und berücksichtigt bereits im Kapitalertragsteuerverfahren die Sonderausgabenabzugsfähigkeit der Kirchensteuer. Damit entfällt künftig der Sonderausgabenabzug hinsichtlich der Kirchensteuer.

Der nach obiger Formel errechneten Abgeltungsteuer sind Solidaritätszuschlag und ggf. Kirchensteuer (wieder) hinzuzurechnen. Der Solidaritätszuschlag beträgt 5,5 Prozent der (vollen) Abgeltungsteuer von 25 Prozent. Damit errechnet sich ein Zuschlag von (25 x 5,5%) = 1,38%.

---
[23] Vgl. dazu Näheres Teil V Abschnitt: Die Besteuerung ausländischer Kapitaleinkünfte.

Mit oder ohne Berücksichtigung der Kirchensteuer ergeben sich damit folgende Gesamtsteuersätze:

Ohne Kirchensteuer		
	Abgeltungsteuer	25,00%
	Solidaritätszuschlag	1,38%
	Gesamt	26,38%
Mit Kirchensteuer		
	Abgeltungsteuer	24,51%
	Solidaritätszuschlag	1,35%
	Kirchensteuer (8%)	1,96%
	Gesamt	27,82%

Wichtige Stichtage für Kapitalanleger mit Einführung der Abgeltungsteuer

Die Einführung der Abgeltungsteuer erfolgt zwar allgemein zum 1.1.2009. Die Einführung wird jedoch von bestimmten Übergangsregelungen begleitet, die der Kapitalanleger in seiner Vermögensplanung für 2008 berücksichtigen muss:

15. März 2007	Zertifikate, die vor diesem Datum angeschafft wurden, können nach einer Haltedauer von länger als einem Jahr unbegrenzt steuerfrei veräußert oder eingelöst werden.[24]
9. November 2007	Anteile an sogenannten „Spezialfonds", die vor diesem Datum errichtet wurden, fallen unter die Altbestandsregelungen und können außerhalb der einjährigen Spekulationsfrist steuerfrei veräußert oder zurückgegeben werden.
30. Juni 2008	Nur Zertifikate, die vor diesem Datum angeschafft wurden, können wegen der geltenden Spekulationsfrist bis zum 30. Juni 2009 steuerfrei veräußert werden.

---

[24] Vgl. Abschnitt: Übergangs- und Altbestandsregelung, Bestandsschutz für vor dem 1.1.2009 erworbene Wertpapiere.

31. Dezember 2008   Wertpapiere, die bis zu diesem Datum angeschafft worden sind, werden nach altem Recht besteuert.[25]

30. Juni 2009   Zertifikate, die nach dem 14.3.2007 und vor dem 30.6.2008 angeschafft worden sind, können bis zu diesem Datum steuerfrei veräußert werden.

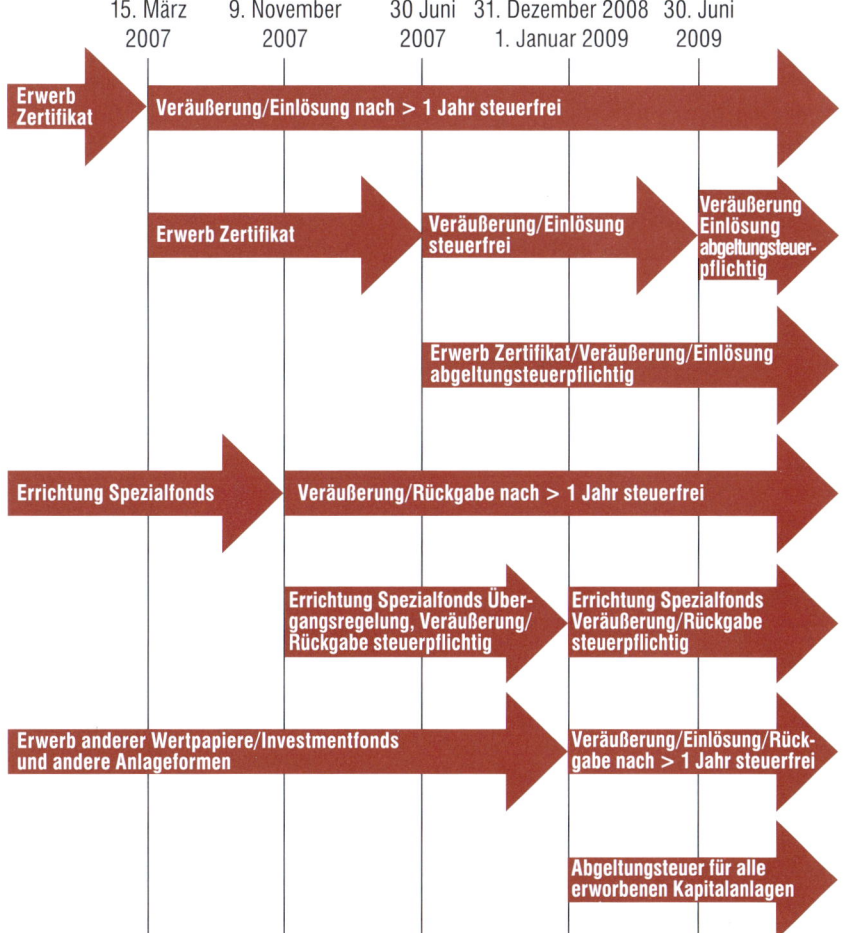

Abbildung 1: Grafische Übersicht: Übergangsregelung und zeitliche Anwendung der Abgeltungsteuer

---

[25] Vgl. unten Abschnitt: Übergangs- und Altbestandsregelung, Bestandsschutz für vor dem 1.1.2009 erworbene Wertpapiere.

Das System der Abgeltungsteuer im Vergleich zur Besteuerung von Kapitaleinkünften aus dem betrieblichen Bereich von Personenunternehmen und Kapitalgesellschaften

Der Subsidiaritätsgrundsatz

Die Abgeltungsteuer greift nur für jene (privaten) Kapitaleinkünfte, die weder zu den Einkünften aus Land- und Forstwirtschaft, aus Gewerbebetrieb, aus selbstständiger Arbeit noch aus Vermietung und Verpachtung gehören.[26] Dieser sogenannte „Subsidiaritätsgrundsatz" besagt, dass Einkünfte nicht mehr als solche aus Kapitalvermögen zu qualifizieren sind, wenn sie bereits den anderen vier genannten Einkunftsarten zugehören. Zur Abgrenzung von Kapitaleinkünften dem Grunde nach ist maßgebend, welche Einkunftsart im Einzelfall im Vordergrund steht.

Beispiele:

- Landwirt L erhält Zinsen aus einem betrieblichen Bankguthaben. L hat aber auch ein privates Sparbuch. Die Zinsen auf das betriebliche Bankguthaben sind Einkünfte aus Land- und Forstwirtschaft. Die Zinsen auf das Sparbuchguthaben sind Einkünfte aus privatem Kapitalvermögen und unterliegen der Abgeltungsteuer.

- Der Gewerbetreibende G erhält Dividenden aus Aktien, die er im Betriebsvermögen hält. Die Dividenden sind Einkünfte aus Gewerbebetrieb und unterliegen nicht der Abgeltungsteuer. Der Gewerbetreibende besteuert die Kapitaleinkünfte nach dem Teileinkünfteverfahren.

- Bauherr B hat im Zuge des Baus eines Mehrfamilienhauses – welches er zu vermieten beabsichtigt – zu Baubeginn das Baudarlehen auf einem Baukonto gutgeschrieben erhalten. Da die Darlehensgelder nach Baufortschritt ausgezahlt werden, werden die noch nicht benötigten Gelder verzinslich angelegt. Die Zinserträge aus dem Festgeld sind den Einkünften aus Vermietung und Verpachtung zuzurechnen und unterliegen nicht der Abgeltungsteuer.

---

[26] § 20 Abs. 8 EStG.

Ebenfalls nicht der Abgeltungsteuer unterliegen u.a. Erträge aus privaten Beteiligungen an einem Handelsgewerbe, insbesondere aus stillen Beteiligungen,[27] und die Gewinne aus der Veräußerung solcher Beteiligungsanteile[28] sowie Erträge aus sonstigen Kapitalforderungen jeder Art (im Regelfall handelt es sich hier um Darlehensforderungen)[29] und Gewinne aus der Veräußerung sonstiger Kapitalforderungen,[30] wenn die Kapitalerträge von einer Kapitalgesellschaft oder Genossenschaft an einen Anteilseigner gezahlt werden, der zu mindestens zehn Prozent beteiligt ist.[31] In solchen Fällen findet das Veranlagungsverfahren weiter Anwendung mit der Maßgabe, dass die Besteuerung zum progressiven Steuertarif erfolgt und ein vollumfänglicher Werbungskostenabzug weiter möglich bleibt.

Wann zählen Kapitalanlagen zum Betriebsvermögen?

Für die Frage der Abgeltungsteuerpflicht von Kapitalanlagen einer natürlichen Person ist es in erster Linie maßgeblich, ob diese dem Privatvermögen des Kapitalanlegers zuzuordnen sind oder aber zu seinem Betriebsvermögen gehören. Das „Betriebsvermögen" umfasst alle Wirtschaftsgüter, die ausschließlich und unmittelbar für eigenbetriebliche Zwecke genutzt werden.[32] Betriebsvermögen bildet die Grundlage für die Gewinnermittlung bei den Einkünften aus Land- und Forstwirtschaft, aus Gewerbebetrieb und aus selbstständiger Arbeit. Daraus folgt, dass der Kapitalanleger neben den Kapitalerträgen auch Einkünfte aus mindestens einer dieser Einkunftsarten erzielen muss, um Betriebsvermögen zu haben und die Kapitalanlagen dem Betriebsvermögen zuordnen zu können. Für Kapitalanleger, die Rente beziehen oder einer nichtselbstständigen Tätigkeit nachgehen, stellt sich die Frage nach „Betriebsvermögen" im Regelfall nicht.

---

[27] Vgl. § 20 Abs. 1 Nr. 4 EStG und Abschnitt Fokus: Einkünfte aus Kapitalvermögen, die im Steuerveranlagungsverfahren mit dem Abgeltungsteuersatz besteuert werden.
[28] § 20 Abs. 2 Satz 1 Nr. 4 EStG.
[29] § 20 Abs. 1 Nr. 7 EStG.
[30] § 20 Abs. 2 Nr. 7 EStG.
[31] § 32d Abs. 2 Nr. 1 Buchst. b EStG.
[32] R 4.2 (1) EStR.

Das steuerliche Betriebsvermögen unterteilt sich in notwendiges und gewillkürtes Betriebsvermögen. Zur Unterscheidung gilt folgende Regel: Wirtschaftsgüter, die nicht Grundstücke oder Grundstücksteile sind und die zu mehr als 50 Prozent eigenbetrieblich genutzt werden, sind in vollem Umfang notwendiges Betriebsvermögen. Werden sie zu mehr als 90 Prozent privat genutzt, gehören sie in vollem Umfang zum notwendigen Privatvermögen. Beträgt die Nutzung mindestens zehn Prozent und bis zu 50 Prozent, kann eine Zuordnung dieser Wirtschaftsgüter zum gewillkürten Betriebsvermögen in vollem Umfang vorgenommen werden.

Eine weitere Differenzierung nimmt das Steuerrecht bei Personengesellschaften vor. Bei einer Personengesellschaft umfasst das Betriebsvermögen sowohl die Wirtschaftsgüter, die zum Gesamthandsvermögen der Mitunternehmer gehören, als auch diejenigen Wirtschaftsgüter, die einem, mehreren oder allen Mitunternehmern gehören (Sonderbetriebsvermögen).[33] Wirtschaftsgüter, die einem, mehreren oder allen Mitunternehmern gehören und die nicht Gesamthandsvermögen der Mitunternehmer der Personengesellschaft sind, gehören zum notwendigen Betriebsvermögen, wenn sie entweder unmittelbar dem Betrieb der Personengesellschaft dienen (Sonderbetriebsvermögen I) oder unmittelbar zur Begründung oder Stärkung der Beteiligung des Mitunternehmers an der Personengesellschaft eingesetzt werden sollen (Sonderbetriebsvermögen II). Solche Wirtschaftsgüter können zum gewillkürten Betriebsvermögen gehören, wenn sie objektiv geeignet und subjektiv dazu bestimmt sind, den Betrieb der Gesellschaft (Sonderbetriebsvermögen I) oder die Beteiligung des Gesellschafters (Sonderbetriebsvermögen II) zu fördern.

Übertragen auf bestimmte Kapitalanlagen hat die Finanzverwaltung für die Zuordnung zum Betriebs- oder Privatvermögen in den Amtlichen Hinweisen zu den Einkommensteuer-Richtlinien folgende Grundsätze festgelegt:[34]

- Anteile an Kapitalgesellschaften eines Mitunternehmers (an einer Personengesellschaft) gehören zu seinem Sonderbetriebsvermögen II, wenn
  - „zwischen dem Unternehmen der Personengesellschaft und dem der Kapitalgesellschaft eine enge wirtschaftliche Verflechtung

---

[33] R 4.2 Abs. 2 EStR.
[34] Vgl. H 4.2 EStH.

besteht und der Mitunternehmer – ggf. zusammen mit anderen Mitunternehmern der Personengesellschaft – die Kapitalgesellschaft beherrscht und die Kapitalgesellschaft nicht in erheblichem Umfang anderweitig tätig ist, oder
- der Kommanditist eine GmbH & Co. KG an der Komplementär-GmbH beteiligt ist und die GmbH außer ihrer Geschäftsführungstätigkeit für die KG keine eigene Tätigkeit, die nicht von untergeordneter Bedeutung ist, ausübt, oder
- sich die Stärkung der Beteiligung des Mitunternehmers an der Personengesellschaft durch die Beteiligung an der Kapitalgesellschaft aus anderen Gründen ergibt."

- „Wertpapiere können gewillkürtes Betriebsvermögen eines Gewerbebetriebs sein, wenn nicht bereits bei ihrem Erwerb oder ihrer Einlage erkennbar ist, dass sie dem Betrieb keinen Nutzen, sondern nur Verluste bringen. Die Zurechnung von Wertpapieren zum gewillkürten Betriebsvermögen scheidet nicht allein deshalb aus, weil sie in spekulativer Absicht, mit Kredit erworben und Kursverluste billigend in Kauf genommen wurden."

- Termin- und Optionsgeschäfte (branchenuntypische) „sind dem betrieblichen Bereich regelmäßig auch dann nicht zuzuordnen, wenn generell die Möglichkeit besteht, damit Gewinne zu erzielen. Branchen untypische Termingeschäfte sind betrieblich veranlasst, wenn sie der Absicherung unternehmensbedingter Kursrisiken dienen und nach Art, Inhalt und Zweck ein Zusammenhang mit dem Betrieb besteht, wobei das einzelne Termingeschäft nach den im Zeitpunkt des Vertragsabschlusses bekannten Umständen geeignet und dazu bestimmt sein muss, das Betriebskapital tatsächlich zu verstärken".

Praxistipp 4:

Mit einer geschickten Zuordnung von Kapitalanlagen zum (gewillkürten) Be vermögen kann der Abgeltungsteuerabzug für Erträge und Veräußerungs nisse aus diesen Kapitalanlagen vermieden werden.

Das Teileinkünfteverfahren

Kapitaleinkünfte, die nach dem Subsidiaritätsprinzip nicht in den Bereich privater Kapitaleinkünfte fallen, unterliegen wie dargestellt nicht der Abgeltungsteuer. Handelt es sich bei diesen nicht um dem Privatvermögen zuzuordnende Kapitaleinkünfte, sondern um solche, die dem Bereich der Gewinneinkünfte von Personenunternehmen zuzuordnen sind und handelt es sich dabei um

- Ausschüttungen von Kapitalgesellschaften (Dividenden)
- oder um Gewinne aus der Veräußerung von Beteiligungen an Kapitalgesellschaften,

erfolgt eine Besteuerung nach dem Teileinkünfteverfahren.

Das Teileinkünfteverfahren ist auch anzuwenden auf Gewinne aus der Veräußerung von Anteilen an Kapitalgesellschaften bei wesentlicher Beteiligung (eine wesentliche Beteiligung liegt vor, wenn der Kapitalanleger innerhalb der letzten fünf Jahre am Kapital der Gesellschaft unmittelbar oder mittelbar zu mindestens einem Prozent beteiligt war).[35] Die laufenden Erträge werden hingegen auch bei wesentlicher Beteiligung mit Abgeltungsteuer belastet.

Das Teileinkünfteverfahren kann auch Anwendung finden im Bereich der Kapitaleinkünfte derjenigen Kapitalanleger, die die Beteiligung aus unternehmerischem Interesse heraus halten.

Das Teileinkünfteverfahren versteht sich als „reduzierte Variante" des mit Einführung der Abgeltungsteuer endenden Halbeinkünfteverfahrens. Das Teileinkünfteverfahren entlastet den Kapitalanleger jedoch keinesfalls im gleichen Ausmaß wie das für 2008 letztmalig anzuwendende Halbeinkünfteverfahren. Letzteres wird seitens des Gesetzgebers auch offen zugegeben.[36] Nach dem Teileinkünfteverfahren sind alle nach dem 31.12.2008 zufließenden Einkünfte im o.g. Sinne nur zu 60 Prozent steuerpflichtig.[37] Die Besteuerung erfolgt im Steuerveranlagungsverfahren mit dem progressiven Steuersatz. Im Gegenzug dürfen in wirtschaftlichem Zusam-

---

[35] § 17 EStG.
[36] Vgl. Bundesrat-Drucksache 220/07 a.a.O, Teil II zu Nummer 3 (§ 3 Nr. 40) zu Buchstabe h (Satz 2): „Zwar werden bei einer bloßen Betrachtung der Ebene der Anteilseigner diese durch den Wegfall des Halbeinkünfteverfahrens und die Nichtanwendung des Teileinkünfteverfahrens stärker belastet".
[37] § 3 Nr. 40 EStG.

menhang stehende steuermindernde Beträge (Betriebsausgaben) zu 60 Prozent abgezogen werden.[38]

Kapitalgesellschaften kommen bei Einkünften aus Beteiligungen aus anderen Kapitalgesellschaften sowie bei Veräußerungsgewinnen aus anderen Gesellschaftsbeteiligungen wie bisher in den Genuss des (95-prozentigen) Freistellungsverfahrens nach § 8b des Körperschaftsteuergesetzes.

Zusammenfassende Übersichten

- Besteuerung von Zinserträgen ab 2009 bei Darlehensforderungen …

	... im Privatvermögen		... im Betriebsvermögen	
			Personengesellschaft	Kapitalgesellschaft
Beteiligungshöhe	Beteiligung < 10%	Beteiligung > 10%*	Unabhängig von der Beteiligungshöhe	
Besteuerungssystem	Abgeltungsteuer	Keine Abgeltungsteuer	Keine Abgeltungsteuer	Keine Abgeltungsteuer
Abzug Werbungskosten (WK)/Betriebsausgaben (BA)	Nur Sparer-Pauschbetrag	WK-Abzug zu 100%	BA-Abzug zu 100%	BA-Abzug zu 100%
Steuersatz	25% + SolZ	max. 42%/45% + SolZ (progressiver Tarif)	max. 42%/45% + SolZ (progressiver Tarif)	29,83%** (KSt, SolZ + GewSt)

* wenn die Zinserträge von einer Kapitalgesellschaft oder Genossenschaft gezahlt werden, § 32d Abs. 2 Nr. 1 Buchst. b EStG.
** bei Gewerbesteuerhebesatz 400%.

Tabelle 2: Besteuerung von Zinserträgen aus Darlehensforderungen ab dem 1.1.2009

---

[38] § 3c Abs. 2 EStG.

Praxistipp 5:

Kapitalanleger, die Kapitalanteile aus unternehmerischen Interessen heraus halten, können für die Steuerveranlagung und das Teileinkünfteverfahren optieren.[39]

- Besteuerung von Dividenden ab 2009 bei Gesellschaftsanteilen (Aktien) ...

	... im Privatvermögen		... im Betriebsvermögen	
	Regelfall	Option*	Personengesellschaft	Kapitalgesellschaft
Besteuerungssystem	Abgeltungsteuer	Teileinkünfteverfahren		Freistellung
Höhe der steuerpflichtigen Dividende	100%	60%		Steuerfrei
Abzug Werbungskosten (WK)/ Betriebsausgaben (BA)	Nur Sparer-Pauschbetrag	BA-Abzug zu 60%		5% der Dividende gelten als nicht abziehbare Betriebsausgaben
Steuersatz	25% + SolZ	max. 42%/45% + SolZ (progressiver Tarif)		29,83%** (KSt, SolZ + GewSt)
		Gewerbesteuer bei einer Beteiligungsquote von...			
		weniger als 15%	mindestens 15%	weniger als 15%	mindestens 15%
		Personenunternehmen		Kapitalgesellschaft	
Steuerpflichtige Dividende	100%	60%	100%	100%	5%

* Option ausübbar bei Beteiligungen zu mindestens 25% bzw. 1% bei Erwerbstätigkeit für diese Gesellschaft, vgl. oben Praxistipp 5.
** bei Gewerbesteuerhebesatz 400%.

Tabelle 3: Besteuerung von Dividenden ab 2009 (Abgeltungsteuer und Gewerbesteuer)

---

[39] § 32d Abs. 2 Nr. 3 EStG i.d.F. des JStG 2008, vgl. unten Abschnitt: Kapitalerträge aus Beteiligungen, die der Kapitalanleger aus unternehmerischem Interesse heraus hält.

- Besteuerung von Veräußerungen von Anteilen an Kapitalgesellschaften bei Anteilen…

	… im Privatvermögen		… im Betriebsvermögen	
	Beteiligungshöhe weniger 1%	Beteiligungshöhe mindestens 1%	Personenunternehmen	Kapitalgesellschaft
Besteuerungssystem	Abgeltungsteuer	Teileinkünfteverfahren	Teileinkünfteverfahren	Freistellung
Steuerpflichtiger Veräußerungsgewinn	100%	60%	60%	Steuerfrei
Abzug WK/BA	Nur Sparer-Pauschbetrag*	60% als WK	60% als BA	5% der Dividende gelten als nicht abziehbare Betriebsausgaben
Steuersatz	25% + SolZ	max. 42%/45% + SolZ (progressiver Tarif)	max. 42%/45% + SolZ (progressiver Tarif)	29,83%** (KSt, SolZ + GewSt)

* unmittelbare Veräußerungskosten mindern den Veräußerungsgewinn.
** bei Gewerbesteuerhebesatz 400%.

Tabelle 4: Besteuerung von Anteilsveräußerungen ab 2009

Von der Abgeltungsteuer erfasste private Kapitaleinkünfte

Allgemeines

Die Abgeltungsteuer erfasst ausschließlich private Kapitaleinkünfte. Alle der Abgeltungsteuer unterliegenden Kapitaleinkünfte wurden in einer Rechtsgrundlage, dem neuen § 20 EStG, zusammengefasst. Die neue Rechtsgrundlage für Einkünfte aus Kapitalvermögen fasst die bisherigen Einkünfte aus Kapitalvermögen und privaten Veräußerungsgeschäften zusammen. Die Vorschrift listet alle steuerpflichtigen Geschäftsvorfälle abschließend auf. Die bisher für private Veräußerungsgeschäfte maßgebliche Rechtsgrundlage – § 23 EStG – ist für den Bereich der Abgeltungsteuer nicht mehr anwendbar und erfasst in ihrer Neufassung nur noch einen „Restbestand" von Veräußerungsgeschäften z.B. aus Immobilien, Kunstgegenständen oder physischen Edelmetallen. Der erste Absatz listet die der Abgeltungsteuer unterliegenden laufenden Einkünfte auf; Absatz 2 regelt die neue Veräußerungsgewinnbesteuerung abschließend.

Abgeltungsteuer auf laufende Einkünfte
Überblick

Der Abgeltungsteuer unterliegen nach § 20 Abs. 1 i.V.m. § 43 EStG im Wesentlichen folgende laufende Einkünfte; die Abgeltungsteuer wird für diese Einkünfte als Kapitalertragsteuer (Kapitalertragsteuerabzug) erhoben:

- (§ 20 Abs. 1 Nr. 1, § 43 Abs. 1 Satz 1 Nr. 1 EStG) Gewinnanteile aller Art wie Dividenden[40] und sonstige Bezüge aus Aktien, Gewinnanteile aus Genussscheinen,[41] mit denen das Recht am Gewinn und Liquidationserlös einer Kapitalgesellschaft verbunden ist. Auch ausländische Erträge unterliegen der Abgeltungsteuer.[42]

- (§ 20 Abs. 1 Nr. 1, § 43 Abs. 1 Satz 1 Nr. 1 EStG) Gewinne aus Anteilen an Gesellschaften mit beschränkter Haftung, an Erwerbs- und Wirtschaftsgenossenschaften sowie an bergbautreibenden Vereinigungen, die die Rechte einer juristischen Person haben. Auch ausländische Erträge unterliegen der Abgeltungsteuer.[43]

- (§ 20 Abs. 1 Nr. 4, § 43 Abs. 1 Satz 1 Nr. 3 EStG) Einnahmen aus der Beteiligung an einem Handelsgewerbe als stiller Gesellschafter[44]

---

[40] Vgl. unten Abschnitt: Besteuerung von Dividenden.
[41] Der Genussschein ist ein von Kapitalgesellschaften, Banken oder Sparkassen ausgegebenes Wertpapier, das eine Mischform zwischen gewinnabhängigen Anteilsrechten wie Aktien und Rentenwerten darstellt. Genussscheine verbriefen Vermögensrechte an einer Unternehmung, aber im Gegensatz zu Aktien keine Mitgliedschaftsrechte an Unternehmen. Je nach Laufzeit und Ausstattung können Genussscheine Fremd- (bei begrenzter Laufzeit und Kündigungsrecht) oder Eigenkapitalcharakter annehmen (bei unbegrenzter oder unüblich langer Laufzeit und Rücklagenbeteiligung). Im Wesentlichen ist zu unterscheiden zwischen: (1) Genussscheinen mit fester Ausschüttung, (2) Genussscheinen mit ergebnisabhängiger Ausschüttung und (3) Genussscheinen mit Wandelrecht in Aktien.
[42] § 43 Abs. 1 Satz 1 Nr. 6 EStG.
[43] § 43 Abs. 1 Satz 1 Nr. 6 EStG.
[44] Eine stille Gesellschaft entsteht, wenn sich eine natürliche oder juristische Person am Handelsgewerbe eines anderen mit einer Vermögenseinlage beteiligt (typisch

und aus partiarischen Darlehen.[45] Nicht der Abgeltungsteuer unterliegen solche Bezüge nur dann, wenn der Gesellschafter oder Darlehensgeber als Mitunternehmer anzusehen ist. In diesem Fall wären Einkünfte aus Gewerbebetrieb generiert.

- (§ 20 Abs. 1 Nr. 6, § 43 Abs. 1 Satz 1 Nr. 4 EStG) Ablaufleistungen aus Lebensversicherungen bei Neuverträgen, die der Steuerpflicht unterliegen.[46]

- (§ 20 Abs. 1 Nr. 7, § 43 Abs. 1 Satz 1 Nr. 7 EStG) Einkünfte aus sonstigen Kapitalforderungen jeder Art, wenn die Rückzahlung des Kapitalvermögens oder ein Entgelt für die Überlassung des Kapitalvermögens zur Nutzung zugesagt oder geleistet worden ist. Die Abgeltungsteuer greift auch dann, wenn die Höhe der Rückzahlung oder des Entgelts von einem ungewissen Ereignis abhängt. Letzteres gilt unabhängig von der Bezeichnung und der zivilrechtlichen Ausgestaltung der Kapitalanlage. Die Abgeltungsteuer geht somit weiter als die bisherige Besteuerung, als diese auch solche Kapitalforderungen erfasst, deren volle oder teilweise Rückzahlung weder rechtlich noch faktisch garantiert ist. Somit unterliegen auch reine Spekulationspapiere wie Vollrisikozertifikate[47] usw. der Abgeltungsteuer.

- (§ 20 Abs. 1 Nr. 9, § 43 Abs. 1 Satz 1 Nr. 7a EStG) Einnahmen aus Leistungen einer nicht von der Körperschaftsteuer befreiten Körperschaft, Personenvereinigung oder Vermögensmasse im Sinne des § 1 Abs. 1 Nr. 3 bis 5 des Körperschaftsteuergesetzes, die Gewinnausschüttungen wirtschaftlich vergleichbar sind, soweit sie nicht bereits anderweitig steuerlich erfasst werden.

---

stille Gesellschaft). Hat der stille Gesellschafter so umfangreiche Vermögens- und Kontrollrechte, spricht man von einer atypisch stillen Gesellschaft. Der atypisch stille Gesellschafter partizipiert auch am Vermögen der Gesellschaft einschließlich des Anlagevermögens, der stillen Reserven und ggf. des Geschäftswerts.

[45] Ein partiarisches Darlehen stellt insoweit eine Sonderform eines Darlehens dar, als es als Beteiligungsdarlehen anzusehen ist und als Vergütung für die Überlassung des Kapitals ein Anteil am Gewinn oder Umsatz eines Unternehmens oder eines Geschäfts, zu dessen Finanzierung das Darlehen gewährt wurde, vereinbart worden ist. Neben einer Gewinnbeteiligung kann eine Zinszahlungspflicht vereinbart werden. Beide Einkunftsarten unterliegen der Abgeltungsteuer.

[46] Vgl. unten Abschnitt: Besteuerung von Kapitalversicherungen und fondsgebundenen Lebensversicherungen.

[47] Vgl. Näheres unten Abschnitt: Besteuerung von Zertifikaten.

- (§ 20 Abs. 1 Nr. 10a, § 43 Abs. 1 Satz 1 Nr. 7b EStG) Leistungen eines nicht von der Körperschaftsteuer befreiten Betriebs gewerblicher Art im Sinne des § 4 des Körperschaftsteuergesetzes mit eigener Rechtspersönlichkeit, die zu mit Gewinnausschüttungen wirtschaftlich vergleichbaren Einnahmen führen. Der Abgeltungsteuersatz beträgt hier nur 15 Prozent.[48]

- (§ 20 Abs. 1 Nr. 10b, § 43 Abs. 1 Satz 1 Nr. 7c EStG) der nicht den Rücklagen zugeführte Gewinn und verdeckte Gewinnausschüttungen eines nicht von der Körperschaftsteuer befreiten Betriebs gewerblicher Art im Sinne des § 4 des Körperschaftsteuergesetzes ohne eigene Rechtspersönlichkeit, der den Gewinn durch Betriebsvermögensvergleich ermittelt oder Umsätze einschließlich der steuerfreien Umsätze, ausgenommen die Umsätze nach § 4 Nr. 8 bis 10 des Umsatzsteuergesetzes, von mehr als 350.000 Euro im Kalenderjahr oder einen Gewinn von mehr als 30.000 Euro im Wirtschaftsjahr hat, sowie der Gewinn im Sinne des § 22 Abs. 4 des Umwandlungssteuergesetzes.
  Die Auflösung der Rücklagen zu Zwecken außerhalb des Betriebs gewerblicher Art führt zu einem Gewinn. Bei Vorgängen, die unter das Umwandlungssteuergesetz fallen, gelten hier die Rücklagen als aufgelöst. Bei dem Geschäft der Veranstaltung von Werbesendungen der inländischen öffentlich-rechtlichen Rundfunkanstalten gelten drei Viertel des Einkommens im Sinne des § 8 Abs. 1 Satz 2 des Körperschaftsteuergesetzes als abgeltungsteuerpflichtiger Gewinn. Der Abgeltungsteuer unterliegen auch der nicht den Rücklagen zugeführte Gewinn und verdeckte Gewinnausschüttungen von wirtschaftlichen Geschäftsbetrieben der von der Körperschaftsteuer befreiten Körperschaften, Personenvereinigungen oder Vermögensmassen. Der Abgeltungsteuersatz beträgt hier nur 15 Prozent.[49]

- (§ 20 Abs. 1 Nr. 11, § 43 Abs. 1 Satz 1 Nr. 8 EStG) Stillhalterprämien fallen als Entschädigung für die Bindung und die Risiken an, die ein Stillhalter durch die Begebung des Optionsrechts eingeht. Die Stillhalterprämie wird unabhängig vom Zustandekommen des Wertpapiergeschäfts fällig. Stillhalterprämien, die für die Einräumung von

---

[48] § 43a Abs. 1 Nr. 2 EStG.
[49] § 43a Abs. 1 Nr. 2 EStG.

Optionen vereinnahmt werden, unterliegen der Abgeltungsteuer. Die Bemessungsgrundlage für die Abgeltungsteuer mindert sich hier, sofern der Stillhalter ein Glattstellungsgeschäft abschließt, um die im Glattstellungsgeschäft gezahlten Prämien. Besteuert wird nur der beim Stillhalter nach Abschluss eines Gegengeschäfts (Glattstellung) verbliebene Vermögenszuwachs (Nettoprinzip).

Besteuerung von Dividenden

In- und vor allem auch ausländische Dividenden[50] unterliegen ab dem 1.1.2009 der Abgeltungsteuer. Bei ausländischen Dividendenzahlungen erfolgt der Steuerabzug anders als bei den inländischen nicht vom Schuldner der Kapitalerträge (der ausschüttenden Kapitalgesellschaft), sondern von der auszahlenden Stelle (der depotführenden Bank); die Abgeltungsteuer wird bei Dividendeneinkünften als Kapitalertragsteuer erhoben.

Bei der Besteuerung von Dividenden ist zu unterscheiden zwischen:

- Dividendeneinnahmen aus Beteiligungen, die zum Betriebsvermögen eines Personenunternehmens gehören, und
- Dividendeneinnahmen aus zum Privatvermögen gehörenden Beteiligungen.

Bei Dividendeneinnahmen aus Beteiligungen, die zum Betriebsvermögen eines Personenunternehmens gehören, sieht das Gesetz eine 40-prozentige Steuerfreistellung und die Anwendung des progressiven Einkommensteuertarifs vor. Daraus ergibt sich ab dem Jahr 2009 eine Gesamtbelastung:

- im Spitzensteuersatz: 49,82 Prozent.
- bei einem Grenzsteuersatz von 25 Prozent: 40,93 Prozent
- im Eingangssteuersatz von 15 Prozent: 36,49 Prozent.[51]

Bei Dividendeneinnahmen aus zum Privatvermögen gehörenden Beteiligungen ist hingegen der Abgeltungsteuersatz von 25 Prozent auf den vollen Bruttoertrag anzuwenden. Die steuerliche Gesamtbelastung beträgt hier nach Rechnung der Bundesregierung 48,34 Prozent; im Rahmen der Antragsveranlagung unter Anwendung des Eingangssteuersatzes 40,93 Prozent.[52]

---

[50] § 43 Abs. 1 Satz 1 Nr. 6 EStG.
[51] Quelle: BT-Drucksache 16/4714 Frage/Antwort 7. Alle Angaben beziehen sich auf eine Steuerbelastung einschließlich Solidaritätszuschlag.
[52] Vgl. BT-Drucksache 16/4714 Frage/Antwort 7.

Dass die Abgeltungsteuer insbesondere den Privataktionären und Belegschaftsaktionären mit kleinen und mittleren Einkommen teuer zu stehen kommen wird, zeigt folgendes Beispiel:[53]

Ein lediger Kapitalanleger mit einem zu versteuernden Einkommen von rund 20.000 Euro und einem Steuersatz von 14,25 Prozent (entspricht bei einem verheirateten Kapitalanleger einem Einkommen von rund 40.000 Euro nach der Splittingtabelle) bezieht eine Dividendenzahlung von 1.000 Euro. Nach bisherigem Recht versteuerte der Kapitalanleger im Halbeinkünfteverfahren 500 Euro zu einem Steuersatz von 14,25 Prozent und zahlte rund 71 Euro an den Fiskus. Ab 2009 muss er 25 Prozent von 1.000 Euro = 250 Euro an Steuern zahlen, also 179 Euro mehr.

Durch den Wegfall des Halbeinkünfteverfahrens werden Privataktionäre selbst dann schlechter behandelt, wenn sie eine Besteuerung nach dem individuellen tariflichen Steuersatz beantragen.[54] So müsste der Kapitalanleger im obigen Beispiel von 1.000 Euro Dividendenzahlung unter Zugrundelegung seines tariflichen Steuersatzes von 14,25 Prozent immer noch 142,50 Euro an Steuern abführen, was in etwa dem Doppelten des Bisherigen entspricht.

Während Kleinanleger mit einer satten 100-prozentigen Steuererhöhung rechnen müssen, fällt die Mehrbelastung bei Anlegern mit einem höheren Steuersatz naturgemäß geringer aus – doch auch für die hohen Einkommensklassen wirkt sich die Abgeltungsteuer steuererhöhend aus. Während ein Spitzenverdiener auf 1.000 Euro Dividendenzahlung etwa 210 Euro an Steuern zahlte (42% auf 500 Euro), zahlt er künftig 250 Euro (25% auf 1.000 Euro).

Für Privataktionäre könnte sich die neue Abgeltungsteuer unter Berücksichtigung des gesamten Unternehmenssteuerreformpakets dennoch als „Gewinn" erweisen. Denn andererseits profitieren die deutschen Kapitalgesellschaften von der Senkung des Körperschaftsteuersatzes im Rahmen der Unternehmenssteuerreform auf 15 Prozent. Damit sinkt auch die effektive Steuerlast. Dadurch steigt bei Aktiengesellschaften der Gewinn, der für Ausschüttungen zur Verfügung steht.

---

[53] Berechnungen ohne Zuschläge (Solidaritätszuschlag, Kirchensteuer).
[54] Vgl. unten Abschnitt: Abgeltungswirkung, Günstigerprüfung und Antragsveranlagung.

Praxistipp 6:

Sofern die Gesellschaften die Steuervorteile ihren Aktionären weitergeben, könnte die Renditerechnung für den einzelnen Aktionär nach der Abgeltungsteuer positiver aussehen als vor der Abgeltungsteuer.

Beispiel:

Dividenden:	Halbeinkünfte-verfahren (bisheriges Recht)	Abgeltungsteuer (neues Recht)
Dividende vor Steuern	1000,00	1000,00
Körperschaftsteuer auf Ebene der Kapitalgesellschaft (25/15 %)	250,00	150,00
Auszuzahlende Dividende	750,00	850,00
Davon steuerpflichtig	375,00	850,00
Steuerlast (42/25%)	136,50	212,50
Dividende nach Steuern	**613,50**	**637,50**

Tabelle 5: Dividendenbesteuerung nach altem und neuem Recht – Belastungsvergleich (Beträge in Euro, Berechnung ohne Zuschläge)

Abgeltungsteuer auf Veräußerungsgewinne

Überblick

Nach der Systematik des § 20 werden in Absatz 2 der Vorschrift die Veräußerungstatbestände der Einkunftsquellen geregelt, aus denen abgeltungsteuerpflichtige Einkünfte nach Absatz 1 fließen. Der Abgeltungsteuer unterliegen nach § 20 Abs. 2 i.V.m. § 43 EStG im Wesentlichen Einkünfte aus folgenden Veräußerungstatbeständen; die Abgeltungsteuer wird für diese Einkünfte als Kapitalertragsteuer (Kapitalertragsteuerabzug) erhoben:

- § 20 Abs. 2 Satz 1 Nr. 1, § 43 Abs. 1 Satz 1 Nr. 9 EStG
    1. Gewinne aus der Veräußerung von Anteilen an einer Kapitalgesellschaft wie z.B. Aktien. Auch der Austritt aus einer Erwerbs- oder Wirtschaftsgenossenschaft oder die Veräußerung von Anteilen an Gesellschaften, die gesellschaftsrechtlich ausländischem Recht unterliegen, werden von der Abgeltungsteuer erfasst. Beträgt die Beteiligung an der Kapitalgesellschaft mehr als ein Prozent – es handelt sich hier um eine wesentliche Beteiligung i.S.d. § 17 EStG

- erfolgt eine Besteuerung nach dem Teileinkünfteverfahren. 40 Prozent vom Veräußerungserlös sind steuerfrei.[55]
2. Gewinne aus der Veräußerung von Genussrechten. Genussrechte sind Forderungsrechte gegen eine Kapitalgesellschaft, die eine Beteiligung am Gewinn und Liquidationserlös sowie eventuell zusätzliche Rechte wie z.B. eine feste Verzinsung gewähren. Handelt es sich um aktienähnliche Genussrechte und beträgt die Beteiligung an der Kapitalgesellschaft mehr als ein Prozent, erfolgt eine Besteuerung nach dem Teileinkünfteverfahren.
3. Gewinne aus der Veräußerung ähnlicher Beteiligungen. Zu den ähnlichen Beteiligungen zählen z.B. Anteile an einer Vorgesellschaft, die nach Abschluss des GmbH-Vertrages vor Eintragung der Gesellschaft in das Handelsregister bestehen und von einem Kapitalanleger gehalten werden. Beträgt die Beteiligung an der Kapitalgesellschaft mehr als ein Prozent erfolgt eine Besteuerung nach dem Teileinkünfteverfahren; 40 Prozent vom Veräußerungserlös sind steuerfrei.
4. Gewinne aus Anwartschaften auf Gesellschaftsanteile. Anwartschaften auf solche Beteiligungen im Sinne dieser Vorschrift sind grundsätzlich alle dinglichen oder schuldrechtlichen Rechte auf den Erwerb eines Anteils einer Körperschaft. Hierzu gehören u.a. Bezugsrechte, die einen Anspruch auf Abschluss eines Zeichnungsvertrages begründen. Auch Gewinne aus Wandlungsrechten auf Schuldverschreibungen unterliegen der Abgeltungsteuer.

- § 20 Abs. 2 Nr. 2 b, Nr. 7, § 43 Abs. 1 Satz 1 Nr. 10 EStG
  1. Gewinne aus der Veräußerung von Zinsscheinen und Zinsforderungen aus einer Schuldverschreibung, wenn die dazugehörigen Schuldverschreibungen nicht mitveräußert werden. Der Abgeltungsteuer unterliegt auch die Einlösung von Zinsscheinen und Zinsforderungen durch den ehemaligen Inhaber der Schuldverschreibung. Steuerpflicht besteht auch dann, wenn die dazugehörigen Anteilsrechte oder Schuldverschreibungen nicht in einzelnen Wertpapieren verbrieft sind.
  2. der Gewinn aus der Veräußerung von sonstigen Kapitalforderungen „anleiheähnlicher" Art. Diese Regelung umfasst insbeson-

---

[55] Vgl. oben Abschnitt: Das Teileinkünfteverfahren.

dere Spekulationserträge, bei denen entweder die Rückzahlung des Kapitalvermögens, die Ertragserzielung oder beides unsicher ist. Darunter fallen insbesondere Zertifikate.[56] Zu den Einnahmen aus der Veräußerung von sonstigen Kapitalforderungen gehören auch Erträge aus Veräußerungsgeschäften, bei denen die Veräußerung der Kapitalforderung früher erfolgt als der Erwerb (Baisse-Geschäfte), und vereinnahmte Stückzinsen,[57] die als Entgelt für die auf den Zeitraum bis zur Veräußerung der Schuldverschreibung entfallenden Zinsen bezahlt werden und gesondert in Rechnung gestellt werden.[58]

- § 20 Abs. 2 Nr. 3, § 43 Abs. 1 Satz 1 Nr. 11 EStG
  1. Gewinne aus Termingeschäften (Forwards, Futures, Optionsgeschäfte, Swaps), durch die der Kapitalanleger einen Differenzausgleich oder einen durch den Wert einer veränderlichen Bezugsgröße bestimmten Geldbetrag oder Vorteil erlangt. Als Termingeschäft gelten sämtliche als Options- oder Festgeschäft ausgestaltete Finanzinstrumente sowie Kombinationen zwischen Options- und Festgeschäften, deren Börsenwert
     i. von dem Börsen- oder Marktpreis von Wertpapieren,
     ii. dem Börsen- oder Marktpreis von Geldmarktinstrumenten,
     iii. dem Kurs von Devisen, Waren, Edelmetallen, sonstigen Rohstoffen,
     iv. Zinssätzen oder anderen Erträgen usw.
     abhängt. Darunter fallen insbesondere Optionsgeschäfte, Swaps, Devisentermingeschäfte, Forwards oder Futures. Die Abgeltungsteuer erfasst Termingeschäfte künftig unabhängig von dem Zeitpunkt der Beendigung des Rechts (die Jahresfrist i.S. § 23 EStG a.F. gilt künftig nicht mehr) und unabhängig davon, ob das Termingeschäft an der Börse direkt eingegangen worden ist oder in einem Wertpapier verbrieft ist. Die Abgeltungsteuer erfasst auch

---

[56] Vgl. Näheres unten Abschnitt: Besteuerung von Zertifikaten.
[57] Die Stückzinsen waren bisher nach § 20 Abs. 2 Satz 1 Nr. 3 zu versteuern und fallen jetzt unter § 20 Abs. 2 Satz 1 Nr. 7 EStG. Für den Erwerber der Kapitalforderung sind bezahlte Stückzinsen nicht Anschaffungskosten i. S. v. § 20 Abs. 4 EStG, sondern vielmehr (vorab entstandene, d.h. im Jahr der Zahlung entstandene) negative Einnahmen, vgl. unten Abschnitt: Verlustverrechnung aus Kapitalanlagen.
[58] Vgl. Bundesrat-Drucksache 220/07 Teil II zu Nummer 16 (§ 20) zu Buchstabe b (Absatz 2) Satz 1 Nummer 7.

Terminfixgeschäfte. Die Besteuerung greift also künftig unabhängig davon ein, ob der Inhaber des Rechts dieses nur ausüben darf oder ausüben muss.
2. Gewinne aus der Veräußerung eines als Termingeschäft ausgestalteten Finanzinstruments. Unter als Termingeschäft ausgestaltete Finanzinstrumente fallen in erster Linie Verkaufs- oder Kaufoptionen, die der Kapitalanleger im Privatvermögen hält. Hierunter fallen auch die nach den bisherigen Grundsätzen als Veräußerung anzusehenden sog. Glattstellungsgeschäfte bei Optionsgeschäften. Auf eine bestimmte Haltedauer (Spekulationsfrist i.S.d. § 23 EStG a.F.) kommt es nicht mehr an.

- § 20 Abs. 2 Nr. 8, § 43 Abs. 1 Satz 1 Nr. 12 EStG: Der Gewinn, der einem Anleger aufgrund seines Ausscheidens als Mitglied oder Gesellschafter einer Körperschaft i.S. § 1 Abs. 1 Nr. 3 bis 5 des Körperschaftsteuergesetzes (KStG) – das sind z.B. Versicherungsvereine auf Gegenseitigkeit, rechtsfähige oder nicht rechtsfähige Vereine oder Stiftungen – oder aufgrund der Übertragung seiner Mitglied- oder Gesellschafterstellung auf Dritte zufließt. Gemeint ist in erster Linie der Gewinn aus der Übertragung von Anteilen an Körperschaften, die keine Kapitalgesellschaften sind. Diese Regelung ist insbesondere notwendig, um zu verhindern, dass – bezogen auf die umfassende einkommensteuerrechtliche Erfassung der Veräußerungsvorgänge aus Kapitalanlagen – eine „Lücke" im Zusammenhang mit den in § 1 Abs. 1 Nr. 3 bis 5 KStG genannten Körperschaften entsteht, die private Anleger zu Gestaltungen verleiten könnte, mit der sie der Besteuerung von Veräußerungsvorgängen entgehen.

- § 20 Abs. 3, § 43 Abs. 1 Satz 2 EStG: Der Abgeltungsteuer unterliegen schließlich alle besonderen Entgelte oder Vorteile, die neben den bereits genannten Einnahmen oder an deren Stelle gewährt werden. Diese „Auffangklausel" – die Absätze 1 und 2 des § 20 EStG haben abschließenden Charakter – soll dafür sorgen, dass dem Fiskus auch wirklich nichts an Steuersubstrat entgeht. Die von der Haltedauer zeitlich unbeschränkte Veräußerungsgewinnbesteuerung gilt für alle nach dem 31.12.2008 angeschafften Kapitalanlagen und Finanzinstrumente.[59]

---

[59] § 52a Abs. 10 Satz 1 EStG.

Bemessungsgrundlage für Veräußerungsgewinne

Als der Abgeltungsteuer unterliegender Gewinn gilt der Unterschied zwischen den Einnahmen aus der Veräußerung nach Abzug der Aufwendungen,[60] die im unmittelbaren sachlichen Zusammenhang mit dem Veräußerungsgeschäft stehen, und den Anschaffungskosten. Kapitalanleger müssen also ab 2009 wie folgt rechnen:

Einnahmen aus der Veräußerung
./. Aufwendungen im unmittelbaren sachlichen Zusammenhang mit dem Veräußerungsgeschäft
./. Anschaffungskosten (und Anschaffungsnebenkosten)
= abgeltungsteuerpflichtiger Veräußerungsgewinn (Unterschiedsbetrag)

Dieser Unterschiedsbetrag kann sowohl positiv (Gewinn) als auch negativ (Verlust) sein.

Bei nicht in Euro getätigten Geschäften sind die Einnahmen im Zeitpunkt der Veräußerung und die Anschaffungskosten im Zeitpunkt der Anschaffung in Euro umzurechnen.[61] Damit erfasst die Abgeltungsteuer auch die sich aus Währungsschwankungen ergebenden Gewinne.

Praxistipp 7:

Die Anschaffung von Wertpapieren in fremder Währung oder der Erwerb von ausländischen Anleihen bringt keine Steuerersparnisse. Währungsgewinne unterliegen durch die zwingende Euro-Umrechnung der Abgeltungsteuer.[62]

Werden Kapitalanlagen veräußert, die vorher aus einem Betriebsvermögen des Kapitalanlegers entnommen oder aufgrund einer Betriebsaufgabe in das Privatvermögen überführt wurden, tritt für die Berechnung des Veräußerungsgewinns an Stelle der Anschaffungskosten der bei der Entnahme oder bei der Betriebsaufgabe angesetzte Wert. Diese – sich ausnahmsweise

---

[60] Dazu gehören auch Veräußerungskosten oder – in den Fällen der Ausübung von Verkaufsoptionen mit Andienung des Basiswertes – durch den Optionsnehmer bereits geleistete Optionsprämien.
[61] § 20 Abs. 4 Satz 1 EStG.
[62] Vgl. auch Teil II Abschnitt: Währungsgewinne in 2008 letztmals steuerfrei vereinnahmen.

zu Gunsten des Kapitalanlegers auswirkende – Bestimmung[63] gewährleistet, dass der Abgeltungsteuer lediglich die im Privatvermögen zugeflossenen Wertzuwächse unterfallen.

Fiktive Veräußerungstatbestände
Als die Abgeltungsteuer auslösende Veräußerung gilt nicht nur die Veräußerung von Anteilen an einer Kapitalgesellschaft (z.B. an der Börse), sondern auch die Einlösung, Rückzahlung, Abtretung oder verdeckte Einlage in eine Kapitalgesellschaft.[64] Entsprechendes gilt für die verdeckte Einlage von Wirtschaftsgütern in eine Kapitalgesellschaft. Mit dieser Regelung wird eine vollständige steuerliche Erfassung aller Wertzuwächse im Zusammenhang mit Kapitalanlagen erreicht.

Praxistipp 8:

Der Abgeltungsteuer unterliegt künftig auch das bislang steuerlich nicht erfasste Emissionsdisagio nach der sogenannten Disagiostaffel. Näheres hierzu Teil II Abschnitt: Wertpapiere mit Emissionsdisagio innerhalb der Disagiostaffel.

Eine vollständige steuerliche Erfassung aller Wertzuwächse wird auch durch die Erweiterung des Veräußerungsbegriffs auf das Auseinandersetzungsguthaben in den Fällen der Auseinandersetzung bei stillen Gesellschaften bezweckt.

Besonderheiten für unmittelbare oder mittelbare Beteiligungen an Personengesellschaften
Wertpapiere, deren Veräußerungserlöse der Abgeltungsteuer unterliegen, können theoretisch auch über eine Personengesellschaft gehalten und veräußert werden. Anteile an Personengesellschaften, deren Gesamthandsvermögen nur aus Wertpapieren besteht, gehören nicht zu den abgeltungsteuerpflichtigen Wirtschaftsgütern im Sinne des § 20 EStG. Der Gesamthandsanteil stellt selbst ein „anderes Wirtschaftsgut" dar, für das auch nach Einführung der Abgeltungsteuer eine Veräußerungsfrist von einem Jahr gilt bzw. ein steuerfreier Veräußerungsgewinn nach einer Haltedauer von mehr als einem Jahr realisiert werden kann.[65]

---
[63] § 20 Abs. 4 Satz 3 EStG.
[64] § 20 Abs. 2 Satz 2 EStG.
[65] § 23 Abs. 1 Satz 1 Nr. 2 EStG.

Um zu verhindern, dass über eine Personengesellschaft der Wertzuwachs der der Abgeltungsteuer unterliegenden Wertpapiere außerhalb der Veräußerungsfrist des § 23 EStG steuerfrei realisiert werden kann, gilt die Anschaffung oder Veräußerung einer unmittelbaren oder mittelbaren Beteiligung an einer Personengesellschaft als Anschaffung oder Veräußerung der anteiligen Wirtschaftsgüter.[66] Damit wird erreicht, dass die Veräußerung eines Gesamthandanteils an einer (vermögensverwaltenden) Personengesellschaft zu den abgeltungsteuerpflichtigen Einkünften aus Kapitalvermögen gehört, soweit die (vermögensverwaltende) Personengesellschaft abgeltungsteuerpflichtige Wertpapiere im Gesamthandsvermögen hält.

Eine unmittelbare Beteiligung ist gegeben, wenn ein Kapitalanleger Gesellschafter einer Personengesellschaft ist oder wenn jemand treuhänderisch an einer Personengesellschaft beteiligt ist. Eine mittelbare Beteiligung an einer Personengesellschaft ist anzunehmen, wenn ein Kapitalanleger an dem Gesellschaftsanteil eines Gesellschafters einer Personengesellschaft beteiligt ist. Die Regelung gilt auch, wenn die Wirtschaftsgüter von einer Personengesellschaft angeschafft und die Beteiligung an dieser Personengesellschaft vom Gesellschafter veräußert wird.

Besteuerung von Zertifikaten

Ein Zertifikat ist ein Wertpapier in der Rechtsform einer Schuldverschreibung bzw. Anleihe. Emittent eines Zertifikates ist im Regelfall eine Bank. Mit Zertifikaten können Kapitalanleger an der Kursentwicklung von Indizes oder Aktien teilhaben oder auch auf bestimmte Trends oder Strategien setzen. Bei Zertifikaten hängt die Höhe der Rückzahlung bzw. der Erfolg des Investments von der Entwicklung eines Basiswertes, z.B. eines Indexes, ab.

Indexzertifikate verbriefen das Recht, bei Fälligkeit einen Rückzahlungsbetrag zu erhalten, der sich am jeweiligen Indexstand orientiert. Laufende Erträge gibt es bei Indexzertifikaten nicht; sie werden nicht verzinst. Ihr Wert hängt also ausschließlich vom Punktestand eines bestimmten Indexes (zum Beispiel des Deutschen Aktienindexes) ab.

Bonuszertifikate zeichnen sich durch einen Sicherheitspuffer aus, der den Anleger bis zu einem gewissen Grad vor Verlusten schützt. Entscheidend für den Anleger ist die Kursgrenze und die Bonusschwelle.

Discountzertifikate sind börsennotierte Wertpapiere, deren Wertentwicklung entweder von einer bestimmten Aktie oder dem Stand eines

---

[66] § 20 Abs. 2 Satz 3 EStG.

bestimmten Aktienindexes abhängt. Beim Kauf dieser Zertifikate wird ein Discount gewährt. Dafür sind die Gewinnchancen begrenzt.

Bisher unterlagen Wertzuwächse aus Zertifikaten lediglich der Einkommensteuer, wenn die Rückzahlung des Kapitals – wie bei Garantiezertifikaten – zumindest teilweise zugesagt war, oder wenn als Basiswert des Zertifikats ein Aktienindex, ein Aktienwert oder ein Aktienkorb zugrunde lag und der Erwerber des Zertifikats innerhalb der einjährigen Spekulationsfrist nach der Anschaffung aus dem Geschäft einen Geldbetrag oder sonstigen Vorteil erzielte. Zukünftig unterliegen Einkünfte im Zusammenhang mit Zertifikaten einer umfassenden einkommensteuerrechtlichen Erfassung mit Abgeltungsteuer.

Praxistipp 9:

Zertifikate ohne Kapitalgarantie, die nach dem 14.3.2007 erworben wurden, können nur bis zum 30.6.2009 steuerfrei veräußert oder eingelöst werden, sofern im Veräußerungs- bzw. Einlösungszeitpunkt die für Veräußerungsgeschäfte geltende Jahresfrist abgelaufen ist. Faktisch muss das Zertifikat damit vor dem 30.6.2008 angeschafft worden sein. Näheres hierzu oben in Abschnitt: Der maßgebliche Abgeltungsteuersatz.

Besteuerung von Investmentfondsanteilen

Laufende Erträge, ausschüttungsgleiche Erträge und ausgeschüttete Gewinne aus Wertpapieren

Ausgeschüttete laufende Erträge aus Investmentfondsanteilen unterliegen beim Privatanleger ab dem 1.1.2009 grundsätzlich der Abgeltungsteuer. Das Teileinkünfteverfahren findet keine Anwendung. Thesaurierte laufende Erträge sind – trotz Thesaurierung – als ausschüttungsgleiche Erträge abgeltungsteuerpflichtig; ausschüttungsgleiche und ausgeschüttete Erträge aus Investmentfonds zählen als „Dividenden"[67] zu den abgeltungsteuerpflichtigen Kapitaleinkünften.

Unter die laufend zu versteuernden ausschüttungsgleichen Erträge fallen[68] sämtliche Kapitalerträge (insbesondere Zinsen, Dividenden) mit Aus-

---

[67] § 2 Abs. 1 Satz 1 InvStG, § 20 Abs. 1 Nr. 1 EStG.
[68] § 1 Abs. 3 Satz 3 InvStG.

nahme von Stillhalterprämien, Termingeschäften und Wertpapierveräußerungsgeschäften, Erträge aus der Vermietung und Verpachtung von Grundstücken und grundstücksgleichen Rechten, sonstige Erträge und Gewinne aus anderen privaten Veräußerungsgeschäften wie z.B. Grundstücksveräußerungsgeschäften. Nur diese ausschüttungsgleichen Erträge versteuert der Fondsanleger jeweils zum Ende des Geschäftsjahres, in dem der Fonds die Erträge vereinnahmt hat. Weiterhin gilt also, dass bei inländischen thesaurierenden Fonds Abgeltungsteuer, Kirchensteuer und Solidaritätszuschlag jeweils am Ende des Geschäftsjahres an das Finanzamt abzuführen sind.

Praxistipp 10:

Bei ausländischen thesaurierenden Investmentfonds wird weder von der Depotstelle noch von der Fondsgesellschaft während der Haltedauer die Abgeltungsteuer (Kapitalertragsteuer) einbehalten. Erst bei Veräußerung der Fondsanteile wird die (gesammelte) Abgeltungsteuerschuld abgezogen. Es entsteht so ein Steuerstundungseffekt. Diese Ausnahmeregelung kann besonders für Altersvorsorge-Sparer interessant sein. Ausländische Thesaurierungsfonds lassen sich mit Hilfe der ISIN (der International Securities Identification Number)[69] schnell erkennen. Beginnt die ISIN des Fonds nicht mit „DE", handelt es sich um einen ausländischen Fonds.

Ausgeschüttete Gewinne aus der Veräußerung von vom Investmentfonds angeschafften Wertpapieren sind zukünftig für den Privatanleger nicht mehr steuerfrei. Schütten Fonds Gewinne aus Veräußerungen von Wertpapieren aus, unterliegen diese künftig investorenunspezifisch der Abgeltungsteuer. Dasselbe gilt auch für Termingeschäfte bzw. rein spekulative Veräußerungserträge aus Zertifikaten.[70]

Die Besteuerung des Zwischengewinns (im Verkaufs- oder Rücknahmepreis enthaltene Zinsen, die vom Fonds noch nicht ausgeschüttet oder

---

[69] Die International Securities Identification Number (ISIN) ist eine zwölfstellige Buchstaben-Zahlen-Kombination und gilt als Identifikationsmerkmal für ein Wertpapier, das an der Börse gehandelt wird.

[70] § 2 Abs. 1 Satz 1, § 1 Abs. 3 Satz 2 InvStG, § 20 Abs. 2 Satz 1 Nr. 7 EStG.

thesauriert worden sind) bleibt auch im Abgeltungsteuersystem erhalten. Gezahlte Zwischengewinne sind als negative Einnahmen aus Kapitalvermögen geltend zu machen. Erhaltene Zwischengewinne sind als Einnahmen aus Kapitalvermögen zu erfassen und vom Veräußerungserlös des Investmentanteils abzusetzen.

Die Steuerbefreiung von thesaurierten Veräußerungsgewinnen sowie von thesaurierten Erträgen aus Stillhalterprämien, aus Termingeschäften (Optionen, Swaps) bleibt ebenfalls unverändert. Diese werden dem Anleger steuerlich während der Haltedauer nicht zugerechnet. Insoweit bleibt das „Fondsprivileg" der steuerfreien Vereinnahmung von Veräußerungsgewinnen bei Thesaurierung weiterhin erhalten; allerdings sind die thesaurierten Veräußerungsgewinne hieraus – wie nachfolgend dargestellt – bei Anteilsverkauf nachzuversteuern, da Gewinne aus der Rückgabe oder Veräußerung von Investmentfondsanteilen zu den abgeltungsteuerpflichtigen Einkünften gehören; unabhängig davon, ob der Fonds ein Ausschüttungsfonds oder ein Thesaurierungsfonds ist.

Praxistipp 11:

Mit Investmentfonds (Zertifikatefonds) lassen sich Gewinne aus Zertifikaten auch über den 30.6.2009 hinaus steuerfrei realisieren, wenn sie vom Fonds vor dem 1.1.2009 und nach dem 14.3.2007 erworben wurden.

Veräußerung von Investmentfondsanteilen

Veräußerungsgewinne aus Investmentfondsanteilen unterliegen ab 2009 unabhängig von der Haltedauer der Abgeltungsteuer. Als Besonderheit hervorzuheben ist, dass aufgrund der Übergangsregelung begünstigte Gewinne auf Fondsebene („Wertpapier-Altbestände" auf Fondsebene) bei nach dem 31.12.2008 angeschafften Fondsanteilen im Veräußerungsfall nachzuversteuern sind.[71]

---

[71] § 8 Abs. 5 Satz 5 InvStG vgl. Abschnitt: Übergangs- und Altbestandsregelung, Bestandsschutz für vor dem 1.1.2009 erworbene Wertpapiere.

Im Thesaurierungsfall werden die im Veräußerungsgewinn bereits enthaltenen „ausschüttungsgleichen Erträge" aus dem Veräußerungsergebnis ausgeschieden.[72]

	I. steuerlich nicht zu erfassen	II. Inlandsdepot – 1. Abgeltungssteuer wird einbehalten	II. Inlandsdepot – 2. Veranlagung zum Abgeltungssatz	III. Auslandsdepot – 1. Abgeltungssteuer wird einbehalten	III. Auslandsdepot – 2. Veranlagung zum Abgeltungssatz
Investmentfonds (in Deutschland aufgelegt)					
1. ausgeschüttete Zinsen		✓			✓
2. thesaurierte Zinsen		✓		✓	
3. ausgeschüttete inländische Dividenden[3]		✓		✓	
4. thesaurierte inländische Dividenden[3]		✓		✓	
5. ausgeschüttete ausländische Dividenden[3]		✓			✓
6. thesaurierte ausländische Dividenden[3]		✓		✓	
7. ausgeschüttete Gewinne aus der Veräußerung von Wertpapieren und Gewinne aus Termingeschäften, sofern die Wertpapiere vor dem 1.1.2009 angeschafft wurden bzw. die Termingeschäfte vor dem 1.1.2009 eingegangen wurden	✓				
8. ausgeschüttete Gewinne aus der Veräußerung von Wertpapieren und Gewinne aus Termingeschäften, sofern die Wertpapiere nach dem 31.12.2008 angeschafft wurden bzw. die Termingeschäfte nach dem 31.12.2008 eingegangen wurden		✓			✓
9. thesaurierte Gewinne aus der Veräußerung von Wertpapieren und Gewinne aus Termingeschäften	✓				
Besonderheiten für Offene Immobilienfonds					
10. ausgeschüttete inländische Mieterträge		✓			✓
11. thesaurierte inländische Mieterträge		✓		✓	
12. ausgeschüttete ausländische Mieterträge[4]	✓				
13. thesaurierte ausländische Mieterträge[4]	✓				
14. ausgeschüttete Gewinne aus dem Verkauf von inländischen Immobilien (Haltedauer ≤ 10 Jahre)		✓			✓
15. thesaurierte Gewinne aus dem Verkauf von inländischen Immobilien (Haltedauer ≤ 10 Jahre)		✓		✓	
16. ausgeschüttete Gewinne aus dem Verkauf von inländischen Immobilien (Haltedauer > 10 Jahre)	✓				
17. thesaurierte Gewinne aus dem Verkauf von inländischen Immobilien (Haltedauer > 10 Jahre)	✓				
18. ausgeschüttete Gewinne aus dem Verkauf von ausländischen Immobilien[4]	✓				
19. thesaurierte Gewinne aus dem Verkauf von ausländischen Immobilien[4]	✓				
Investmentfonds (im Ausland aufgelegte Wertpapierfonds)					
20. ausgeschüttete Zinsen		✓			✓
21. thesaurierte Zinsen			✓		✓
22. ausgeschüttete inländische Dividenden[3]		✓			✓
23. thesaurierte inländische Dividenden[3]			✓		✓
24. ausgeschüttete ausländische Dividenden[3]		✓			✓
25. thesaurierte ausländische Dividenden[3]			✓		✓
26. ausgeschüttete Gewinne aus der Veräußerung von Wertpapieren und Gewinne aus Termingeschäften, sofern die Wertpapiere vor dem 1.1.2009 angeschafft wurden bzw. die Termingeschäfte vor dem 1.1.2009 eingegangen wurden	✓				
27. ausgeschüttete Gewinne aus der Veräußerung von Wertpapieren und Gewinne aus Termingeschäften, sofern die Wertpapiere nach dem 31.12.2008 angeschafft wurden bzw. die Termingeschäfte nach dem 31.12.2008 eingegangen wurden			✓		
28. thesaurierte Gewinne aus der Veräußerung von Wertpapieren und Gewinne aus Termingeschäften	✓				

[3] Dividenden unterliegen in voller Höhe (Wegfall Halbeinkünfteverfahren) dem Abgeltungssatz
[4] i.d.R. schon im Ausland versteuert

Abbildung 2: Abgeltungsbesteuerung von Erträgen aus Investmentfonds (Quelle: „BVI Bundesverband Investment und Asset Management e.V.; www.bvi.de")

---

[72] § 8 Abs. 5 Satz 3 InvStG.

> **Praxistipp 12:**
>
> Der Abgeltungsteuer unterliegen offene Immobilienfonds, nicht aber gewerbliche geschlossene Fonds und geschlossene Immobilienfonds. Geschlossene Fonds mit Kapitalanlagen unterliegen hingegen der Abgeltungsteuer.

Besteuerung von Kapitallebensversicherungen und fondsgebundenen Lebensversicherungen

Kapitallebensversicherungen wurden aus der Abgeltungsbesteuerung ausdrücklich ausgenommen.[73] Auch an den wesentlichen Grundzügen der Besteuerung von fondsgebundenen Versicherungsverträgen ändert sich mit der Abgeltungsteuer nichts.

Bezüglich der Besteuerung von Einkünften aus kapital- und fondsgebundenen Lebensversicherungen gilt:

- **Versicherungsverträge, die bis 31.12.2004 abgeschlossen wurden (Altverträge):** Die Auszahlung der Versicherungsleistung ist vollumfänglich steuerfrei, sofern im Zeitpunkt der Fälligkeit oder Veräußerung die Mindestvertragslaufzeit von zwölf Jahren erfüllt ist, eine mindestens fünfjährige Beitragszahlung erfolgt ist und der Mindesttodesfallschutz 60 Prozent umfasst.

- **Versicherungsverträge, die nach dem 31.12.2004 abgeschlossen wurden (Neuverträge):** Leistungen aus nach dem 31.12.2004 abgeschlossenen Versicherungen werden auch weiterhin außerhalb des Abgeltungsteuerverfahrens gemeinsam mit den übrigen Einkunftsarten des Anlegers nach dem progressiven individuellen Einkommensteuertarif besteuert, sofern die Mindestvertragsdauer von zwölf Jahren erfüllt ist und die Auszahlung der Versicherungsleistung nach Vollendung des 60. Lebensjahres erfolgt.[74] In diesem Fall ist die Hälfte des Unterschiedsbetrags zwischen der Versicherungsleistung und der Summe der bezahlten Beiträge in die Steuererklärung aufzunehmen und zusammen mit den anderen Einkünften zu dem sich für das gesamte zu versteuernde Einkommen geltenden

---

[73] § 32d Abs. 2 Satz 1 Nr. 2 EStG.
[74] § 20 Abs. 1 Nr. 6 Satz 2 EStG, § 32d Abs. 2 Nr. 2 Satz 1 EStG. Für Vertragsabschlüsse nach dem 31.12.2011 gilt das 62. Lebensjahr als maßgebliches Lebensjahr des Versicherungsnehmers/Bezugsberechtigten.

Einkommensteuersatz zu versteuern. Bei Leistungen aus Neuverträgen, bei denen die Voraussetzungen des hälftigen Unterschiedsbetrags vorliegen, erfolgt also eine Veranlagung gemeinsam mit den Einkünften aus anderen Einkunftsarten unter Anwendung des progressiven Einkommensteuertarifs.[75]

- **Versicherungsverträge, die nach dem 31.12.2011 abgeschlossen werden:** Für Vertragsabschlüsse nach dem 31.12.2011 gelten die für Neuverträge maßgeblichen Besteuerungsregelungen mit der Maßgabe, dass das 62. Lebensjahr als das steuerbegünstigte Lebensjahr des Versicherungsnehmers/Bezugsberechtigten zählt.[76]

Praxistipp 13:

Dieses „Halbertragsverfahren" ist für Kapitalanleger, die diese zeitlichen Voraussetzungen erfüllen können (wollen), äußerst attraktiv. Die Steuervorteile können auch genutzt werden, wenn bestehende Wertpapierdepots in einen Versicherungsmantel gekleidet werden. Liechtensteinische Lebensversicherungen beispielsweise sichern dem Kapitalanleger bei individueller Vermögensanlage alle steuerlichen Vorteile einer Lebensversicherung.[77]

Liegen die Voraussetzungen für eine gänzliche Steuerfreistellung (Altverträge) oder für das Halbertragsverfahren (Neuverträge) hinsichtlich Mindestlaufzeit, Mindesttodesfallschutz und Auszahlungszeitpunkt nicht vor, fällt die Versicherungsleistung gänzlich unter die Abgeltungsteuer. Zu einer Besteuerung des Unterschiedsbetrags zwischen der Versicherungsleistung und der Summe der bezahlten Beiträge mit Abgeltungsteuer kommt es ab 2009 auch dann, wenn eine vor dem 1.1.2005 abgeschlossene Lebensversicherung veräußert wird und die Voraussetzungen für die Steuerfreiheit aus

---

[75] Die Ausnahme wird damit begründet, dass es zur Vermeidung von Wettbewerbsverzerrungen gerechtfertigt sei. Denn der Wertzuwachs würde – bei Anwendung des Abgeltungsteuersatzes – bei diesen Leistungen zu einer Besteuerung von lediglich 12,5 Prozent führen. Damit würde ohne sachlichen Grund eine steuerrechtliche Begünstigung von Lebensversicherungsleistungen gegenüber anderen Anlageprodukten erfolgen.
[76] § 52 Abs. 36 Satz 9 EStG.
[77] Vgl. Teil III Abschnitt: Geldanlagen im Mantel einer liechtensteinischen Lebensversicherung.

solchen Altverträgen nicht vorliegen, etwa weil die Mindestvertragsdauer von zwölf Jahren nicht erreicht wurde oder die Auszahlung vor Vollendung des 60. Lebensjahres[78] des Versicherungsnehmers erfolgte oder aber eine steuerschädliche Verwendung für Darlehenszwecke vorliegt.

Die Abgeltungsteuer wird bei Versicherungsleistungen als Kapitalertragsteuer erhoben und direkt vom Versicherungsunternehmen an die Finanzkasse abgeführt. Als Bemessungsgrundlage gilt der Unterschiedsbetrag zwischen der Versicherungsleistung und den geleisteten Einzahlungen des Versicherungsnehmers.[79] In Fällen eines (der Versicherungsleistung vorausgegangenen) entgeltlichen Erwerbs der Lebensversicherung tritt an Stelle der Summe der entrichteten Beiträge als Anschaffungskosten der gezahlte Kaufpreis.[80] Der gezahlte Kaufpreis ist wegen der auf den Sparanteil der Versicherungsbeiträge aufgelaufenen Erträge regelmäßig höher als die Summe der vom Veräußerer geleisteten Beiträge. Dadurch wird beim Käufer eine Übermaßbesteuerung vermieden, als dieser die (höheren) Anschaffungskosten einem eventuellen Veräußerungsentgelt steuermindernd gegenrechnen kann.

Praxistipp 14:

Bei Auszahlung der Versicherungsleistungen aus einem Neuvertrag fällt zunächst Abgeltungsteuer auf den vollen Unterschiedsbetrag zwischen Versicherungsleistung und geleisteten Einzahlungen an. Versicherungsnehmer, die Leistungen aus einer entgeltlich erworbenen Lebensversicherung erhalten, zahlen im Regelfall zu viel Abgeltungsteuer! Denn beim Abzug der Abgeltungsteuer durch das Versicherungsunternehmen von der Ablaufleistung bleiben gezahlte Anschaffungskosten unberücksichtigt. Versicherungsnehmer können sich zu viel bezahlte Abgeltungsteuer nur im Rahmen der Einkommensteuerveranlagung wieder zurückholen. Eine Steuerveranlagung ist vom Finanzamt auf Antrag durchzuführen.[81]

---

[78] Für Vertragsabschlüsse nach dem 31.12.2011 gilt das 62. Lebensjahr als maßgebliches Lebensjahr des Versicherungsnehmers/Bezugsberechtigten.
[79] § 43 Abs. 1 Nr. 4 EStG.
[80] § 20 Abs. 1 Nr. 6 Satz 3 EStG, Anwendungszeitpunkt: Für alle nach dem 31. Dezember 2008 zufließenden Kapitalerträge (§ 52 a Abs. 10 letzter Satz EStG).
[81] § 32d Abs. 4 oder 6 EStG, vgl. unten Abschnitt: Antragsveranlagung und Günstigerprüfung.

Einem Veräußerungsgewinn gegengerechnet werden können außerdem die nach dem Erwerb entrichteten Beiträge; diese gelten insoweit additiv als Anschaffungskosten und werden bei Ermittlung der abgeltungsteuerpflichtigen Bemessungsgrundlage ebenfalls vom Veräußerungserlös abgezogen.[82] Im Ergebnis fallen also nur die in der Besitzzeit des Veräußerers entstandenen Erträge und nicht die gesamte Beitragsleistung unter die Abgeltungsteuer.

Zu den steuerpflichtigen Einkünften aus Kapitalvermögen zählt ab 2009 auch der Gewinn aus der Veräußerung von Ansprüchen aus einer Lebensversicherung. Steuerpflichtig ist der Unterschiedsbetrag zwischen dem Veräußerungserlös und den vor der Veräußerung entrichteten Beiträgen; diese gelten als „Anschaffungskosten".[83] Sofern der Veräußerung ein entgeltlicher Erwerb vorausgegangen ist, gelten der Kaufpreis sowie alle nach dem Erwerb entrichteten Beiträge als Anschaffungskosten an Stelle der gezahlten Beiträge. Die Neuregelung gilt für alle nach dem 31.12.2008 durchgeführten Veräußerungsgeschäfte[84] und betrifft ausschließlich steuerpflichtige Lebensversicherungsverträge (Verträge, die nach dem 31.12.2004 abgeschlossen worden sind, oder Verträge, die vor dem 31.12.2004 abgeschlossen worden sind und steuerschädlich verwendet wurden).[85] Im Gegenzug versteuern Veräußerer von Lebensversicherungen erst ab dem 1.1.2009 Einkünfte aus der Veräußerung von Versicherungsansprüchen.

Praxistipp 15:

Da eine vollständige Erfassung von Veräußerungsgewinnen bei Lebensversicherungen erst zum 1.1.2009 greift, sollten geplante Veräußerungen bereits auf 2008 vorgezogen werden.[86]

---

[82] § 20 Abs. 4 Satz 4 Halbsatz 2 EStG.
[83] § 20 Abs. 4 Satz 4 EStG.
[84] Im Unterschied zu entgeltlichen Veräußerungen steht im Fall der Auszahlung von Versicherungsleistungen aus einer entgeltlich erworbenen Lebensversicherung die Möglichkeit des Abzugs des Kaufpreises als Anschaffungskosten bereits zum 1.1.2008 zur Verfügung.
[85] § 52a Abs. 10 Satz 5 EStG.
[86] Vgl. Teil II Abschnitt: Veräußerung von Ansprüchen aus Lebensversicherungen bis 31.12.2008 noch steuerfrei.

Auf Veräußerungsgewinne aus steuerpflichtigen Lebensversicherungen wird keine Kapitalertragsteuer erhoben, das heißt, es erfolgt kein Abgeltungsteuerabzug an der Quelle. Zur Sicherung des Steueraufkommens muss das Versicherungsunternehmen nach Kenntniserlangung von einer Veräußerung unverzüglich Mitteilung an das für den Veräußerer zuständige Finanzamt erstatten und auf Verlangen des Veräußerers eine Bescheinigung über die Höhe der entrichteten Beiträge im Zeitpunkt der Veräußerung erteilen. Der Veräußerer ist verpflichtet, den Veräußerungserlös im Veranlagungsverfahren der Besteuerung zu unterwerfen.[87] Die geleisteten Beiträge sind bei der Einkünfteermittlung vom Veräußerungsentgelt abzuziehen.

Sonderregelung für bestimmte Darlehen und Back-to-back-Finanzierungen

Eine „Back-to-back-Finanzierung" liegt vor, wenn ein Unternehmer bzw. Gesellschafter einem Kreditinstitut eine Einlage gibt oder bei diesem eine solche unterhält und die Bank in gleicher Höhe einen Kredit an die Gesellschaft des Unternehmers/Gesellschafters vergibt. In diesen Fällen wird ein Zusammenhang der Kreditüberlassung mit einer vom Unternehmer/Gesellschafter getätigten Kapitalanlage unterstellt. Ein solcher Zusammenhang der Kapitalanlage mit einer Kreditgewährung an den Betrieb des Kapitalanlegers wird auch dann gesehen, wenn die Kapitalüberlassung (Kreditauszahlung) an eine:

- dem Kapitalanleger (Unternehmer/Gesellschafter) nahestehende Person erfolgt,
- an eine Personengesellschaft erfolgt, an der der Kapitalanleger (Unternehmer/Gesellschafter) oder eine ihm nahestehende Person als Mitunternehmer beteiligt ist,
- an eine Kapitalgesellschaft erfolgt, an der der Kapitalanleger (Unternehmer/Gesellschafter) zu mindestens zehn Prozent beteiligt ist.

Back-to-back-Finanzierungen führen dazu, dass die Einkünfte aus der Kapitalanlage (Zinsen) nicht mit der pauschalen Abgeltungsteuer, sondern zum progressiven Einkommensteuersatz des Kapitalanlegers (Unternehmers/Gesellschafters) besteuert werden.[88] Werbungskosten sind hier nicht

---

[87] Vgl. unten Abschnitt: Antragsveranlagung und Günstigerprüfung.
[88] § 32d Abs. 2 Nr. 1 Buchst. c EStG.

mit dem Sparer-Pauschbetrag abgegolten, sondern können vollumfänglich abgezogen werden.

Praxistipp 16:

Ein Zusammenhang der Kreditüberlassung mit einer vom Unternehmer (Gesellschafter) getätigten Kapitalanlage wird insbesondere in Fällen unterstellt, in denen ein einheitlicher Plan nachzuweisen ist. Die Finanzverwaltung wird einen einheitlichen Plan annehmen, wenn die Zinsvereinbarungen miteinander verknüpft sind oder Kapitalüberlassung und Kreditgewährung aufeinander in einem engen Zeitfenster erfolgen. Des Weiteren ist „steuerschädlich", wenn die Kreditlaufzeit in etwa der Dauer der Kapitalanlage entspricht. Je nachdem, ob der Kapitalanleger und Gesellschafter die Abgeltungsbesteuerung für seine Zinserträge eintreten lassen will oder nicht, kann er die Kredit-/Kapitalverträge entsprechend gestalten!

Von einem Zusammenhang der Kreditüberlassung mit einer vom Unternehmer (Gesellschafter) getätigten Kapitalanlage geht die Finanzverwaltung dann nicht aus, wenn die vereinbarten Zinssätze von den marktüblichen nicht abweichen oder die Anwendung des Abgeltungsteuersatzes beim Unternehmer (Gesellschafter) nicht zu einem Steuervorteil führt. Marktüblich sind die Zinsvereinbarungen, wenn sie dem entsprechen, was das Kreditinstitut mit vergleichbaren Kunden bei isolierter Kreditgewährung bzw. Kapitalanlage vereinbart hätte.

Praxistipp 17:

„Die Marktüblichkeit ist regelmäßig anzunehmen, wenn die Konditionen den Zinssätzen der EWU-Zinsstatistik für den betreffenden Monat entsprechen oder lediglich geringe Abweichungen vorliegen".[89]

Ebenfalls von der Abgeltungsteuer (dem Abgeltungsteuersatz, der abgeltenden Wirkung sowie der Beschränkung des Werbungskostenabzugs auf den

---
[89] Bundestag-Drucksache 16/7036, S. 20.

Sparer-Pauschbetrag) ausgenommen sind Zinserträge (Kapitalerträge) aus gewährten Darlehen oder aus der Beteiligung als stiller Gesellschafter:[90]

- soweit der Schuldner eine dem Gläubiger nahestehende Person ist (im klassischen Fall der Ehegatte, das Kind)
- oder der Schuldner eine Kapitalgesellschaft ist, bei der der Gläubiger zu mindestens zehn Prozent beteiligt ist oder er einem zu mindestens zehn Prozent Beteiligtem nahesteht.

Kapitalerträge aus Beteiligungen mit unternehmerischen Interessen

Ist der Kapitalanleger bei der Kapitalgesellschaft zu mindestens 25 Prozent beteiligt bzw. – bei Erwerbstätigkeit für diese Gesellschaft – zu mindestens einem Prozent beteiligt, wird angenommen, dass die Beteiligung aus unternehmerischen Interessen heraus gehalten wird. Um diesem Personenkreis den Abzug von Werbungskosten über den Sparer-Pauschbetrag hinaus zu ermöglichen, können diese bei der Besteuerung laufender Dividendeneinkünfte zur Steuerveranlagung und damit für das Teileinkünfteverfahren und dem „60-prozentigen" Werbungskostenabzug optieren. Ein solcher Antrag gilt für fünf Jahre; bei Widerruf kann kein neuer Antrag gestellt werden (jedoch kann nach vollständiger Veräußerung der Anteile und einem erneuten Anteilserwerb in der genannten Höhe zu einem späteren Zeitpunkt erneut für das Teileinkünfteverfahren optiert werden). Wann eine solche Option sinnvoll ist, kommt auf den Einzelfall an.[91]

Abgeltungsteuer bei Vermögensübertragungen auf andere Gläubiger sowie im Erbfall und bei Schenkungen

Für Zwecke der Abgeltungsteuer gilt die Übertragung der von einer inländischen Bank (einer auszahlenden Stelle) verwahrten oder verwalteten Wertpapiere auf einen anderen Gläubiger grundsätzlich als Veräußerung dieser Wertpapiere mit der Folge, dass ein eventueller Veräußerungserlös der Abgeltungsteuer unterliegt.[92] Als Bemessungsgrundlage für die Abgeltungsteuer (Veräußerungspreis) gilt der Börsenkurs zum Zeitpunkt der Über-

---

[90] § 32d Abs. 2 Nr. 1a und b EStG.
[91] § 32d Abs. 2 Nr. 3 EStG i.d.F JStG 2008.
[92] § 43 Abs. 1 Satz 4 EStG.

tragung als Einnahme aus der Veräußerung. Analog gilt dieser Börsenkurs beim neuen Gläubiger als Anschaffungskosten; das übernehmende Kreditinstitut hat diesen entsprechend anzusetzen.[93]

Eine Ausnahme gilt allerdings bei Erbschaften und Schenkungen. Bei einem unentgeltlichen Erwerb von Wertpapieren im Wege der Einzelrechtsnachfolge werden dem Erwerber bei der Ermittlung des abgeltungsteuerpflichtigen Gewinns die Aufwendungen des Rechtsvorgängers zugerechnet, das heißt, der Erbe/Beschenkte rechnet die historischen Anschaffungskosten des Erblassers/Schenkers bei Ermittlung der Bemessungsgrundlage für die Abgeltungsteuer dem Veräußerungserlös (und den Veräußerungskosten) gegen.[94]

Teilen der Kapitalanleger als Gläubiger oder die Erben der Bank mit, dass es sich bei der Kapitalübertragung um eine „unentgeltliche Übertragung", also eine Schenkung oder eine Erbschaft, handelt, muss die Bank keine Abgeltungsteuer einbehalten.[95] Mit dieser Regelung wird zu Gunsten der Steuerzahler erreicht, dass steuermindernde Umstände bereits im Rahmen der Abgeltungsteuer berücksichtigt werden und die Erben/Beschenkten nicht erst die Kapitalertragsteuer zur Verfügung stellen müssen, um diese dann in dem im folgenden Kalenderjahr durchzuführenden Veranlagungsverfahren wieder erstattet zu bekommen.

Die Geschäftsbank meldet die Erklärung aber an das für sie zuständige Betriebsstättenfinanzamt.[96] Im internen Amtsweg wird dann geprüft, ob hinsichtlich der Kapitalübertragung Schenkung- oder Erbschaftsteuer fällig wird.

Praxistipp 18:

Eine Erbschaft stellt keinen Neuerwerb dar. Die Erben treten vielmehr in die Rechtsstellung des Erblassers ein. Ereignet sich der Erbfall nach dem 31.12.2008 und sind Bestandteil des Nachlasses Wertpapiere, die vor der Abgeltungsteuereinführung (also vor dem 1.1. 2009) erworben wurden, können diese vom Erben

---

[93] § 43a Abs. 2 Satz 11 EStG.
[94] § 20 Abs. 4 Satz 6 EStG.
[95] § 43 Abs. 1 Satz 5 EStG.
[96] § 43 Abs. 1 Satz 6 EStG.

im Erwerbszeitpunkt steuerfrei veräußert werden, sofern zu diesem Zeitpunkt bereits die einjährige Spekulationsfrist überschritten ist. Für Zertifikate, die nur einen eingeschränkten Bestandsschutz genießen,[97] gilt anlog: Der Erbe tritt in die Rechtsstellung des Erblassers ein; es gelten dieselben Bedingungen.

Abgeltungsteuer bei Depotübertragungen: Vermeidung der Strafsteuer!

Wechselt der inländische Kapitalanleger das Kreditinstitut und lässt er Wertpapiere auf ein anderes Depot übertragen, ist die übertragende Bank verpflichtet, der empfangenden Bank die jeweiligen Anschaffungsdaten zu übermitteln.[98] Dies dient der richtigen Ermittlung der Kapitalerträge, wenn der neue Kunde Wertpapiere aus übertragenen Depots veräußert.

Handelt es sich bei der übertragenden Stelle um eine Bank oder ein Kreditinstitut mit Sitz in einem anderen Mitgliedstaat der EU oder in einem anderen Vertragsstaat des EWR-Abkommens, kann der Kapitalanleger den zu erbringenden Nachweis der Anschaffungsdaten nur durch eine Bescheinigung des ausländischen Instituts erbringen.[99] Ein eigener Nachweis durch Kaufabrechnungen der Bank ist unzulässig und es droht im Fall der Veräußerung eine Strafsteuer.

Werden bei einem Depotwechsel die Anschaffungsdaten nicht übermittelt oder wird ein Nachweis über ein ausländisches Kreditinstitut nicht erbracht, hat die neue depotführende Stelle im Falle der Veräußerung den Veräußerungsgewinn in Höhe von 30 Prozent der Einnahmen aus der Veräußerung oder Einlösung anzusetzen.[100]

Praxistipp 19:

Um dieser Strafsteuer zu entgehen, wird sich im Regelfall die Führung eines Nachweises bei der Depotübertragung vom Ausland ins Inland lohnen, es sei denn, der steuerpflichtige Veräußerungserlös aus dem Verkauf der in ein inländisches Depot übertragenen Wertpapiere beträgt mehr als 30 Prozent.

---

[97] Vgl. oben Besteuerung von Zertifikaten.
[98] § 43a Abs. 2 Satz 3 EStG.
[99] § 43a Abs. 2 Satz 5 EStG.
[100] § 43a Abs. 3 Sätze 6 ff. EStG.

Praxistipp 20:

Erfolgt ein Depotwechsel noch vor 2009, ist die abgebende Bank nicht verpflichtet, der aufnehmenden die Anschaffungsdaten mitzuteilen. Der Kapitalanleger sollte sich für den Fall einer steuerpflichtigen Veräußerung nach dem 31.12.2008 die Anschaffungskosten selbst bescheinigen lassen.

Abzugsverbot für Werbungskosten

Als Werbungskosten gelten „Aufwendungen zur Erwerbung, Sicherung und Erhaltung der Einnahmen".[101] Nach der Rechtsprechung gelten als Werbungskosten alle Aufwendungen, die durch die Einkunftsart (hier: Einkünfte aus Kapitalvermögen) veranlasst sind. Veranlasst sind Aufwendungen nach Auffassung des Bundesfinanzhofs (BFH) immer dann, wenn objektiv ein Zusammenhang der Aufwendungen mit der Überlassung von Kapital zur Nutzung besteht und subjektiv die Aufwendungen zur Förderung der Nutzungsüberlassung gemacht werden.[102]

Praxistipp 21:

Da Werbungskosten im Zusammenhang mit Kapitalanlagen noch grundsätzlich bis zum 31.12.2008 abgezogen werden können, ist für 2008 eine entsprechende „Aufwandsplanung" zu erstellen. Hierbei ist aber zu berücksichtigen, dass nach derzeit geltender „alter" Rechtslage Gestaltungen zum vorgezogenen Abzug von Werbungskosten ein vorgefertigtes Konzept i.S. eines Steuerstundungsmodells darstellen können.[103]

Mit Einführung der Abgeltungsteuer sind Werbungskosten in Verbindung mit einer Geldanlage generell nicht mehr abzugsfähig. Der Abzug der tatsächlichen Werbungskosten ist ausgeschlossen.[104] Vielmehr gelten sämtli-

---

[101] § 9 Abs. 1 Satz 1 EStG.
[102] BFH, Urteil v. 27.6.1989, VIII R 30/88, BStBl 1989 II S. 934.
[103] § 20 Abs. 9 Satz 1 Halbsatz 2 EStG.
[104] Vgl. § 20 Abs. 7, § 15b EStG.

che Werbungskosten mit den Sparer-Pauschbeträgen von 801 Euro (Singles bzw. bei Einzelveranlagung) bzw. 1.602 Euro bei Zusammenveranlagung als abgegolten. Werbungskosten, die vor der Einführung der Abgeltungsteuer anfallen und mit Einnahmen im Zusammenhang stehen, die erst nach Inkrafttreten des Abgeltungsteuersystems anfallen, sind ebenfalls nicht abziehbar.

Anschaffungsnebenkosten und Veräußerungsnebenkosten, die unmittelbar für den Kauf bzw. Verkauf von Wertpapieren anfallen (das sind in erster Linie Bankprovisionen, Maklerprovisionen und sonstige börsenplatzabhängige Entgelte), können jedoch bei der Berechnung der Gewinne/Verluste berücksichtigt werden. Die Finanzrechtsprechung hat als Anschaffungskosten für ein Wirtschaftsgut des „Betriebsvermögens" alle Aufwendungen eines Kaufmannes angesehen, die er macht, um ein Wirtschaftsgut aus der fremden in die eigene Verfügungsgewalt zu überführen.[105] Dieser Grundsatz, der für das Betriebsvermögen aufgestellt wurde, gilt auch für Wirtschaftsgüter des Privatvermögens.[106] Bei entgeltlich angeschafften Wirtschaftsgütern ist der tatsächlich aufgewendete Geldbetrag als Anschaffungskosten anzusetzen.

Nachfolgende Tabelle stellt die im Zusammenhang mit Wertpapieranlagen am häufigsten auftretenden Aufwendungen, ihre steuerliche Qualifizierung sowie deren Berücksichtigung im Rahmen der neuen Abgeltungsteuer dar.

Aufwendung	Steuerliche Qualifizierung	Auf abgeltungsteuerpflichtigen Gewinn/verrechenbaren Verlust anrechenbar?
Ankaufspesen	Anschaffungsnebenkosten	Ja
Arbeitsmittel aller Art	Werbungskosten	Nein
Ausgabeaufschlag	Anschaffungsnebenkosten	Ja
Bankgebühren	Anschaffungsnebenkosten	Ja
Beratungskosten	Werbungskosten	Nein
Courtagen	Anschaffungsnebenkosten	Ja
Depotgebühren	Werbungskosten	Nein
Fachliteratur	Werbungskosten	Nein

---

[105] BFH-Urt. vom 24.5.1968, VI R 6/67, BStBl. II 1968, 574; Urt. vom 31.7.1967, I 219/63, BStBl. II 1968, 22; Urt. vom 3.8.1976, VIII R 101/71, BStBl. II 1977, 65.
[106] BFH-Urt. vom 19.12.1972, VIII R 124/69, BStBl. II 1973, 295.

Aufwendung	Steuerliche Qualifizierung	Auf abgeltungsteuerpflichtigen Gewinn/verrechenbaren Verlust anrechenbar?
Finanzierungskosten/Schuldzinsen usw.	Werbungskosten	Nein
Aufwendungen, die für den Erhalt der Verfügungsgewalt über Fondsanteile erbracht werden.[107]	Anschaffungsnebenkosten	Ja
Kontoeinrichtungsgebühren	Anschaffungsnebenkosten[108]	Ja
Kontoführungsgebühren	Werbungskosten	Nein
Mitgliedsbeiträge	Werbungskosten	Nein
Reisekosten	Werbungskosten	Nein
Stückzinsen - Gezahlte Stückzinsen beim Ankauf festverzinslicher Wertpapiere - Vereinnahmte Stückzinsen aus der Veräußerung festverzinslicher Wertpapiere	Negative Einnahmen Veräußerungserlös	Ja, im Rahmen des Verlustverrechnungstopfes[109] Ja
Transaktionsspesen	Anschaffungsnebenkosten	Ja
Umsatzsteuer	Teilt das Schicksal der Aufwendung, für die sie erhoben wird	Nein, sofern Hauptleistung Werbungskosten (z.B. bei Depotgebühren)
„Über-pari-Aufgelder", die geleistet werden, um das im Papier verbriefte Stammrecht zu erwerben	Anschaffungsnebenkosten[110]	Ja
Vermögensverwalterkosten[111]	Werbungskosten	Nein

Tabelle 6: Steuerliche Qualifizierung von Aufwendungen im Zusammenhang mit der Wertpapieranlage

---

[107] Niedersächsisches FG 13.7.2006, 11 K 579/03.
[108] Niedersächsisches FG 13.7.2006, 11 K 579/03.
[109] § 43a Abs. 3 Satz 2 EStG, vgl. auch Teil I Abschnitt: Verlustverrechnung aus Kapitalanlagen.
[110] Urt.; FG Köln 2.4.2004, 10 K 2003/03.
[111] Vgl. hierzu Teil II Abschnitt: Der abgeltungsteueroptimale Vermögensverwaltervertrag.

Praxistipp 22:

Bei fremdfinanzierten Kapitalanlagen kann es infolge des Abzugsverbots von Fremdkapitalzinsen zu einer effektiven Steuerbelastung von mehreren Hundert Prozent kommen. Fremdfinanzierte Kapitalanlagepositionen sollten daher zum 31.12.2008 vollständig abgebaut werden!

Praxistipp 23:

Ist der Kapitalanleger unmittelbar oder mittelbar zu mindestens 25 Prozent an einer Kapitalgesellschaft beteiligt oder zu mindestens einem Prozent an der Kapitalgesellschaft beteiligt und zugleich für diese beruflich tätig, kann er zum Werbungskostenabzug (zumindest in Höhe von 60 Prozent) optieren. Besteuert wird der Kapitalanleger bei Option nach dem Teileinkünfteverfahren und zum individuellen progressiven Steuersatz. Im Einzelfall ist zu prüfen, ob eine Option steuerlich vorteilhaft ist.

Verlustverrechnung aus Kapitalanlagen

Allgemeine Verlustverrechnung und Verlustverrechnungstopf

Verluste aus abgeltungsteuerpflichtigen Wertpapiergeschäften dürfen ausschließlich mit Einkünften aus gleichen Geschäften bzw. nur im Rahmen derselben Einkunftsart „Kapitalvermögen" steuermindernd verrechnet werden. Eine Verrechnung von Spekulationsverlusten mit anderen Einkunftsarten (also z.B. mit Einkünften aus selbstständiger oder nichtselbstständiger Arbeit) ist nicht möglich. Ebenso wenig dürfen Verluste auf frühere Jahre zurückgetragen werden.[112] Realisierte Verluste mindern somit nur die Einkünfte, die der Kapitalanleger in den folgenden Veranlagungszeiträumen aus Kapitalvermögen erzielt.[113]

Die Verlustverrechnung erfolgt dabei nach folgenden Schritten:

---

[112] § 20 Abs. 6 Satz 2 EStG.
[113] § 20 Abs. 6 Satz 3 EStG.

- Schritt 1: Verrechnung im „Verlustverrechnungstopf"

Mit der Verlustverrechnungstopfregelung soll gewährleistet werden, dass, insbesondere auch bei Bezug von mit ausländischer Quellensteuer vorbelasteten Dividenden, von gezahlten Stückzinsen oder bei Veräußerungsverlusten die Abgeltungsteuer einbehalten wird. Zu beachten ist dabei, dass für Aktienverluste wegen eingeschränkter Verlustverrechnungsmöglichkeiten ein eigenständiger Verlustverrechnungstopf zu bilden ist.[114]

Im Verlustverrechnungstopf soll auch noch eine nachträgliche Verrechnung von abgeltungsteuerpflichtigen Kapitalerträgen mit Verlusten möglich sein, also wenn etwa erst nur steuerpflichtige Kapitalerträge erzielt wurden und zeitlich danach nur noch Verluste. Überwiegen die Verluste am Jahresende, soll eine ganze oder teilweise Rückerstattung einbehaltener Abgeltungsteuer möglich sein.

- Schritt 2: Übertrag ins nächste Kalenderjahr

Lassen sich die Verluste im Verlustverrechnungstopf mangels ausreichender Erträge in einem Kalenderjahr (Veranlagungszeitraum) nicht ausgleichen, kann der Kapitalanleger die Verluste in das nächste Kalenderjahr vortragen lassen. Dies geschieht automatisch von Gesetzes wegen, das heißt, die depotführende Bank erledigt das für den Anleger.[115]

- Schritt 3: Alternativ – Verlustbescheinigung

Alternativ zum gesetzlich vorgesehenen „automatischen Verlustvortrag" besteht die Möglichkeit, nicht ausgeglichene Verluste von der depotführenden Bank (der auszahlenden Stelle) bescheinigen zu lassen. Dabei muss es sich um eine Bescheinigung im Sinne des § 43a Abs. 3 Satz 4 EStG nach amtlichem Muster handeln. Eine solche Bescheinigung ist vom Kapitalanleger bis spätestens 15.12. des laufenden Jahres bei der Depotbank zu beantragen.[116]

---

[114] Vgl. unten Abschnitt: Besonderheiten bei Spekulationsverlusten aus Aktiengeschäften.
[115] § 43a Abs. 3 Satz 3 EStG.
[116] § 43a Abs. 3 Satz 5 EStG.

Praxistipp 24:

Eine Verlustbescheinigung kann nicht erfolgen, wenn der Kapitalanleger sein Wertpapierdepot auf ein anderes Kreditinstitut überträgt und dieses der neuen depotführenden Stelle auf Verlangen des Kunden den nicht ausgeglichenen Verlust mitteilt.[117]

Die Verlustbescheinigung führt dazu, dass die (bescheinigten) Verluste ihre Bindungswirkung an die bei dem ausstellenden Kreditinstitut unterhaltenen Kapitalanlagen verlieren. Ein Verlustübertrag ins nächste Kalenderjahr durch das bescheinigende Kreditinstitut entfällt in diesem Fall. Erhält der Kapitalanleger nämlich die Bescheinigung seines Kreditinstitutes, wird der Verrechnungstopf geschlossen. Verluste können so bei seinem Kreditinstitut keine Berücksichtigung mehr finden und müssen in der Veranlagung geltend gemacht werden. Dafür kann der Kapitalanleger die Verluste mit positiven Einkünften aus anderen Quellen, beispielsweise aus Wertpapierdepots bei anderen Kreditinstituten, verrechnen.

Praxistipp 25:

Die Beantragung einer solchen Bescheinigung ist sinnvoll, wenn Kapitalanleger mehrere Depots unterhalten, wobei einige defizitär sind und andere Gewinne bringen. Kapitalanleger, die mehrere Wertpapierdepots bei verschiedenen Banken unterhalten, sollten ab 2009 ihre Verluste ganz genau überprüfen und ggf. unter Beantragung entsprechender Verlustbescheinigungen Liquiditätsverluste durch eine steueroptimale Verlustberücksichtigung für alle inländischen Wertpapieranlagen vermeiden. Eine „bankübergreifende" Verlustverrechnung kann allerdings nur im Veranlagungsverfahren erfolgen. Alternativ bietet es sich an, alle Wertpapieranlagen auf ein Kreditinstitut zu konzentrieren.[118]

---

[117] § 43a Abs. 3 Satz 6 Halbsatz 2 EStG.
[118] Vgl. Teil II Abschnitt: Konzentration aller Wertpapieranlagen auf ein Depot zur sofortigen Verlustverrechnung und Vermeidung von Liquiditätsnachteilen.

Besonderheiten bei Stückzinsen

Mit Einführung der Abgeltungsteuer ändert sich auch die Besteuerung der Stückzinsen. Stückzinsen verkörpern Entgelt für die Überlassung von Kapital, also Entgelt, das der Schuldner dem Gläubiger zu entrichten hat. Als Stückzinsen werden die seit dem Fälligkeitstag des letzten eingelösten Kupons bis zum Tag des Verkaufs des Wertpapiers aufgelaufenen Zinsen bezeichnet. Dieser Betrag ist vom Käufer des Wertpapiers zusätzlich zum Kurswert zu vergüten. Stückzinsen stehen bis einschließlich des Tages vor Valutierung (Erfüllungstag = der Tag, an dem der Käufer den Kaufpreis entrichtet) dem Verkäufer zu.

Gezahlte und gesondert in Rechnung gestellte Stückzinsen werden nach neuem Recht im Jahr der Zahlung als negative Einnahmen berücksichtigt. Dementsprechend fließen für den Steuerabzug gezahlte Stückzinsen als negative Kapitalerträge in den Verlustverrechnungstopf ein.[119]

Vereinnahmte Stückzinsen werden entweder als Teil des Veräußerungserlöses aus der Veräußerung der Schuldverschreibung abgeltungsteuerpflichtig oder sie stellen einen eigenen Veräußerungserlös aus der Kapitalforderung „Zinsscheine" dar. Stückzinsen (Entgelte des Schuldners), die nicht gesondert in Rechnung gestellt sind, weil sie in Form von Kursgewinnen vereinnahmt werden (bei Kursdifferenzpapieren bzw. „flat" gehandelten Finanzinnovationen, deren Kursgewinne Zinsansammlungen enthalten), unterliegen der Abgeltungsteuer bei Veräußerung.

Besonderheiten bei Spekulationsverlusten aus Aktiengeschäften

Verluste aus der Veräußerung von börsennotierten Aktien oder sonstigen Anteilen an einer Körperschaft (Spekulationsverluste)[120] dürfen nicht mit anderen Einkünften aus Kapitalvermögen (z.B. Zinsen, Dividenden), sondern ausschließlich mit Gewinnen aus solchen Spekulationsgeschäften verrechnet werden.[121] Diese Sonderregelung dürfte in der Praxis insofern zu erheblichen Problemen führen, als zur exakten Trennung von Spekulationsverlusten aus Aktienverkäufen mit den übrigen Verlusten zwei Verlustkonten (Verlustverrechnungstöpfe) gebildet und überwacht werden müssen. In dem zweiten Verlustverrechnungstopf sind Veräußerungsgewinne

---

[119] § 43a Abs. 3 Satz 2 EStG.
[120] Verluste aus Kapitalvermögen i.S. § 20 Abs. 2 Satz 1 Nr. 1 EStG.
[121] § 20 Abs. 6 Satz 5 EStG.

aus Aktien gesondert zu erfassen, welche mit ebensolchen Verlusten verrechnet werden können.

Beispiel:
Kapitalanleger A erzielt aus Aktiengeschäften einen Verlust von 10.000 Euro, aus der Veräußerung von Indexzertifikaten einen Gewinn von 6.000 Euro. A zahlt Abgeltungsteuer auf den vollen Gewinn aus der Veräußerung der Indexzertifikate.
Ergebnis: Der Aktienverlust wird vorgetragen.
Erzielt der Anleger jedoch 10.000 Euro Gewinn aus der Veräußerung von Aktien und einen Verlust aus dem Zertifikateverkauf von 6.000 Euro, versteuert er nur den Saldo in Höhe von 4.000 Euro.

Praxistipp 26:

Fallen zum Ende des Kalenderjahres (Ende des steuerlichen Veranlagungszeitraumes) Verluste an, sollte der Kapitalanleger darauf achten, dass ein bereits durchgeführter Steuerabzug ggf. rückgängig gemacht wird. Denn es sollte ohne Bedeutung sein, in welcher Reihefolge Gewinne und Verluste innerhalb eines Kalenderjahres anfallen. Kapitalanleger sollten daher unterjährig anfallende Aktienspekulationsverluste besonders überwachen, um rechtzeitig eine steueroptimale Nutzung von Verlusten sicherstellen zu können. Dies betrifft insbesondere solche Kapitalanleger, die mehrere Aktiendepots bei verschiedenen Banken unterhalten.

Praxistipp 27:

Die eingeschränkte Verlustverrechnung für Aktien gilt nicht für nach dem 31.12.2008 erworbene aktienähnliche Genussscheine und findet ebenfalls bei Aktienanlagen über Aktienfonds, Termingeschäften über Aktien, Zertifikaten mit Aktien(körben), Aktien- CFDs als Basiswerten keine Anwendung.

Steueroptimale Berücksichtigung der Altverluste aus Kapitalvermögen und privaten Veräußerungsgeschäften

Verluste aus Einkünften aus Kapitalvermögen

Altverluste aus Einkünften aus Kapitalvermögen sind jene Verluste, die aus Kapitalanlagen (mit Ausnahme der privaten Veräußerungsgeschäfte) vor dem 1.1.2009 entstanden sind und bis zu diesem Stichtag noch nicht mit anderen positiven Einkünften verrechnet werden konnten. Diese können weiterhin voll mit allen Einkünften (mit allen Einkunftsarten) verrechnet und unbegrenzt vorgetragen werden, soweit es sich dabei bereits nach geltendem Recht um negative Einkünfte aus Kapitalvermögen i.S. des § 20 EStG a.F.[122] handelt.

Altverluste aus privaten Veräußerungsgeschäften

Altverluste aus privaten Veräußerungsgeschäften sind jene Verluste aus Wertpapiergeschäften i.S.d. § 23 EStG a.F., die bis zum 31.12.2008 und aus der Veräußerung von Wertpapieren innerhalb der einjährigen „alten" Spekulationsfrist entstanden sind (Verluste, die mit Wertpapieren innerhalb der Spekulationsfrist entstanden sind).

Praxistipp 28:

Die Beschränkung der Verlustverrechnung aus Aktiengeschäften mit Gewinnen aus solchen Geschäften gilt nicht für die Altverluste. Diese können mit sämtlichen positiven Einkünften aus Kapitalvermögen i.S. § 20 Abs. 2 EStG n.F. (also mit Gewinnen aus Veräußerungen von Wertpapieren aller Art) verrechnet werden.

Solche Altverluste darf der Kapitalanleger vorrangig mit nach Einführung der Abgeltungsteuer realisierten und verbleibenden positiven Einkünften aus Wertpapierveräußerungen verrechnen.[123] Dies bedeutet, dass zunächst die positiven Einkünfte aus Kapitalvermögen, die nicht der Kapitalertragsteuer unterliegen (z.B. Veräußerungsgewinne aus GmbH-Anteilen), und die positiven Einkünfte aus Kapitalvermögen, die der Kapitalertragsteuer unterliegen (Veräußerungsgewinne aus Wertpapiergeschäften), in einer

---

[122] In der bis zum 31.12.2008 geltenden Fassung.
[123] § 20 Abs. 6 Satz 1 EStG, § 23 Abs. 3 Satz 9, 10 EStG.

ersten Stufe nicht mit Verlusten aus Kapitalvermögen aus dem gleichen Veranlagungszeitraum oder mit Verlusten aus vorangegangenen Veranlagungszeiträumen, sondern zunächst mit den Altverlusten verrechnet werden.[124]

Die vorrangige Verrechnung der Altverluste erfolgt allerdings nach der Verrechnung dieser Einkünfte im Rahmen des sog. „Verrechnungstopfes", den das Kreditinstitut bei der Kapitalertragsteuer bildet.[125] Eine vorrangige Verrechnung der Altverluste ist aus technischen Gründen nicht möglich, da dem auszahlenden Kreditinstitut Altverluste nicht bekannt sind. Altverluste lassen sich also nur insoweit vorrangig abziehen, als positive Einkünfte aus Wertpapierveräußerungen nach der Verrechnung positiver Einkünfte im Verlustverrechnungstopf i.S. § 43a Abs. 3 EStG verbleiben.

Praxistipp 29:

Da die Altverluste lediglich bis einschließlich dem Veranlagungszeitraum 2013 vorgetragen werden, sollten Kapitalanleger diese vorrangig vor anderen Verlusten aus Kapitalvermögen steuerlich geltend machen. Voraussetzung für die Berücksichtigung von Altverlusten ist, dass diese im Jahr der Entstehung in der Steuererklärung angegeben werden!

Altverluste, für die eine Verrechnung mit Veräußerungsgewinnen aus Kapitalanlagen innerhalb der vorgesehenen fünf Jahre nicht möglich war, können darüber hinaus nur noch mit Gewinnen aus anderen privaten Veräußerungsgeschäften i.S. des § 23 EStG n.F., also z.B. mit Veräußerungsgewinnen aus Grundstücksgeschäften, zeitlich unbegrenzt verrechnet werden.

Befreiung von der Abgeltungsteuer durch Vorlage einer Nichtveranlagungs-Bescheinigung

Kapitalanleger, die ihrer zum Steuerabzug verpflichteten Depotbank durch eine sogenannte „Nichtveranlagungs-Bescheinigung" (NV-Bescheinigung) des für sie zuständigen Wohnsitzfinanzamts nachweisen, dass sie unbe-

---

[124] Vgl. Drucksache 220/07 zu § 20 Abs. 6 EStG.
[125] § 43a Abs. 3 EStG.

schränkt einkommensteuerpflichtig sind und dass für sie eine Veranlagung zur Einkommensteuer voraussichtlich nicht in Betracht kommt, erhalten auf ihre Kapitaleinkünfte und Veräußerungsgewinne keine Abgeltungsteuer abgezogen.[126] NV-Bescheinigungen haben im Grunde dieselbe Wirkung wie ein Freistellungsauftrag. Die NV-Bescheinigung geht allerdings weiter, denn die Bank zieht auch dann keine Abgeltungsteuer ab, wenn der Sparer-Pauschbetrag überschritten ist.

Eine Beantragung ist sinnvoll für Anleger, die Kapitaleinkünfte über dem Sparer-Pauschbetrag erzielen, jedoch mit ihrem zu versteuernden Einkommen den Grundfreibetrag nicht überschreiten. Eine NV-Bescheinigung kann beantragen, wer voraussichtlich ein zu versteuerndes Einkommen von nicht mehr als 7.664 Euro (Grundfreibetrag) im Jahr erzielt. Unter Berücksichtigung des Sparer-Pauschbetrages[127] sowie des Sonderausgaben-Pauschbetrages von 36 Euro liegt die „Brutto"-Einkunftsgrenze bei Singles bei 8.501 Euro und bei Paaren bei 17.002 Euro. Die NV-Bescheinigung ist für drei Jahre gültig. Liegen die Einkünfte über der Grenze, ist die NV-Bescheinigung an das Finanzamt zurückzugeben.

Praxistipp 30:

Rentner und Eltern, die Kapitalvermögen den Kindern übertragen haben, sollten prüfen lassen, ob eine NV-Bescheinigung beantragt werden kann. Arbeitnehmer erhalten wegen der Möglichkeit einer Antragsveranlagung[128] allerdings keine NV-Bescheinigung. Das Antragsformular für eine Nichtveranlagungsbescheinigung ist erhältlich im Internet unter: https://www.formulare-bfinv.de (Stichworte: Formularcenter, Bürger, Steuern im Inland).

Sparer-Pauschbeträge und Freistellungsauftrag

Mit Einführung der Abgeltungsteuer am 1. Januar 2009 summiert sich der aktuelle Sparer-Freibetrag in Höhe von 750 Euro zusammen mit dem Wer-

---

[126] § 44a Abs. 1 Nr. 2 EStG, § 44a Abs. 2 Satz 1 Nr. 2 EStG.
[127] Vgl. unten Abschnitt: Sparer-Pauschbeträge und Freistellungsauftrag.
[128] § 46 Abs. 2 Nr. 8 EStG.

bungskosten-Pauschbetrag von 51 Euro zum Sparer-Pauschbetrag von 801 Euro für Ledige. Für Ehegatten mit Zusammenveranlagung verdoppelt sich der Sparer-Pauschbetrag auf 1.602 Euro.[129]

Bei zusammenveranlagten Ehegatten wird der Sparer-Pauschbetrag bei der Einkünfteermittlung je zur Hälfte (in Höhe von je 801 Euro) abgezogen. Eine Verrechnung nicht ausgeschöpfter Pauschbeträge beim anderen Ehegatten ist zulässig.

Berechnung bis 31.12.2008	Berechnung ab 1.1.2009	
Einkünfte aus KV	Einkünfte aus KV	
./. Sparer-Freibetrag (750 €/1.500 €)	./.Sparer-Pauschbetrag (801 €/1.602 €)	
./. WK-Pauschale oder tats. nachgewiesene Werbungskosten (WK)		
= Einkünfte aus Kapitalvermögen (KV)	= Einkünfte aus Kapitalvermögen (KV)	

Tabelle 7: Berechnung steuerpflichtiger Kapitaleinkünfte aus Kapitalvermögen (KV) – bisher und zukünftig

Praxistipp 31:

Neue Freistellungsaufträge[130] müssen nicht erteilt werden.[131] Die bisherigen Freistellungsaufträge bleiben über den 1. Januar 2009 hinaus gültig.

Werden Anlagekonten bei mehreren Banken unterhalten, steht der Sparer-Pauschbetrag nur insgesamt einmal zur Verfügung. Die Aufteilung des Sparer-Pauschbetrages auf mehrere Freistellungsaufträge sollte regelmä-

---

[129] § 20 Abs. 9 EStG.
[130] Ein Freistellungsauftrag ist ein privatschriftlicher Auftrag eines Gläubigers von Kapitalerträgen an sein konto-/depotführendes Kreditinstitut mit dem Inhalt, bis zu einem steuerfreien Höchstbetrag von 801 Euro bzw. bei zusammen veranlagten Ehegatten bis zu einem steuerfreien Höchstbetrag von 1.602 Euro von abzugspflichtigen Kapitalerträgen keine Abgeltungsteuer abzuziehen. Bei Erteilung mehrerer Freistellungsaufträge an mehrere Kreditinstitute ist der steuerfreie Sparer-Pauschbetrag aufzuteilen.
[131] Pressemitteilung des Bankenverbandes vom 23.10.2007.

ßig überprüft werden. Wird beispielsweise im Depot der A-Bank ein „Restteil-Pauschbetrag" mangels ausreichender Kapitaleinkünfte in einem Jahr nicht mehr ausgeschöpft, ist es trotzdem möglich, dass Bank B bereits Abgeltungsteuer abführt. In diesem Fall sollte das Freistellungsvolumen zum 1.1.2009 entsprechend umverteilt werden! Werden Freistellungsaufträge während des Jahres geändert, ist zu beachten, dass Freistellungsaufträge immer für die Einkünfte des gesamten Jahres gültig sind.

Das heißt: Werden während eines Jahres die Sparer-Pauschbeträge geändert, werden vorher erteilte Freistellungsaufträge ungültig. Es empfiehlt sich also, stets am Jahresanfang Anpassungen entsprechend den voraussichtlich anfallenden steuerpflichtigen Kapitaleinkünften vorzunehmen.

Praxistipp 32:

Zwar ist es möglich, bei mehreren Banken Freistellungsaufträge in Höhe des gesamten Spar-Pauschbetrags zu erteilen, um diesen mehrfach zu nutzen. Denn die Banken sind nicht verpflichtet nachzuprüfen, ob bzw. bei welchem anderen Kreditinstitut der Kunde weitere Freistellungsaufträge und in welcher Höhe erteilt hat. Dennoch fliegen solche Schummeleien früher oder später einmal auf: Denn jede Bank meldet die in jedem solchen Auftrag enthaltenen Daten an das Bundeszentralamt für Steuern (Meldungen nach § 45d EStG).[132] Dieses führt regelmäßig einen Datenabgleich durch und filtert sogenannte „Mehrfacherteiler" heraus.

Abgeltungswirkung, Günstigerprüfung und Antragsveranlagung

Berücksichtigung abgeltungsteuerpflichtiger Kapitaleinkünfte für steuerliche und außersteuerliche Zwecke

Kapitaleinkünfte, die der Abgeltungsteuer unterliegen, sind grundsätzlich mit dem Steuerabzug abgegolten und brauchen nicht mehr in die Einkommensteuererklärung aufgenommen zu werden; eine Veranlagung unter-

---

[132] Vgl. Einführung oben: Allgemeines; sowie Götzenberger, Anton-Rudolf, „Der gläserne Steuerbürger", Verlag Neue Wirtschaftsbriefe, Herne 2006.

bleibt insoweit.[133] Konsequenterweise bleiben Kapitaleinkünfte, die mit der Abgeltungsteuer besteuert werden, für Zwecke der Einkommensteuer bei der Ermittlung der Einkünfte, der Summe der Einkünfte, dem Gesamtbetrag der Einkünfte, dem Einkommen und dem zu versteuernden Einkommen unberücksichtigt.[134]

Beantragt der Kapitalanleger mit seiner Einkommensteuererklärung für Kapitalerträge, die der Kapitalertragsteuer unterlagen, eine Steuerfestsetzung oder macht er bestimmte steuerliche Vorteile geltend, die an den Einkünftebegriff anknüpfen, werden die abgeltungsteuerpflichtigen Kapitaleinkünfte allerdings der Summe der Einkünfte, dem Gesamtbetrag der Einkünfte, dem Einkommen und dem zu versteuernden Einkommen hinzugerechnet.[135] Die Ausnahmen betreffen:

- Zugunsten des Steuerzahlers: die Ermittlung der abzugsfähigen Sonderausgaben für Spenden,
- Zu Lasten des Steuerzahlers:
  - die Berücksichtigungsfähigkeit eines Kindes,
  - die Ermittlung der zumutbaren Belastung bei außergewöhnlichen Belastungen,
  - die Ermittlung des berücksichtigungsfähigen Unterhalts und des Sonderbedarfs als außergewöhnliche Belastungen.[136]

Außerdem finden Kapitaleinkünfte für Einkommensteuerzwecke weiterhin Berücksichtigung, wenn es sich um Kapitalerträge unter nahestehenden Personen handelt[137] oder bei Anwendung der Subsidiaritätsklausel, also wenn die Kapitaleinkünfte den Einkunftsarten „Land- und Forstwirtschaft", „Gewerbebetrieb", „selbstständige Arbeit" oder „Vermietung und Verpachtung" zuzurechnen sind.[138]

---

[133] § 25 Abs. 1 EStG, 43 Abs. 5 EStG.
[134] § 2 Abs. 5b Satz 1 EStG.
[135] Begründung: Für diese Vorteile ist allein die Höhe der Einkünfte oder des Einkommens maßgebend, nicht jedoch die Tatsache, dass ein Teil der Einkünfte einem besonderen Steuersatz unterworfen ist (vgl. Bundesrat-Drucksache 220/07 vom 30.3.2007, Besonderer Teil zu Nummer 2 Buchstabe c [§ 2 Abs. 5b EStG.]).
[136] § 2 Abs. 5b Satz 2 EStG.
[137] § 43 Abs. 5 i.V.m. § 32d Abs. 2 EStG, vgl. auch unten: Sonderregelung für bestimmte Darlehen und Back-to-back-Finanzierungen.
[138] Vgl. oben Abschnitt: Der Subsidiaritätsgrundsatz.

Die mit dem Steuerabzug abgegoltenen Kapitaleinkünfte sind für außersteuerliche Zwecke zu berücksichtigen, sofern außersteuerliche Rechtsnormen an steuerliche Begriffe wie Einkünfte, Summe der Einkünfte, Gesamtbetrag der Einkünfte, Einkommen oder zu versteuerndes Einkommen anknüpfen. Für diese Fälle sind die Kapitaleinkünfte stets hinzuzurechnen.[139]

Antragsveranlagung und Günstigerprüfung

Trotz Erhebung der Einkommensteuer auf Einkünfte aus Kapitalvermögen durch Abzug vom Kapitalertrag steht jedem Kapitalanleger das Steuerveranlagungsverfahren offen. Dadurch lassen sich diverse Tatbestände, die beim Kapitalertragsteuerabzug nicht berücksichtigt werden können, steuermindernd geltend machen. Ebenso besteht für den Steuerpflichtigen die Möglichkeit, den Steuereinbehalt des Kreditinstituts dem Grunde und der Höhe nach überprüfen zu lassen.

Praxistipp 33:

Eine Antragsveranlagung ist zu empfehlen bzw. ist notwendig, wenn:[140]
- der Sparer-Pauschbetrag mangels ausreichender Einkünfte nicht ausgeschöpft worden ist, oder es wurde kein Freistellungsauftrag erteilt;
- ein Verlustvortrag nach § 20 Abs. 6 EStG geltend gemacht wird (Verrechnung von Altverlusten);[141]
- ein Depotwechsel stattgefunden hat;
- in Veräußerungsfällen von Wertpapieren Anschaffungskosten geltend gemacht werden sollen, die das depotführende Institut im Rahmen des Kapitalertragsteuerabzuges nicht berücksichtigt hat;
- Leistungen aus einer Lebensversicherungspolice unter die Abgeltungsteuer fallen oder ein entgeltlich erworbener Lebensversicherungsvertrag weiter ver-

---

[139] § 2 Abs. 5a EStG Begründung: Für außersteuerliche Zwecke ist allein die Höhe der Einkünfte maßgebend, nicht jedoch die Tatsache, dass ein Teil der Einkünfte einem besonderen Steuersatz unterworfen ist (Bundesrat-Drucksache 220/07 vom 30.3.2007, Besonderer Teil zu Nummer 2 Buchstabe b [§ 2 Abs. 5a EStG.]).
[140] § 32d Abs. 4 EStG.
[141] Siehe oben Abschnitt: Steueroptimale Berücksichtigung von Altverlusten.

äußert wird und die Anschaffungskosten für den Versicherungsvertrag die gezahlten Beiträge übersteigen.[142]
- der steuermindernde Effekt der Kirchensteuerzahlung noch nicht berücksichtigt wurde (z.B. bei Dividendenausschüttungen), etwa weil der Kapitalanleger den Kirchensteuerabzug durch sein depotführendes Institut nicht beantragt hat und er sich für die Festsetzung der Kirchensteuer in der Veranlagung entscheidet;
- gezahlte ausländische Quellensteuern nicht berücksichtigt worden sind und angerechnet werden können;
- der Steuereinbehalt der auszahlenden Stelle (Bank) überprüft werden soll;
- der individuelle progressive Steuersatz des Kapitalanlegers weniger als 25 Prozent beträgt.

Macht der Kapitalanleger Kapitaleinkünfte in der Veranlagung geltend, erfolgt eine Erhöhung der tariflichen Einkommensteuer um 25 Prozent der Einkünfte. Zu viel gezahlte Kapitalertragsteuer (Abgeltungsteuer) wird auf die Einkommensteuer angerechnet.[143]

Praxistipp 34:

Da die Kapitalertragsteuer (Abgeltungsteuer) auf diese hier geltend gemachten Einkünfte im Regelfall höher ist als der bei der Steuerveranlagung festzusetzende Steuerbetrag, kommt es infolge der Anrechnung der Kapitalertragsteuer in diesen Fällen im Regelfall zu einer Steuererstattung.

Des Weiteren führt die Finanzverwaltung auf Antrag des Kapitalanlegers eine Günstigerprüfung durch. Hierbei werden die der Abgeltungsteuer unterliegenden Kapitaleinkünfte den steuerpflichtigen Einkünften hinzugerechnet und der tariflichen Einkommensteuer unterworfen.[144] Die Günstigerprüfung soll Kapitalanlegern eine Besteuerung nach der tariflichen Einkommensteuer ermöglichen, soweit diese zu einer niedrigeren Einkommensteuer führen würde.

---
[142] Vgl. oben Abschnitt: Besteuerung von Kapitallebensversicherungen und fondsgebundenen Lebensversicherungen
[143] § 36 Abs. 2 Nr. 2 EStG.
[144] § 32d Abs. 6 EStG.

Praxistipp 35:

Kapitalanleger, die Steuerlaien sind und ihre Steuererklärung selbst machen, sollten einen Antrag auf Günstigerprüfung in jedem Fall stellen, wenn ihr persönlicher Steuersatz bisher immer nahe 25 Prozent lag – sie riskieren nichts! Denn sollte sich herausstellen, dass die Abgeltungsteuer doch die bessere Alternative ist, gilt der Antrag als nicht gestellt.

Die Antragsveranlagung kann nur für den jeweiligen Veranlagungszeitraum einheitlich für sämtliche Kapitaleinkünfte angewendet werden. Im Fall der Antragsveranlagung müssen also sämtliche Kapitaleinkünfte in die Antragsveranlagung einbezogen werden. Bei Ehegatten muss der Antrag für die Besteuerung von Kapitaleinkünften von beiden Ehegatten gestellt werden.

Die Möglichkeit der Stellung eines Antrags auf Günstigerprüfung darf allerdings nicht darüber hinwegtäuschen, dass die Abgeltungsteuer für den Geldanleger in jedem Fall zu mehr Steuern führt. Dies zum einen wegen der auch im Fall der Antragsveranlagung fehlenden Abzugsmöglichkeit der tatsächlichen Werbungskosten.

Zum anderen muss der Aktienanleger, selbst wenn der Steuersatz bei nur 20 Prozent liegen würde, aus 1.000 Euro Dividendeneinnahme unter Zugrundelegung seines tariflichen Steuersatzes von 20 Prozent immer noch 200 Euro an Steuern abführen. Nach dem bisherigen Halbeinkünfteverfahren musste der Aktienanleger nur 500 Euro zum 20-prozentigen Steuersatz (= 100 Euro) versteuern. Die Abgeltungsteuer beläuft sich in Einzelfällen auf das Doppelte des Bisherigen.

Praxistipp 36:

Kapitalanleger, die einen Werbungskostenabzug in tatsächlicher Höhe erreichen wollen, müssen die Kapitaleinkünfte entweder den von der Abgeltungsteuer ausgenommenen Einkunftsarten zuordnen (vgl. oben Abschnitt: Der Subsidiaritätsgrundsatz sowie Teil II Abschnitt: Steueroptimierung fremdfinanzierter Wertpapieranlagen nach dem 31.12.2008) oder einen der Ausschlusstatbestände erfüllen, die oben im Abschnitt: Sonderregelung für bestimmte Darlehen und Back-to-back-Finanzierungen aufgeführt sind.

Übergangs- und Altbestandsregelung, Bestandsschutz für vor dem 1.1.2009 erworbene Wertpapiere

Allgemeine Regelungen

Wertpapiere (mit Ausnahme der Zertifikate), die bis zum 31.12.2008 angeschafft werden und bei denen der Zeitraum zwischen Anschaffung und Veräußerung mehr als ein Jahr beträgt, können auch nach dem 1.1.2009 noch steuerfrei veräußert werden, das heißt, realisierte Kursgewinne unterliegen bei Altbeständen und in Fällen einer Haltedauer von mehr als einem Jahr nicht der Abgeltungsteuer. Steuerpflichtige Veräußerungsgewinne aus Wertpapieren – diese fallen an, wenn der Zeitraum zwischen Anschaffung und Veräußerung nicht mehr als ein Jahr beträgt – werden zum persönlichen Einkommensteuersatz versteuert. Insoweit ist auch nach 2009 eine Steuerveranlagung notwendig, es sei denn, der aus Veräußerungsgeschäften erzielte Gesamtgewinn beträgt weniger als 600 Euro im Kalenderjahr.[145]

Ankauf Wertpapiere	Veräußerung	Besteuerung von Veräußerungsgewinnen
Bis 31.12.2008	Nach mehr als einem Jahr	Altbestandsregelung = Veräußerungsgewinne steuerfrei
Bis 31.12.2008	Nach nicht mehr als einem Jahr	Altbestandsregelung = Versteuerung von Veräußerungsgewinnen nach dem persönlichen Steuersatz, Freigrenze von 600 €, Halbeinkünfteverfahren bei Aktien
Nach dem 1.1.2009	Veräußerungszeitpunkt unbeachtlich	Abgeltungsbesteuerung

Tabelle 8: Besteuerung privater Veräußerungsgeschäfte unter Berücksichtigung der Altbestandsregelung

Sonderregelungen für Zertifikate

Ausnahmen von der Altbestandsregelung gelten für Zertifikate. In Abweichung obiger Regelungen gilt die neue Abgeltungsteuer für alle Zertifikate bzw. Spekulationsinstrumente wie Vollrisikopapiere oder Finanzinnovatio-

---

[145] Bis 31.12.2008 512 Euro, § 23 Abs. 3 Satz 5 EStG.

nen i.S.d. § 20 Abs. 1 Nr. 7 EStG n.F.[146], die ab dem 14. März 2007 gekauft und nach dem 30. Juni 2009 verkauft werden.[147]

Ankauf	Veräußerung	Besteuerung von Veräußerungsgewinnen
Bis einschließlich 14.3.2007	Nach mehr als einem Jahr	Altbestandsregelung = Veräußerungsgewinne steuerfrei
Ab und nach dem 15.3.2007 und vor dem 1.1.2009	Nach mehr als einem Jahr und bis zum 30.6.2009	Altbestandsregelung = Veräußerungsgewinne steuerfrei
Ab und nach dem 15.3.2007 und vor dem 1.1.2009	Nach nicht mehr als einem Jahr	Altbestandsregelung = Versteuerung von Veräußerungsgewinnen nach dem persönlichen Steuersatz, Freigrenze von 600 €
Nach dem 1.1.2009	Veräußerungszeitpunkt unbeachtlich	Abgeltungsbesteuerung

Tabelle 9: Besteuerung privater Veräußerungsgeschäfte bei Zertifikaten

Praxistipp 37:

Die Regelung gilt nur für von Privatanlegern direkt angeschaffte Zertifikate, nicht jedoch für Zertifikate, die von offenen Investmentfonds angeschafft werden.[148] Die Fondsindustrie hat dies erkannt und das Angebot an Zertifikatefonds verstärkt. Einen zusätzlichen Steuereffekt erreicht der Kapitalanleger mit einem Zertifikatefonds in Verbindung mit einem Auslandsdepot.[149]

Sonderregelungen für Investmentfonds
Anteilscheine an Publikumsfonds

Gewinne aus auf Fondsebene erworbenen Wertpapieranlage-Neubeständen (ab 1.1.2009) unterliegen bei Ausschüttung der Abgeltungsteuer – und zwar

---

[146] Vgl. oben Abschnitt: Abgeltungsteuer auf laufende Einkünfte. Der Begriff „Zertifikate" wird uneinheitlich verwendet. Es kann sich hier sowohl um Spekulationsinstrumente (ein Totalverlust des eingesetzten Kapitals ist hier theoretisch möglich) als auch um Finanzinnovationen handeln (bei Finanzinnovationen ist der volle oder teilweise Kapitalerhalt garantiert).
[147] § 52a Abs. 10 Satz 8 EStG.
[148] Denn § 18 InvStG enthält keinerlei Verweis auf § 52a Abs. 10 Satz 8 EStG.
[149] Vgl. dazu Teil II Abschnitt: Konzentration aller Wertpapieranlagen auf ein Depot zur sofortigen Verlustverrechnung und Vermeidung von Liquiditätsnachteilen.

auch in dem Fall, in dem der Fondsanteil selbst beim Anleger noch als „Altbestand" (Anschaffung des Fondsanteils noch vor dem 1.1.2009) gilt. Gewinne aus dem Verkauf von vom Fonds nach dem 31.12.2008 erworbenen Wertpapieren, können nur noch abgeltungsteuerpflichtig ausgeschüttet gemacht werden. Nach „altem" Steuerrecht besteuert werden noch Ausschüttungen „alter" Kursgewinne (Kauf der Wertpapiere durch den Fonds vor dem 1.1.2009) an „Altanleger" (Anschaffung der Fondsanteile bis zum 31.12.2008).

Beispiel:

Kauf der Wertpapiere durch den Fonds vor dem 1.1.2009	
Kauf Fondsanteile bis zum 31.12.2008	100
Ausschüttung der Veräußerungsgewinne nach dem 1.1.2009 (steuerfrei)	50
Fondsanteilswert nach Ausschüttung	50
Fondsanteilsverkauf in 2009 außerhalb der Spekulationsfrist	90
Veräußerungsverlust (steuerneutral)	-10
Abgeltungsteuer	0
Anlageergebnis nach Steuern (+50 Ausschüttung −10 Veräußerungsverlust)	40

Nach dem 1.1.2009 erfolgende Gewinnausschüttungen aus der Veräußerung „alter" Wertpapiere (die der Fonds vor dem 1.1.2009 angeschafft hat) an einen Fondsanteilseigner als „Neuanleger" (Anschaffung der Fondsanteile nach dem 1.1.2009) sind hingegen zunächst steuerfrei, werden aber zum steuerpflichtigen Veräußerungserlös beim Verkauf der Fondsanteile hinzugerechnet und müssen im Veräußerungszeitpunkt versteuert werden (aufgeschobene Besteuerung, § 8 Abs. 5 Satz 5 InvStG).

Beispiel:

Kauf der Wertpapiere durch den Fonds vor dem 1.1.2009	
Kauf Fondsanteile nach dem 31.12.2008	100
Ausschüttung der Veräußerungsgewinne nach dem 1.1.2009 darin enthalten: Veräußerungsgewinne 50 € (steuerfrei)	50
Fondsanteilswert nach Ausschüttung	50
Fondsanteilsverkauf in 2009 (unabhängig von einer Haltedauer steuerpflichtig)	90
Veräußerungsverlust vorläufig	-10
Korrektur der Ausschüttung (Nachversteuerung)	50
Veräußerungserfolg endgültig (steuerpflichtig)	40
Abgeltungsteuer 27,82% (inkl. Soli/Kirchensteuer) auf einen Veräußerungserfolg von 40	11,13
Anlageergebnis nach Steuern	28,87

Für Gewinne aus der Veräußerung von Wertpapieren, die der Fonds nach dem 31.12.2008 angeschafft hat, gilt im Fall einer Thesaurierung allerdings noch die Altbestandsregelung. Das heißt, dass Gewinne aus der Veräußerung von durch den Fonds nach 2008 angeschafften und veräußerten Wertpapieren vom Anleger, der seinen Fondsanteil vor dem 1.1.2009 erworben hat, auch nach 2008 noch steuerfrei vereinnahmt werden können, sofern der Zeitraum zwischen Anschaffung und Veräußerung mehr als ein Jahr betragen hat. Im Thesaurierungsfall kommt es also allein darauf an, dass der Kapitalanleger den Fondsanteil vor dem 1.1.2009 erworben hat.

Anteilscheine an Spezialfonds

Weitere Ausnahmeregelungen gelten für Anteile an sogenannten „Spezialfonds". Danach ist die Abgeltungsbesteuerung auf Veräußerungsgewinne aus der Veräußerung oder Rückgabe von Anteilen an inländischen Spezial-Sondervermögen, inländischen Spezial-Investment-Aktiengesellschaften oder ausländischen Spezial-Investmentvermögen, die nach dem 9. November 2007 und vor dem 1. Januar 2009 erworben werden, bereits vor dem 1.1.2009 anzuwenden. Näheres hierzu vgl. Teil II Abschnitt: Steuerliche Sonderregelungen bei der Veräußerungsgewinnbesteuerung für ausländische Spezialfonds.

Wertpapierveräußerungen aus Alt- und Neubestand

Wertpapierveräußerungen ab 2009 aus einem mit Altbestand (Wertpapiere, die bis zum 31.12.2008 erworben wurden) und Neubestand (Wertpapiere, die ab dem 1.1.2009 erworben wurden) gemischten Depot werden nach der sogenannten FiFo-Methode (First in – First out) selektiert. Seit dem 1.1.2005 gilt bei der Veräußerung von Wertpapieren das sogenannte First-in-First-out-Verfahren (kurz FiFo). Das First-in-First-out-Prinzip besagt, dass die zuerst erworbenen Aktien derselben Gesellschaft auch als zuerst veräußert gelten.[150]

Konkret bedeutet dies, dass bei Wertpapierveräußerungen zu unterstellen ist, dass zuerst angeschaffte Wertpapiere auch zuerst veräußert werden. Kauft ein Kapitalanleger beispielsweise X-Aktien in mehreren Tranchen und verkauft er diese zu unterschiedlichen Zeitpunkten, so gelten steuerlich immer die Wertpapiere als zuerst veräußerst, die zuerst angeschafft wurden.

---

[150] § 20 Abs. 4 Satz 7 EStG.

Praxistipp 38:

Um bei Veräußerungen nach 2009 exakt danach unterscheiden zu können, ob vor 2009 angeschaffte Altbestandsanlagen oder nach 2009 angeschaffte und unter die Abgeltungsteuer fallende Wertpapiere veräußert werden, empfiehlt es sich, die jeweiligen Alt- und Neubestände in separaten Wertpapierdepots zu verwahren.[151] Zwei separate Wertpapierdepots dienen auch der besseren Übersicht von Veräußerungen aus dem Alt- und Neubestand.

Fokus: Einkünfte aus Kapitalvermögen, die im Steuerveranlagungsverfahren mit dem Abgeltungsteuersatz besteuert werden

Nicht alle steuerpflichtigen Einkünfte aus Kapitalvermögen sind mit dem Kapitalertragsteuerabzug abgegolten und brauchen in der Steuererklärung nicht mehr berücksichtigt zu werden. Letzteres trifft nur auf die oben in Abschnitt „Von der Abgeltungsteuer erfasste private Kapitaleinkünfte" aufgeführten Einkünfte zu. Zu den steuerpflichtigen Einkünften aus Kapitalvermögen, für die – sofern diese dem Privatvermögen zuzuordnen sind[152] – der Kapitalanleger verpflichtet ist, eine Einkommensteuererklärung abzugeben,[153] zählen:

1. Gewinne aus der Veräußerung von Dividendenscheinen und sonstigen Ansprüchen durch den Inhaber des Stammrechts, wenn die dazugehörigen Aktien oder sonstigen Anteile nicht mitveräußert werden.
2. Gewinne aus der Abtretung von Forderungen aus einem partiarischen Darlehen oder aus der Veräußerung von Beteiligungen an einem Handelsgewerbe, aus der Veräußerung einer stillen Beteiligung an Gesellschaftsfremde sowie aus der Veräußerung/Abtretung aus partiarischen Darlehen.

---

[151] Vgl. auch Teil II Abschnitt: Konzentration aller Wertpapieranlagen auf ein Depot zur sofortigen Verlustverrechnung und Vermeidung von Liquiditätsnachteilen.
[152] Vgl. oben Abschnitt: Der Subsidiaritätsgrundsatz.
[153] § 32 d Abs. 3 Satz 1 EStG.

Bei Beteiligungen an einem Gewerbebetrieb oder Mitunternehmerschaft, stillen Beteiligungen oder partiarischen Darlehen gilt die Vereinnahmung eines Auseinandersetzungsguthabens als Veräußerung. Bei der typisch stillen Beteiligung unterliegen Zahlungen über dem Nennwert durch den Kaufmann der Abgeltungsteuer. Bei Zahlungen durch Dritte tritt die Abgeltungsteuer unabhängig von der Haltedauer ein. Partiarische Darlehen, die nach dem 31.12.2008 begründet wurden, unterliegen unabhängig von der Haltedauer der Abgeltungsteuer.[154]
3. Zinsen aller Art aus Hypotheken und Grundschulden, Renten aus Rentenschulden sowie Diskontbeträge von Wechseln und Anweisungen einschließlich der Schatzwechsel.
4. Gewinne aus der Übertragung von Hypotheken, Grundschulden sowie Rentenschulden.
5. Gewinne aus dem Verkauf von GmbH-Anteilen.
6. Steuererstattungszinsen.
7. Erträge aus Geldanlagen über ein Konto im Ausland.[155]
8. Sonstige Veräußerungsgeschäfte, die als Veräußerungsgeschäfte i.S.d. § 23 EStG anzusehen sind.

Der Einkünfteempfänger ist verpflichtet, diese Einkünfte in seiner Steuererklärung anzuzeigen. Die tarifliche Einkommensteuer erhöht sich entsprechend um den Abgeltungsteuersatz von 25 Prozent.[156]

---

[154] BMF v. 11.10.2007, Besteuerung bei den verschiedenen Möglichkeiten zur Vermögens-, vornehmlich Kapitalanlage nach dem Einkommensteuerrecht bis 2008 und ab 2009 unter Berücksichtigung der Abgeltungsteuer, Tz. 7.
[155] Vgl. hierzu unten Teil V.
[156] § 32d Abs. 3 Satz 2 EStG i.V. m. § 32d Abs. 1 EStG.

Teil II: Steueroptimierte Vermögensanlagestrategien vor Einführung der Abgeltungsteuer

Die Einführung der Abgeltungsteuer erfordert bereits in 2008 eine umfassende Neustrukturierung der Wertpapieranlagen und eine Neuverteilung des Familienvermögens. Zur steueroptimalen Vermögensanlagestrategie in 2008 gehört es, Zinserträge möglichst vollständig ins Jahr 2009 zu verlagern. Erträge und Wertzuwächse aus Beteiligungen (Aktien) kleiden vermögendere Privatanleger in einen Investmentfonds.

Allgemeines

Die Abgeltungsteuer gilt – wie im vorangegangenen Teil I erörtert – für alle Kapitaleinkünfte, die dem Kapitalanleger nach dem 31.12.2008 zufließen.[157] Dennoch bestimmen Anlageentscheidungen im Jahr 2008 bereits die Höhe der Abgeltungsteuer ab 2009.

Beispiele:

- Kapitalanleger, die im Jahr 2008 auf dividendenstarke Aktien setzen, müssen ab 2009 Abgeltungsteuer auf die volle Ausschüttung zahlen, da das gegenwärtig geltende Halbeinkünfteverfahren zum 31.12.2008 endet.

- Für Kapitalanleger mit hohem Einkommen ist die Verlagerung von Zinserträgen ins Jahr 2009 empfehlenswert. Dies kann durch den Kauf abgezinster Anleihen oder Zero-Bonds erfolgen.

Allgemein empfiehlt sich die Umschichtung von Vermögen in Anlageformen, die eine möglichst lange Nutzung der Altbestandsregelung ermöglichen oder zu einer unbestimmten Stundung der Abgeltungsteuer führen. Allgemein werden Anleihen attraktiver, Immobilieninvestitionen vorteilhafter (insbesondere wird es attraktiver, Kapital in die eigengenutzte Immobilie zu stecken), und Kapitallebensversicherungen und Fondspolicen gewinnen im Vergleich zum „freien Sparen" an Attraktivität.

Eine Stundung der Abgeltungsteuer wird beispielsweise durch den Kauf von Anteilen an thesaurierenden Investmentfonds erreicht.[158] Mit Ausnahme von Anteilscheinen an sogenannten „Spezialfonds" genießen vor 2009 erworbene Investmentfondsanteile allgemeinen Bestandsschutz.

Praxistipp 39:

Der Fondsdiscounter „Fondsvermittlung24.de"[159] rät Anlegern, Investmentfonds sorgsam auszuwählen, „damit möglichst keine Umschichtungen nötig werden.

---

[157] § 52a Abs. 1 EStG.
[158] Vgl. Teil I Abschnitt: Besteuerung von Investmentfondsanteilen.
[159] VSP Financial Services GmbH, 65020 Wiesbaden, Tel.: 01805-79 9000 (14 Ct./Min. aus dem Festnetz der Dt. Telekom, ggf. andere Preise Mobilfunk), E-Mail: info@fondsvermittlung24.de, www.fondsvermittlung24.de, Fondsvermittlung24.de bietet

Denn der Wechsel des Fonds hat zur Folge, dass die neu eingetauschten Anteile zukünftig der Abgeltungsteuer unterliegen".

Die Fondsvermittlung24.de hat exklusiv für Fondsanleger sieben Strategien zur Vermeidung der Abgeltungsteuer zusammengestellt.[160] Der Fondsdiscounter verweist dabei auf solide Fonds oder Dachfonds, die sich langjährig bewiesen haben. Spekulative Fonds (z.B. Branchen- und Emerging-Markets-Fonds) sollten nur beigemischt werden. „Es ist unwahrscheinlich, dass einzelne Branchen über Jahrzehnte ‚trendy' bleiben – Umschichtungen sind vorprogrammiert", wissen die Experten aus der Praxis. Und Gewinne aus Umschichtungen kosten ab 2009 Abgeltungsteuer!

Zusammenfassende Übersicht:

1. Abgeltungsteuer-Strategie:	vor 2009 kaufen
2. Abgeltungsteuer-Strategie:	Wertpapiergebundene Lebensversicherung
3. Abgeltungsteuer-Strategie:	Spezialfonds & Dachfonds kaufen
4. Abgeltungsteuer-Strategie:	Aktienfonds statt Aktien
5. Abgeltungsteuer-Strategie:	Ausländische thesaurierende Fonds wählen
6. Abgeltungsteuer-Strategie:	Vermögensverwaltung gegen Vermögensverwalter-Fonds eintauschen
7. Abgeltungsteuer-Strategie:	getrennte Depotführung

Tabelle 10: 7 Strategien zur Vermeidung der Abgeltungsteuer (Quelle: Fondsvermittlung24.de)

Die erste Abgeltungsteuer-Strategie „vor 2009 kaufen" sollten sich steuerbewusste Kapitalanleger bei Aktien und Investmentfondsanteilen sowie Fondssparer möglichst frühzeitig zu Herzen nehmen. So erwarten Börsenexperten als auch die Fondsbranche starke Kurszuwächse vor dem kommenden Silvester. Der antizyklische Kapitalanleger kauft nicht in die Steuerhausse hinein. Auch die zweite Strategie besticht: Fondssparen wird ab 2009 im Mantel einer Fondspolice attraktiver.[161]

Interessant bei Dachfonds ist, dass der Anleger Gewinne aus der Veräußerung von Zielfondsanteilen im Fall einer Thesaurierung auch nach 2009

---

auch im Internet Informationen zu möglichen Strategien im Rahmen der Abgeltungsteuer.
[160] http://www.fondsvermittlung24.de/abgeltungssteuer-strategie.html.
[161] Vgl. unten Abschnitt: Fondssparpläne in Fondspolicen umschichten sowie Teil IV Abschnitt: Fondspolicen-Rente durch steuerbegünstigtes Investmentfondssparen.

nicht der Abgeltungsteuer unterwerfen muss, sofern die Fondsanteile noch vor 2009 erworben werden und bei der Veräußerung die für private Veräußerungsgeschäfte maßgebliche Ein-Jahres-Frist überschritten ist. Vor dem 1.1.2009 angeschaffte Anteile an (ausländischen) thesaurierenden Aktienfonds haben für den Kapitalanleger den Vorteil, dass auf Fonds-Ebene erzielte Wertpapier-Veräußerungsgewinne auch nach neuem Abgeltungsteuerrecht nicht als ausschüttungsgleiche Erträge der Abgeltungsteuer unterliegen und somit vom Kapitalanleger nach der einjährigen Mindesthaltedauer bei Veräußerung der Fondsanteile steuerfrei realisiert werden können.[162] Vermögensverwalter-Fonds ermöglichen es dem Anleger auch nach 2009, Honorare für die Vermögensverwaltung den steuerpflichtigen Kapitaleinkünften zu 90 Prozent gegenzurechnen. Denn innerhalb eines Fonds fließen Gebühren für das Fondsmanagement und für die Vermögensverwaltung in die Gewinnermittlung des Fonds ein und gehen zu Lasten der steuerpflichtigen Erträge. Lediglich zehn Prozent der Werbungskosten gelten als nicht abzugsfähig.[163]

Schließlich sollten inländische Geldanleger, die trotz Abgeltungsteuer ihre Wertpapieranlagen auch nach dem 1.1.2009 über ein inländisches Kreditinstitut tätigen wollen, alle Wertpapiertransaktionen über ein separates Wertpapierdepot abwickeln.

Dies empfiehlt sich aus folgenden Gründen:

● Vermeidung von Abgrenzungsproblemen mit „Alt- und Neudepots"

Abgrenzungsprobleme können entstehen durch das sogenannte First-in-First-out-Prinzip[164] im Fall der Sammelverwahrung von Wertpapieren.

Beispiel:
Der Kapitalanleger kauft am 2.1.2008, am 2.2.2008 und am 3.3.2009 jeweils 500 Aktien der A-AG zu folgenden Kaufkursen: 1.000, 2.000 und 3.000 Euro. Am 4.4.2010 veräußert er 1.250 Stück der A-Aktien zu 8.000 Euro. Das Finanzamt unterstellt nun, dass die 1.250 verkauften Aktien jene sind, die am 2.1.2008, am 2.2.2008 und zum Teil am 3.3.2009 gekauft worden sind (First in First out).

---

[162] Vgl. unten Abschnitt: Ausländische thesaurierende Fonds: Attraktiver Steuerstundungseffekt.
[163] § 3 Abs. 3 Nr. 2 InvStG.
[164] Vgl. Teil I Abschnitt: Wertpapierveräußerungen aus Alt- und Neubestand.

Während nun für die am 1.2.2008 und 2.2.2008 gekauften Aktien die Altbestandsregelung gilt, ist der Veräußerungsgewinn, der aus den am 3.3.2009 gekauften Aktien entstanden ist, abgeltungsteuerpflichtig. Eine exakte Trennung zwischen steuerpflichtigen und steuerfreien Veräußerungsgeschäften wäre hier erzielt worden, wenn der Kapitalanleger 1.000 Aktien aus dem Altdepot 1 sowie 250 Aktien aus dem Neudepot 2 verkauft hätte. Eine exakte Trennung der Depots erleichtert dem Kapitalanleger auch die Rechenarbeiten für seine Steuererklärung.

Praxistipp 40:

Das für Wertpapierveräußerungen geltende First-in-First-out-Prinzip beschränkt sich beim Abgeltungsteuerabzug auf das jeweilige Wertpapierdepot. Es findet keine depotübergreifende Anwendung des First-in-First-out-Prinzips statt.

- Vermeidung von Anrechnungsüberhängen mit separaten Depots für mit ausländischer Quellensteuer belastete Wertpapiere

Ein weiteres Argument für eine exakte Trennung von Alt- und Neubestand ist die Anrechnung der auf ausländische Kapitaleinkünfte entfallenden Steuern. Gezahlte ausländische Steuern müssen bereits beim Einbehalt der Abgeltungsteuer durch die auszahlende Stelle (Bank) berücksichtigt werden.[165] Denn mit der Abgeltungsteuer entfällt grundsätzlich die Steuerveranlagung.

Umstritten ist, ob die auszahlende Stelle die Anrechnung ausländischer Steuern erst nach der Verrechnung der positiven ausländischen Kapitaleinkünfte mit allen im selben Depot angefallenen negativen Einkünften (Verlusten) vornimmt. Ist dies der Fall, können im Fall von überwiegenden Verlusten Anrechnungsüberhänge entstehen. Denn gezahlte ausländische Steuern würden im Fall eines Nullsaldos zwischen Erträgen und Verlusten nicht angerechnet werden können. Um dies zu vermeiden, sollten Wertpapiere, die mit ausländischen Steuern belastete laufende Erträge generieren (Dividenden, Steuern), ab 2009 in einem separaten Depot zusammengefasst werden. Damit wird eine Verrechnung mit negativen Einkünften

---
[165] § 43 a Abs. 3 Satz 1 EStG.

oder Verlusten aus der Einlösung oder Veräußerung anderer Kapitalanlagen innerhalb des Verlustverrechnungstopfes vermieden.[166]

Konzentration aller Wertpapieranlagen auf ein Depot zur sofortigen Verlustverrechnung und Vermeidung von Liquiditätsnachteilen

Wie oben[167] bereits erörtert, können ab Einführung der Abgeltungsteuer Verluste aus Kapitalanlagen nur mit Gewinnen aus solchen verrechnet werden. Dabei bildet jedes depotführende inländische Kreditinstitut zwei „Verlustverrechnungstöpfe" für allgemeine Verluste aus Kapitalanlagen sowie für Verluste aus Aktienspekulationsgeschäften. Unterhält der Kapitalanleger mehrere Wertpapierdepots bei unterschiedlichen Kreditinstituten, ist eine depotübergreifende Verlustverrechnung mit Einführung der Abgeltungsteuer nur möglich, wenn der Kapitalanleger bei jeder Bank eine Verlustbescheinigung im Sinne des § 43a Abs. 3 Satz 4 EStG nach amtlichem Muster bis spätestens 15.12. des laufenden Jahres beantragt und das Veranlagungsverfahren wählt. Dieser nicht unerhebliche administrative Aufwand setzt darüber hinaus die vollständige Überwachung aller Verlustverrechnungstöpfe bei jeder Depotbank voraus. Hinzu kommt, dass eine bereits im Zeitpunkt der Vereinnahmung von Veräußerungsgewinnen abgezogene Abgeltungsteuer bei Bank A mangels sofortiger Verrechenbarkeit mit zeitgleich entstandenen Veräußerungsverlusten bei der Bank B erst im Veranlagungsverfahren wieder zurückfließt. Dies führt zu unnötigen Liquiditätsnachteilen. Es empfiehlt sich daher, Kapitalanlagen auf möglichst ein Depot bzw. ein Kreditinstitut zu konzentrieren.

Steueroptimierung fremdfinanzierter Wertpapieranlagen nach dem 31.12.2008

Das mit Einführung der Abgeltungsteuer in Kraft tretende Abzugsverbot für Werbungskosten betrifft insbesondere jene Kapitalanleger, die kredit-

---

[166] Vgl. Behres, Stefan, Abgeltungsteuer ab 2009 – Handlungsmöglichkeiten des Privatanlegers im Übergangszeitraum, DStR 2007, 1998 ff.
[167] Vgl. Teil I Abschnitt: Verlustverrechnung aus Kapitalanlagen.

finanzierte Wertpapieranlagen tätigen. Es kann hier zur „enteignenden" Besteuerung kommen, sofern nach Abzug des Zinsaufwandes ein Ergebnis vor Steuern erwirtschaftet wird, das die Abgeltungsteuerlast nicht deckt.

Beispiel:

Kauf von Aktien zum Preis von 200.000 €, davon Fremdkapital 60% = 120.000 €	
Zinslasten (bei angenommenen 6%) Lombardkredit	7.200,00 €
Dividende (bei angenommenen 4%)	8.000,00 €
Ergebnis vor Steuern	+ 800,00 €
Abgeltungsteuer (27,82% von 8.000 €)	2.225,60 €
Ergebnis nach Steuern	-1.425,60 €
Steuerbelastung effektiv	278,20%

Praxistipp 41:

Sofern eine Kreditrückführung bis zum 31.12.2008 nicht möglich ist, sollte geprüft werden, ob die Einbringung des Wertpapierbestandes mit dem Darlehen in eine gewerblich geprägte Personengesellschaft sinnvoll ist.

Eine gewerblich geprägte Personengesellschaft wird in der Rechtsform einer GmbH & Co. KG errichtet. Durch folgende Ausgestaltung wird der Gesellschaft gewerbliche Prägung verliehen:

- Persönlich haftende Gesellschafterin (Komplementärin) der KG ist ausschließlich die GmbH; natürliche Personen sind von einer Komplementärfunktion ausgeschlossen.

- Nur die GmbH oder Personen, die nicht auch Gesellschafter der KG sind, treten als Geschäftsführer für die KG auf.

Die gewerbliche Prägung wird nicht dadurch zerstört, dass ein Kommanditist der KG (z.B. der Kapitalanleger) als Geschäftsführer der GmbH tätig ist. Bei der GmbH Co KG mit der voll haftenden Komplementär-GmbH als alleiniger Geschäftsführerin ist der zur Führung der Geschäfte der GmbH berufene Kommanditist wegen dieser Tätigkeit nicht auch als Geschäftsführer der KG anzusehen. Die GmbH als alleinige persönlich haftende Gesellschafterin (Komplementärin) und Geschäftsführerin der KG sowie die Eintragung der KG ins Handelsregister geben dem Gebilde die für die Qualifizierung der Kapitaleinkünfte als Einkünfte aus Gewerbebetrieb – und damit als nicht unter die Abgeltungsbesteuerung fallende Kapitaleinkünfte – notwendige gewerbliche Prägung. Damit steht der KG der volle Abzug aller Schuldzinsen zu.

Praxistipp 42:

Kapitalanleger sollten allerdings darauf achten, dass durch die Verrechnung der Kapitaleinkünfte mit den Schuldzinsen dauerhaft ein Gewinn erzielt wird. Andernfalls droht die Aberkennung des Schuldenzinsbetrages (Liebhaberei).

Praxistipp 43:

Eine gewerblich geprägte Personengesellschaft ist als „Familienpool" auch ein ideales Instrument zur lebzeitigen Planung der Vermögensnachfolge (vgl. www.familienpool.info).

Praxistipp 44:

Eine Alternative kann auch die Überführung in einen ausländischen privaten Wertpapierfonds sein, wobei Fonds im Regelfall nicht mehr als zehn Prozent an Kreditmittel halten dürfen. Der Werbungskostenabzug bleibt bei der Fondsalternative bis zu 90 Prozent[168] erhalten.

Verlagerung von Zinserträgen mit „negativen" Stückzinsen

Werden beim Erwerb von Anleihen dem Verkäufer der Anleihe die bis zum Kaufzeitpunkt angefallenen Stückzinsen vergütet, stellen diese Stückzinsen

---

[168] Vgl. § 3 Abs. 3 Satz 2 Nr. 2 InvStG.

negative Einnahmen im Rahmen der Kapitaleinkünfte dar. Daran ändert sich auch mit der Abgeltungsteuer nichts.[169] Kapitalanleger haben jedoch in Jahr 2008 die letzte Möglichkeit, Verluste aus Einkünften aus Kapitalvermögen (nicht aber solche aus privaten Veräußerungsgeschäften) mit positiven Einkünften aus anderen Einkunftsarten zu verrechnen; ab dem 1.1.2009 ist ein solcher „vertikaler" Verlustausgleich nicht mehr möglich.

Durch den Kauf von Anleihen, für die Stückzinsen zu entrichten sind, kann der Kapitalanleger einen solchen verrechnungsfähigen Verlust generieren. Idealerweise werden dabei Anleihen mit Zinstermin um die Jahreswende – im Idealfall gleich in den ersten Januartagen – kurz vor Jahresende erworben. Die Folge ist, dass der Kapitalanleger 2008 einen Verlust generiert, der seinem persönlichen Steuersatz entsprechend steuermindernd wirkt, und 2009 die Zinsen mit dem niedrigeren Abgeltungsteuersatz versteuert.

Praxistipp 45:

Dieses Modell funktioniert allerdings nur unter der Voraussetzung, dass eine Gewinnerzielungsabsicht gegeben ist. Der Bundesfinanzhof hat in einem Urteil entschieden,[170] dass eine Berücksichtigung der gezahlten Stückzinsen als negative Einnahmen nicht erfolgen könne, wenn bereits im Zeitpunkt des Erwerbs feststeht, dass bis zur Veräußerung zu Beginn des Folgejahres unter Einbeziehung der Vermögensebene ein Verlust eintreten wird. Die Finanzverwaltung hat daraufhin reagiert[171] und prüft in entsprechenden Fällen die Einkünfteerzielungsabsicht des Kapitalanlegers besonders. Ergibt diese Prüfung, dass ein Totalüberschuss unter Gegenüberstellung der steuerlich maßgebenden Faktoren (vereinnahmte Zinsen abzüglich Finanzierungskosten, sonstiger Werbungskosten und gezahlter Stückzinsen) nicht erzielt werden kann, erkennen die Finanzämter weder die vereinnahmten Zinsen, die gezahlten Stückzinsen noch die Refinanzierungskosten und übrigen Aufwendungen steuerlich an.

---

[169] Vgl. Teil I Abschnitt: Verlustverrechnung aus Kapitalanlagen.
[170] Urt. v. 27.7.1999, VIII R 79/98 BStBl 1999 II S. 769.
[171] Verfügung OFD Frankfurt v. 2. 9. 1998 – S 2252 A.

Verlagerung von Zinserträgen durch Umschichtungen in Zero-Bonds, sonstige Abzinsungspapiere, Kombi-/Gleitzinsanleihen und niedrig verzinsliche Anleihen

Für konservative Kapitalanleger, die auf Zinserträge setzen und deren persönlicher Steuersatz höher ist als der Abgeltungsteuersatz, stellt die neue Abgeltungsteuer im Vergleich zur bisherigen Besteuerung, welche noch für die bis 31.12.2008 anfallenden Zinserträge gilt, eine wesentliche Verbesserung dar. Solche Kapitalanleger sollten daher Zinserträge in die Zeit nach 2008 verlagern. Dazu eignen sich Abzinsungspapiere bzw. Nullkupon-Anleihen – sogenannte Zero-Bonds – oder aber auch – in eingeschränktem Maße – niedrig verzinsliche Anleihen.

Abzinsungspapiere, auch Nullkuponanleihen oder Zero-Bonds genannt, zählen zur Kategorie der Kursdifferenzpapiere, auch „Finanzinnovationen" oder „Derivate" genannt. Finanzinnovationen sind keine eigenen Anlageformen, sie basieren vielmehr auf einer flexiblen Gestaltung eines oder mehrerer Schuldverschreibungen auszeichnender Merkmale. Finanzinnovationen sind Wertpapiere, die mit einem Ausgabeaufschlag oder -abschlag emittiert werden, der sich außerhalb einer marktkonformen Emissionskursanpassung für Schuldverschreibungen bzw. sich außerhalb der amtlichen Disagiostaffel bewegt.[172]

Zero-Bonds sind abgezinste Schuldverschreibungen ohne Zinskupons; das Merkmal „regelmäßige Zinszahlung" ist hier also verändert. Beim Zero-Bond werden Zinsen angesammelt und erst bei Fälligkeit der Anleihe zusammen mit dem Anleihebetrag vergütet. Stripped Bonds sind aus der Aufsplittung festverzinslicher Anleihen entstandene Zero-Bonds. Investmentbanken kaufen hierzu Teile oder den ganzen Emissionsbetrag einer Schuldverschreibung auf und stellen über die von der Schuldverschreibung getrennten Zinsscheine (dem Bogen) sowie über den Rückzahlungsbetrag neue Urkunden aus, die dann zum Barwert (abgezinsten Wert) verkauft werden. Jede dieser neuen Urkunden ist ein „Stripped Bond."

Ein Anrecht auf eine laufende Verzinsung beinhalten solche Papiere nicht. Die künftig zu erwartenden Zinserträge sind stattdessen bereits vom Nominalwert diskontiert (sogenannter Ausgabeabschlag). Die Rück-

---

[172] BMF-Schreiben v. 24.11.1986, BStBl. 1986 I S. 539.

zahlung der Schuldverschreibung erfolgt hingegen zum Nominalwert, das heißt, der Kapitalanleger erhält als Zinsertrag den Unterschiedsbetrag (Kursdifferenz) zwischen dem Kaufkurs und der Tilgung zum Nominalwert. Die Kursdifferenz setzt sich zusammen aus einer Zins- und Zinseszinsansammlung.

Der Ertrag eines Abzinsungspapiers spiegelt sich also in Teilen des Kursgewinns wider, der sich entweder aus dem Unterschiedsbetrag zwischen Emissions- und Einlösungspreis (beim Durchhalter) oder der Differenz aus Kauf-, Verkaufs- oder Einlösungspreis ergibt (beim Zweit- oder jedem weiteren Erwerber). Die Zins- und Zinseszinsansammlung bzw. der Verkaufs- oder Einlösungspreis fließt dem Kapitalanleger erst bei Fälligkeit oder vorzeitiger Veräußerung des Wertpapiers zu. Erst im Zeitpunkt des Zuflusses sind die Einkünfte steuerpflichtig.[173] Liegt der Zeitpunkt der Fälligkeit bzw. Veräußerung nach dem 1.1.2009, fallen die – im Grunde bereits zum Kaufzeitpunkt generierten – Zinsen unter den (günstigeren) Abgeltungsteuersatz.[174] Nullkuponanleihen oder Zero-Bonds ermöglichen es somit, Einkünfte in die Zeit nach 2008 zu verlagern.

Als Nullkuponanleihen gelten auch unverzinsliche Schatzanweisungen, Finanzierungsschätze, abgezinste Sparbriefe sowie der ebenfalls zur Gruppe der Kursdifferenzpapiere gehörende Bundesschatzbrief Typ B. Beim Bundesschatzbrief Typ B fließen die Einkünfte den Kapitalanlegern in dem Zeitpunkt zu, in dem entweder die Endfälligkeit erreicht ist oder der Titel an die Bundeswertpapierverwaltung zurückgegeben wird. Der Besteuerung unterliegt somit am Ende der Laufzeit oder bei Rückgabe des Titels der gesamte Kapitalertrag.[175] Für eine Zinsverlagerung eignen sich auch Nullkuponanleihen, die auf Bundesanleihen basieren, also sogenannte Bund-Strips oder Zero-Bonds von sonstigen Schuldnern mit vergleichbar hoher Bonität. Bund-Strips sind Anleihen des Bundes, welche in ihre Bestandteile „Mantel" und „Kuponbogen" aufgesplittet sind.

Beispiel:
Eine zehnjährige Bundesanleihe wird in zehn Zinskupons (sogenannte Zins-Strips) und den zinslosen Mantel aufgeteilt. Beides, Zinsscheine und Mantel, kann getrennt und mit verschiedenen Wertpapierkennnummern

---

[173] BMF v. 24.1.1985, IV B 4 – S 2252 – 4/85 BStBl, 1985 I S. 77.
[174] § 52a Abs. 10 Satz 6 EStG.
[175] BMF Schreiben vom 27. September 2002, IV C – S 2400 – 27/02 BStBl., 2002 I S. 1346.

gehandelt werden. Der Käufer des Mantels hält ein abgezinstes Wertpapier in Händen – eine gestrippte Bundesanleihe.

Praxistipp 46:

Fast derselbe Steuerspareffekt wird mit Anleihen erreicht, die einen niedrigen Zinsschein ausweisen.

Beispiel:
Der Kapitalanleger kauft eine Niedrigzinsanleihe mit einem Kupon von beispielsweise 2,275 Prozent. Nur diese aus dem Kupon zufließenden Kapitaleinkünfte versteuert der Kapitalanleger, bis 2008 nach seinem individuellen Steuersatz, nach 2009 mit 25 Prozent Abgeltungsteuer. Als Ausgleich für den niedrigen Kupon kauft der Kapitalanleger die Anleihe entsprechend günstiger, z.B. für 87 Prozent ihres Nominalwertes. Die Rückzahlung des Papiers erfolgt zum Nominalwert (100 Prozent). Daraus errechnet sich eine Gesamtrendite von rund vier Prozent.

Praxistipp 47:

Die Differenz – im Beispiel 13 Prozent vom Nominalwert bzw. 13 Prozent der Anlagesumme – streicht der Kapitalanleger steuerfrei ein, sofern er sich die Niedrigzinsanleihe noch vor dem 1.1.2009 anschafft.

Zinserträge lassen sich zum Teil auch mit Kombi- oder Gleitzinsanleihen verlagern. Kombizinsanleihen sind festverzinsliche und mit Kupons ausgestattete Anleihen, bei denen während einer bestimmten Zeitdauer keine Zinszahlungen erfolgen und dafür während der übrigen Restlaufzeit Zinsen über den Marktzinssätzen vergütet werden. Über die gesamte Laufzeit wird so eine Rendite erreicht, die in etwa dem im Zeitpunkt der Ausgabe gültigen Marktzins entspricht. Gleitzinsanleihen sind ebenfalls festverzinsliche und mit Kupons ausgestattete Anleihen, nur mit dem Unterschied, dass der während der Kapitalüberlassung gezahlte Zins steigt oder fällt. Gleitzinsanleihen mit steigendem Zinssatz erreichen ihre Höchstzinssätze erst kurz vor Ablauf der Laufzeit.

Zum Emissionszeitpunkt und kurze Zeit danach sind Kombi- und Gleitzinsanleihen im Regelfall reine Nullkupon-Anleihen, d.h., sie bieten in den ersten Jahren ihrer Laufzeit keine Verzinsung. Dafür steigt aber der Zinssatz bei Eintritt in die Verzinsungsphase umso schneller an. Der Eintritt in die Verzinsungsphase mit rasch steigenden Zinssätzen, die den Marktzins schnell übersteigen, wirkt sich auch steigend auf den Kurs der Anleihe aus. Der Kurswert einer Gleitzinsanleihe steigt in aller Regel über ihren Nominalwert hinaus, wenn der Zinssatz das Niveau der durchschnittlichen Umlaufrendite öffentlicher Anleihen erreicht oder überschritten hat. Der Kurswert einer Kombizinsanleihe steigt, sobald das Wertpapier in die Verzinsungsphase gekommen ist.

Praxistipp 48:

Steuerpflichtige Kapitalerträge entstehen erst bei der Einlösung der Zinsscheine von Kombi- und Gleitzinsanleihen als auch bei der Rückgabe der Anleihen selbst. Idealerweise kauft der Kapitalanleger solche Anleihen, deren Hochzinsphase in die Zeit nach dem 31.12.2008 fällt.

Wertpapiere mit Emissionsdisagio innerhalb der Disagiostaffel

Mit der Abgeltungsteuer wird eine vollständige steuerliche Erfassung aller Wertzuwächse im Zusammenhang mit Kapitalanlagen erreicht. Darunter fällt auch das bislang steuerlich nicht erfasste Emissionsdisagio nach der vom Bundesminister der Finanzen festgelegten Disagio-Staffel.[176]

Ein bei der Emission eines festverzinslichen Wertpapiers gewährtes Disagio stellt einen Abschlag vom Nennwert dar, mit dem der Emittent vornehmlich auf eine Erhöhung des Kapitalmarktzinses in der Zeit zwischen dem Antrag auf Genehmigung der Emission und der Ausgabe der Emission auf dem Kapitalmarkt reagiert (sogenannte Feineinstellung des Zin-

---

[176] Vgl. BMF-Schreiben vom 24. November 1986, IV B 4 – S 2252 – 180/8, BStBl. I S. 539.

ses). Zwar stellte ein Emissionsdisagio schon bisher einen der Einkommensteuer zu unterwerfenden Kapitalertrag dar. Aus Vereinfachungsgründen blieb das Emissionsdisagio oder Emissionsdiskont aber steuerfrei, wenn folgende Prozentsätze des Nennwerts der Anleihe nicht überschritten wurden:

Laufzeit	Disagio in%	Laufzeit	Disagio in%
unter 2 Jahren	1	6 bis unter 8 Jahren	4
2 bis unter 4 Jahren	2	8 bis unter 10 Jahren	5
4 bis unter 6 Jahren	3	ab 10 Jahren	6

Sofern Kapitalanleger solche Wertpapiere ins Depot legen wollen, sollte eine Anschaffung noch vor dem 31.12.2008 durchgeführt werden. Veräußerungs- bzw. Einlösungsgewinne der als klassische Schuldverschreibungen geltenden Wertpapiere innerhalb der Disagiostaffel sind bei Anschaffung der Papiere bis zum 31.12.2008 steuerfrei, sofern der Zeitraum zwischen Anschaffung und Veräußerung im Zeitpunkt der Veräußerung mehr als ein Jahr beträgt.[177]

Währungsgewinne in 2008 letztmals steuerfrei vereinnahmen

Bei Wertpapieren und Kapitalforderungen in fremder Währung erfolgte die Berechnung des Kapitalertragsteuerabzugs bisher unter Nichtberücksichtigung des Währungsgewinns oder -verlusts.[178] Demgegenüber werden nach der Einführung der Abgeltungsteuer Währungsgewinne oder -verluste in die steuerliche Bemessungsgrundlage voll einbezogen.[179] Dies bedeutet, dass sowohl die Anschaffungskosten als auch das Veräußerungsergebnis zum jeweiligen Wechselkurs in Euro umzurechnen sind und der steuerpflichtige Differenzbetrag auf der Grundlage dieses Wechselkurses zu berechnen ist. Gewinne aufgrund von Wechselkursänderungen sind damit voll abgeltungsteuerpflichtig.

---

[177] § 23 Abs. 1 Nr. 2 EStG a.F.
[178] § 43a Abs. 2 Satz 7 EStG a.F.
[179] § 20 Abs. 4 Satz 1 EStG.

Praxistipp 49:

Bei Wertpapieren in Fremdwährung sollte bis zum 31.12.2008 geprüft werden, ob ggf. unter Vereinnahmung steuerfreier Währungsgewinne eine Veräußerung zweckmäßig ist.

Veräußerung von Lebensversicherungen

Nach derzeit geltendem Recht führt die Veräußerung von Ansprüchen aus Lebensversicherungen weder zu einer Nachversteuerung der als Sonderausgaben abgezogenen Versicherungsbeiträge noch zur Besteuerung eines etwaigen Überschusses des Veräußerungserlöses über die eingezahlten Versicherungsbeiträge.[180] Demgegenüber müssen – wie gesehen – Gewinne aus der Veräußerung von Ansprüchen auf eine Lebensversicherung bei Veräußerungen nach dem 31.12.2008 der Abgeltungsteuer unterworfen werden.[181]

Praxistipp 50:

Vor dem 1.1.2009 sollte die Veräußerung einer Lebensversicherung geprüft werden.

Die Veräußerung von Lebensversicherungen wird vor allem durch in Zweitmarktpolicen investierende Fonds initiiert. Während die Kündigung eines bestehenden Lebensversicherungsvertrags für den Versicherungsnehmer regelmäßig mit erheblichen finanziellen Einbußen verbunden ist (so fallen erhebliche Stornogebühren an, Schlussgewinnanteile verfallen, und oftmals geht der Versicherte sogar ganz leer aus, wenn der Rückkaufswert nicht einmal die Abschlussprovisionen deckt), bietet sich als bessere Alternative ein Verkauf der Police an einen sogenannten Policenaufkäufer an. Als Policenkäufer treten im Regelfall Policenaufkäufer-Firmen auf, welche im

---

[180] H 10.6 EStH 2006, BMF vom 22.8.2002 – BStBl. I S. 827, RdNr. 32.
[181] § 20 Abs. 2 Satz 1 Nr. 6, § 52 Abs. 10 Satz 5 EStG.

Auftrag und für Rechnung einer oder mehrerer Policenfondsgesellschaften tätig sind (Zweitmarkt-Policenmakler). Das Kapital für den Ankauf der Policen finanzieren die Policenfonds durch Beteiligungskapital. Der Verkauf einer Police über den Zweitmarkt bringt dem Veräußerer in jedem Fall mehr als den Rückkaufswert. Der Wert der Police hängt in erster Linie von der Bonität des Versicherers ab. Die ideale Restlaufzeit einer solchen Police liegt bei maximal 15 Jahren.

Praxistipp 51:

Die sicherste Form der Veräußerung einer Lebensversicherungspolice ist der Verkauf auf dem Treuhandweg. Seriöse Policenaufkäufer bieten verkaufswilligen Versicherungsnehmern die Abwicklung des Verkaufs auf dem Treuhandweg an. Hierbei wird eine Bank oder ein Notar als Treuhänder eingeschaltet. Der Verkäufer überlässt dabei seine Police der Bank/dem Notar, an die/den der Policenaufkäufer den vereinbarten Kaufpreis überweist. Der Verkäufer erhält schließlich die Kaufsumme vom Treuhänder.

Vermögensanlagestrategien mit Investmentfonds

Allgemeines

Investmentsfonds genießen im Vergleich zur Besteuerung von Direktanlagen mit Abgeltungsteuer attraktive Steuervorteile.[182] Kapitalanleger sichern sich diese Steuervorteile durch den selektiven Kauf von für Langfristinvestments geeigneten Fonds. Gut geeignet sind Fonds mit breiter Risikodiversifizierung, wie Dachfonds oder Mischfonds. Ebenfalls eignen sich Fonds mit aktiver Vermögensverwaltung. Nicht geeignet sind hingegen kurzlebige Modefonds und solche mit begrenztem Anlagehorizont.

Mischfonds

Kapitalanleger, die ihr Portfolio in einem ausgewogenen Verhältnis von Aktien und Anleihen ausrichten möchten, müssen ihr Geld nicht zwangs-

---

[182] Vgl. Teil I Abschnitt: Besteuerung von Investmentfondsanteilen und Abschnitt: Sonderregelungen für Investmentfonds.

läufig auf Aktien- und Rentenfonds verteilen. Mischfonds bieten die Möglichkeit, mit einem Fonds und einem Ausgabeaufschlag beide Anlageklassen abzudecken. Das kann vor allem bei Fondssparplänen vorteilhaft sein. Oftmals verlangen Fondsanbieter monatliche Mindestsparraten. Kleinanleger wollen hier unter Umständen keine höheren Monatsraten auf verschiedene Fonds verteilen. Hinsichtlich der Abgeltungsteuer gilt: Umschichtungen des Fondsmanagers innerhalb des Fondsvermögens lösen keine Abgeltungsteuer aus.

Ob ein Mischfonds stärker in Aktien oder Anleihen investiert, hängt von seiner Anlagestrategie ab, die im Fondsprospekt dokumentiert ist. Sicherheitsbewusste Kapitalanleger sollten ihren Anlageberater nach defensiven Mischfonds fragen, bei denen der Aktienanteil limitiert ist und Währungsrisiken weitgehend ausgeschlossen werden. Bei offensiveren Fonds schwankt der Anleihenanteil meist zwischen 25 und 45 Prozent.

Praxistipp 52:

Mischfonds stellen eine eigene Investmentkategorie dar, bei der die Chancen und Risiken zwischen den Angeboten der einzelnen Anbieter aber erheblich schwanken. Daher sollten Kapitalanleger vor dem Einstieg anhand des Fondsprospekts prüfen, ob die vorgegebene Bandbreite bei der Mischung von Aktien und Anleihen der eigenen Risikobereitschaft entspricht. Kapitalanleger sollten dabei nicht nur auf das Verhältnis zwischen Aktien und Anleihen, sondern auch auf die regionale Verteilung der Investments achten. Hierbei kommt es insbesondere auf das Währungsrisiko an. Je größer der Anteil fremder Währungen ist, umso wahrscheinlicher werden zusätzliche Wertschwankungen durch Änderungen der Wechselkurse (Währungsverluste/Währungsgewinne).

Dachfonds

Dachfonds investieren nicht wie herkömmliche Fonds direkt in Wertpapiere, sondern kaufen Anteile verschiedener Investmentfonds (Zielfonds), die wiederum in Wertpapiere oder andere Vermögensanlagen investieren. Je nach Anlagepolitik mischt der Fondsmanager mehr oder weniger Aktien-, Renten-, Geldmarkt- oder Immobilienfonds bei, wobei mindestens fünf Fonds als Basis dienen.

Vom Grundkonzept des Fonds unterscheiden sich die Dachfonds allerdings nicht. So bündelt auch ein Dachfonds Gelder vieler Kapitalanleger, um sie nach dem Prinzip der Risikostreuung in unterschiedliche Vermögenswerte anzulegen und professionell zu verwalten.

Dachfonds unterliegen gesetzlichen Restriktionen. Sie dürfen nur in Fonds investieren, die in Deutschland zum Vertrieb zugelassen sind. Höchstens 20 Prozent des Fondsvermögens darf in einen einzelnen Fonds (Unterfonds, Zielfonds) investiert werden. Der Dachfonds darf maximal zehn Prozent der Anteile eines Unterfonds (Zielfonds) besitzen. Die Unterfonds können eigene Fonds (Fonds derselben Gesellschaft) oder fremde Fonds sein. Welches Konzept das bessere ist, ist offen. Es kommt allein auf den Ertrag der Zielfonds an, die im Dachfonds sind. Die Zielfonds dürfen keine Dachfonds sein.

Dachfonds bieten dem Kapitalanleger eine weitere Stufe der Risikominimierung durch eine breite Mischung und Bündelung von Investmentfondsanteilen, welche ihrerseits bereits eine breite Streuung von Wertpapiervermögen verkörpern und das Risiko damit gering halten. Dennoch darf nicht übersehen werden, dass Dachfondsanteile im Endeffekt anteilig das volle Risiko der durch die Anteilscheine repräsentierten Anlagen, sprich der Investmentfonds, tragen. Sind die Anteilspreise der unter dem Dach gebündelten Fonds rückläufig, sind auch die Anteilspreise des Dachfonds rückläufig.

Dachfonds bieten Kleinanlegern die Geldanlage in Investmentfonds unter minimiertem Risiko an und ersparen das Fondspicking und die umfassende Analyse von Fonds. Bevor Dachfonds einer Gesellschaft gezeichnet werden, sollte die Frage nach dem Fondstausch geklärt werden. Viele Fondsgesellschaften bieten den Tausch von Dachfonds in andere Fonds wie Renten-, Aktien- oder Mischfonds kostenfrei, also ohne Ausgabeaufschläge an.

Für Gewinne aus Anteilen aus einem Dachfonds gelten die für Fonds allgemein geltenden Besteuerungsregelungen. Für die Zurechnung zum Anleger als ausschüttungsgleiche Erträge sowie für die Steuerfreiheit von Ausschüttungen kommt es auf die Einkunftsart an, die der Zielfonds erzielt. Der Kapitalanleger wird also letztlich so behandelt, als würde der Dachfonds direkt in die Vermögensanlagen des (der) Zielfonds investieren. Die Ebene des Zielfonds wird steuerlich nicht berücksichtigt.

Praxistipp 53:

Interessant für den Kapitalanleger ist, dass Gewinne eines Dachfonds aus der Veräußerung von Zielfondsanteilen im Fall einer Thesaurierung auch nach 2009 nicht steuerbar sind, sofern die Fondsanteile noch vor 2009 erworben und bei Veräußerung die für private Veräußerungsgeschäfte maßgebliche Ein-Jahres-Frist überschritten ist.[183] Bei Dachfondsanteilen, die nach dem 31.12.2008 erworben werden, muss nur der Wertzuwachs des Fonds im Zeitpunkt der Veräußerung der Fondsanteile versteuert werden. Nicht der Abgeltungsteuer unterliegen die Zwischengewinne der Zielfonds innerhalb der Dachfondskonstruktion.

Dachfonds eignen sich besonders zur langfristigen Konservierung des alten Steuerrechts, da sie einem aktiv gemanagten Fondsdepot gleichen. Auf Dachfondsebene erwirtschaftete Einkünfte aus der Veräußerung von anderen Fondsanteilen können auch noch nach Einführung der Abgeltungsteuer steuerfrei vereinnahmt werden. Würde der Kapitalanleger hingegen ein aus mehreren Fondsanteilen bestehendes Depot selbst managen und nach Bedarf entsprechende Umschichtungen vornehmen, wäre für alle nach 2008 erworbenen Fondsanteile im Fall der Veräußerung von der Depotbank eine Abgeltungsteuer auf Veräußerungsgewinne abzuziehen. Zur Wiederanlage kommt nur ein um die Abgeltungsteuer verminderter Veräußerungsgewinn.

Fondssparpläne in Fondspolicen umschichten

Während Wertzuwächse beim direkten Investmentfondssparen ab dem 1.1.2009 unabhängig von einer Haltedauer der Abgeltungsteuer unterliegen, fällt beim Investmentfondssparen über eine fondsgebundene Lebensversicherung eine Abgeltungsteuer auf laufende Kapitalerträge oder Kursgewinne nicht an. Die Besteuerung fondsgebundener Rentenpolicen erfolgt stattdessen nach den für private Rentenversicherungen geltenden Bestimmungen zum im Auszahlungszeitpunkt geltenden persönlichen Ertrags-

---

[183] Voraussetzung ist hier, dass die Zielfonds-Anteile im Rahmen des InvStG als Wertpapiere angesehen werden können.

anteil des Versicherten.[184] Dadurch ergibt sich für die Fondspolice im Vergleich zum direkten Investmentfondssparen ein erheblicher Renditevorteil.

Praxistipp 54:

Die Fondspolice besticht im Vergleich zum direkten Fondssparen auch, wenn ein Großteil der Fondskäufe noch vor dem 1.1.2009 erfolgt. Denn die Abgeltungsteuer greift künftig auf die vollen Ausschüttungen von Investmentfonds zu. Fondspolicen sollten daher schon 2008 dem direkten Investmentfondssparen vorgezogen werden. Näheres vgl. Teil IV Abschnitt: Fondspolicen-Rente durch steuerbegünstigtes Investmentfondssparen.

Immobilienfonds: Steuerfreie Wertzuwächse realisieren

Offene Immobilienfonds erweisen sich im Vergleich zu Aktien- und Rentenfonds wegen der für Immobilienvermögen geltenden zehnjährigen Spekulationsfrist als günstiger. Verkauft ein Immobilienfonds nach mehr als zehn Jahren den Immobilienbestand mit Gewinn und schüttet er diesen Gewinn aus, fällt beim Kapitalanleger keine Abgeltungsteuer an.

Aktiv gemanagte Fondsinvestments (Investmentfonds mit vermögensverwaltendem Charakter)

Allgemeines

Für Kapitalanleger, die im Vorfeld der Einführung der Abgeltungsteuer die attraktivere Altbestandsregelung mit der Möglichkeit auf unbegrenzt steuerfreie Kursgewinne möglichst lange optimal nutzen wollen,[185] eignen sich besonders Investmentanlagen in Kombination mit einem professionellen Management. Bei dieser Art von Fondsinvestment ist der Kapitalanleger nicht nur am Kursverlauf eines Index oder sonstiger „starrer" Basiswerte beteiligt. Er partizipiert vielmehr an der Wertentwicklung individu-

---

[184] Vgl. Teil IV Abschnitt: Besteuerung von privaten Rentenversicherungen.
[185] Beim Kauf von Fondsanteilen bis 31.12.2008 möglich.

eller Anlagestrategien, die im Regelfall einer fortlaufenden Risiko-Rendite-Optimierung unterzogen werden. Ständig sich ändernde Marktentwicklungen lassen sich so optimal berücksichtigen. Der Kapitalanleger muss weder selbst umfangreiche Analyseprozesse für seine Anlageklassen durchführen noch einzelne Anlagen umschichten (was ab dem 1.1.2009 zur Überführung von steuerlichen Alt- in Neubestand und bei neuerlichem Verkauf und entsprechenden Wertzuwächsen zum Abzug von Abgeltungsteuer führt) und muss sich auch nicht selbst um die optimale Asset Allocation[186] kümmern.

HVB FirstMandat-Fonds

Ein solches Anlagemodell für ein langfristiges Engagement unter Berücksichtigung der steuerlichen Regelungen der neuen Abgeltungsteuer ist das von der Wealth Management Abteilung der HypoVereinsbank entwickelte „HVB FirstMandat" Fondsanlagemodell. Das HVB FirstMandat ist wie ein „Mantel" über das Anlagevermögen eines Investors konzipiert, das heißt, es werden exklusiv aufgelegte Fonds eingesetzt, welche von der HypoVereinsbank aktiv beraten werden.

Der Vorteil dieser Anlagevariante gegenüber einem direkten Investment in einzelne Investmentfonds liegt darin, dass die HVB FirstMandat-Fonds nicht nur bestimmte Märkte oder Anlageklassen, sondern ein breites Anlageuniversum abdecken (u.a. Aktien, Renten, Liquidität, Rohstoffe, Emerging Markets) und die notwendigen Umschichtungen zwischen den verschiedenen Märkten innerhalb der Fonds stattfinden.

Für ein hohes Maß an Individualität stehen verschiedene Anlagevarianten und verschiedene Risikoprofile auf Basis maximaler Aktienquoten zur Verfügung:

- *HVB FirstMandat Kompetenz*: Hier investiert der Fondsmanager in die aussichtsreichsten in Deutschland zugelassenen Fonds nach dem „Best-in-Class"-Ansatz. Der Fondsauswahlprozess setzt auf aktiv gemanagte Fonds. Kapitalanleger können damit sowohl die globalen als auch die regionalen Expertisen der besten Fondsmanager vorteilhaft und performancewirksam gegenüber dem Markt nutzen. Die Fondsauswahl wird laufend überwacht und angepasst.

---

[186] Die Verteilung von Vermögenswerten.

Praxistipp 55:

Durch besondere Vereinbarungen werden die HVB FirstMandat-Fonds bei der Anlage teilweise auf institutionelle Fondsklassen zugreifen, die in der Einzelanlage erst ab 1 Mio. Euro oder sogar 20 Mio. Euro verfügbar sind und so für Kapitalanleger die Kosten reduzieren.

- *HVB FirstMandat Effizienz*: Investiert wird überwiegend in sogenannte Exchange Traded Funds (ETF).[187] Für ein Marktsegment wird hier also immer in den gesamten Markt (Index) investiert, anstatt eine Auswahl von Einzeltiteln vorzunehmen.

Praxistipp 56:

ETF ist nicht gleich ETF. Die Fondsmanager berücksichtigen die möglichen Unterschiede bezüglich Preisgestaltung, Genauigkeit der Indexabbildung und Steueroptimierung.

- *HVB FirstMandat Nachhaltigkeit*:[188] Diese Variante richtet sich an verantwortungsbewusste Kapitalanleger, die mit ihren Anlagegeldern besonders umstrittene Geschäftsfelder (Alkohol, Atomenergie usw.) und Geschäftspraktiken (Kinderarbeit, Menschenrechtsverletzungen, Tierversuche) nicht unterstützen wollen. Das HVB FirstMandat Nachhaltigkeit ermöglicht es dem Kapitalanleger, innovative Investitionen mit Verantwortung und Zukunftsorientierung zu kombinieren.

---

[187] Bei Exchange Traded Funds handelt es sich um Fonds, deren Vermögensstruktur an die Zusammensetzung und interne Gewichtung eines Index gebunden ist und die daher auch oft Indexfonds genannt werden. Beim An- und Verkauf wird lediglich ein vergleichsweise deutlich geringere Differenz (Spread) berechnet.

[188] Das Prinzip der Nachhaltigkeit wurde erstmals 1713 von Hans Carl von Carlowitz, Oberberghauptmann am kursächsischen Hof in Freiberg (Sachsen), im Rahmen der nachhaltigen Forstwirtschaft formuliert. Nach einer Definition der UN-Kommission bedeutet Nachhaltigkeit eine Entwicklung, die die Bedürfnisse der heutigen Generation befriedigt, ohne zu riskieren, dass künftige Generationen ihre Bedürfnisse nicht befriedigen können.

- Für den Kapitalanleger stehen verschiedene Risikoprofile zur Verfügung, die sich über maximale Aktienquoten definieren, beginnend mit dem Risikoprofil „Absolut" (max. Aktienquote 20%) für sicherheitsorientierte Kapitalanleger bis hin zum Risikoprofil „Chance+" (max. Aktienquote 100% mit hoher Investitionsquote) für Kapitalanleger mit hoher Risikobereitschaft.

Die Besteuerung von Kapitaleinkünften aus einem FirstMandat-Investment richtet sich nach den für Investmentfondsanlagen allgemein geltenden Regelungen.[189] Der wesentliche Vorteil eines FirstMandat-Investments für den Kapitalanleger liegt in einem steuerneutralen, aktiven Management der Portfoliostruktur. Das heißt, dass die Änderung der Asset Allocation oder der Austausch von Titeln innerhalb des jeweiligen Portfolios nicht zur Umschichtung von (steuerlichem) Alt- in Neubestand führen und auch keine Abgeltungsteuer auslösen. Während der Kapitalanleger ab 1.1.2009 Kosten im Zusammenhang mit Geldanlagen (z.B. Depotgebühren, Vermögensverwaltungsgebühren) nicht mehr als Werbungskosten absetzen kann, können innerhalb der FirstMandat-Fonds bis zu 90 Prozent der Kosten mit Erträgen verrechnet werden.
Weitere Informationen: www.hvbwealthmanagement.com

Ausländische thesaurierende Fonds: Attraktiver Steuerstundungseffekt

Allgemeines
Ausländische thesaurierende Fonds unterliegen nicht der Abgeltungsteuer. Eine Besteuerung der Kapitaleinkünfte (Veräußerungsgewinne) erfolgt vielmehr im Zuge der Einkommensteuerveranlagung.[190] Diesen attraktiven Steuerstundungseffekt kombiniert der clevere Kapitalanleger am besten mit einem Fondsdepot im Ausland.

Praxistipp 57:

Da bei Auslandsdepotverwahrung kein Steuerabzug erfolgt, sind Einkünfte aus in ausländischen Depots verwahrten thesaurierenden Fonds in der Steuererklärung anzugeben.

---
[189] Vgl. Teil I Abschnitt: Besteuerung von Investmentfondsanteilen.
[190] § 2 Abs. 1 Satz 1 InvStG, § 20 Abs. 1 Nr. 1 EStG, § 32d Abs. 3 EStG.

Aktien Bonus- und Discount-Zertifikate Fonds mit Schweiz-Depot

Discount-Zertifikate sind von Großbanken begebene Schuldverschreibungen auf bestimmte Basiswerte wie Aktien oder Aktienindizes. Der Erfolg eines solchen Papiers hängt davon ab, ob der Kurs des jeweiligen Basiswertes zum Laufzeitende über oder unter einem sogenannten Cap, einer in den Zertifikatebedingungen festgelegten Obergrenze, liegt. Liegt der Kurs des Basiswertes zum Laufzeitende unter dem Cap, erhält der Investor eine Auszahlung in Höhe des Kurses; liegt der Basiswert über dem Cap, erhält der Investor eine Auszahlung in Höhe des Cap.

Mit einem Bonus-Zertifikat erwirbt ein Kapitalanleger anstelle einer Aktie oder eines Aktien-Index diesen Wert in Form eines strukturierten Produktes, das neben einem großen Sicherheitspolster mit einem zusätzlich garantierten Bonus versehen ist. Bonuszertifikate zeichnen sich durch ein Sicherheitspuffer aus, das den Kapitalanleger bis zu einem gewissen Grad vor Verlusten schützt.

Hinsichtlich der Besteuerung von Bonus- oder Discount-Zertifikaten gilt die für Zertifikate allgemein geltende Ausnahmeregelung, so dass die Vereinnahmung eines abgeltungsteuerfreien Veräußerungsgewinns im Fall eines Direktkaufes von Bonus- oder Discount-Zertifikaten nur bei Anschaffung vor dem 30.6.2008 und einer Veräußerung bis zum 30.6.2009 unter Erfüllung der einjährigen Spekulationsfrist möglich ist. Werden Zertifikate jedoch in Form von Anteilen an einem ausländischen thesaurierenden Investmentfonds erworben, gelten die für Investmentfonds geltenden Besteuerungsvorschriften indirekt auch für Zertifikateinvestments.

Die thesaurierenden Fonds „Aktien Bonus" und „Aktien-Discount" sind die steueroptimierte Fortentwicklung einer „optimierten Vermögensverwaltung". Dieser Verwaltungsstil wurde für große Vermögen als sicherheitsorientierte Wachstumsstrategie in Zusammenarbeit mit der weltweit renommierten Wirtschaftswissenschaftlichen Fakultät der Universität St. Gallen entwickelt und nunmehr seit fast fünf Jahren erfolgreich umgesetzt. Ziel ist es, Risiken bei gleichzeitiger Erhöhung der möglichen Ertragschancen systematisch zu mindern. In diesen Fonds gelingt es darüber hinaus, die marktspezifischen besonders renditeträchtigen Drei-Monats-Zeiträume für die Einzeleinkäufe an den internationalen Aktienmärkten steuerfrei zu nutzen. Dies ist ein Tatbestand, der für den Privatanleger in dieser Form nicht umsetzbar ist.

Praxistipp 58:

Mit diesen Fonds wird dem deutschen Bonus- oder Discount-Zertifikate Investor im Schweiz-Depot die Möglichkeit geboten, beständig über das Jahr mit attraktiven Discounts gegenüber dem aktuellen Marktpreis zu investieren – und dies legal nach geltendem deutschen Recht. In der Schweiz fallen bei der „Aktien-Bonus-Strategie" oder der „Discount-Strategie" weder Verrechnungssteuer noch der EU-Steuerrückbehalt und ab dem 1.1.2009 auch keine Abgeltungsteuer an.

Schweizer Wertpapiergeschäfte mit Premiumservice können Geldanleger ganz legal auch bequem von Deutschland aus tätigen. Das Institut Schweizer Finanzdienstleistungen (ISF), vertreten durch Frau Annegret Kitzmann als Volljuristin und gemäß § 2 Abs. 10 Kreditwesengesetz (KWG) bei der Bundesanstalt für Finanzdienstleistungsaufsicht (BaFin) als Vermögensberaterin lizenziert, offeriert Anlageprodukte, die eine attraktive Rendite bieten und steuerlich im Schweiz-Depot nach geltendem deutschem Recht optimiert sind.

Weitere Informationen: ISF Institut Schweizer Finanzdienstleistungen, Repräsentantin Annegret Kitzmann-Schubert, Adresse: Rheingoldstraße 27, D-85579 München-Neubiberg, Telefon:+49 / 89 / 89 67 08 32, E-Mail: annegret-kitzmann-schubert@isf-institut.de, Internet: www.annegret-kitzmann-schubert.isf-institut.de.

Vermögensanlagestrategien mit ausländischen Privat- und Spezialfonds

Allgemeines

Privatfonds für vermögende Kapitalanleger – sogenannte „high networth individuals" – gibt es an fast allen erstklassigen Fondsstandorten. Unter „Privatfonds" werden rechtlich mit Publikumsfonds[191] identische Fonds verstanden, die jedoch – und das ist der Unterschied – im Investorenkreis

---

[191] Unter Publikumsfonds werden Sondervermögen verstanden, die aus Wertpapieren und Sichteinlagen bestehen und in Form eines öffentlichen Angebots einem unbestimmten Adressantenkreis (Publikum) zur Zeichnung angeboten werden.

eingeschränkt sind. Eine Selektierung im Investorenkreis erfolgt beispielsweise aufgrund hoher Ausgabeaufschläge, Mindestbeteiligungen, besonderer persönlicher Voraussetzungen für Fondsanteilseigner oder einer eingeschränkten Handelbarkeit. Zeichner von Privatfonds können natürliche und/oder juristische Personen sein.

Unter „Spezialfonds" werden im Allgemeinen Sondervermögen verstanden, deren Anteile von einem auf wenige Kapitalanleger beschränkten Investorenkreis gehalten werden. Spezialfonds sind vielfach von diversen für Publikumsfonds geltenden Bestimmungen ausgenommen. So bestehen für Spezialfonds nach dem österreichischen Investmentfondsgesetz diverse Erleichterungen bei den Veröffentlichungs- und Anlagevorschriften. Nach dem österreichischen Bundesgesetz über Kapitalanlagefonds (InvFG 1993) darf ein Spezialfonds aus nicht mehr als zehn Anteilinhabern bestehen, die der Kapitalanlagegesellschaft namentlich bekannt sein müssen und keine natürliche Personen sind.[192] Mit Ausnahme der Luxemburger Spezialfonds und dem liechtensteinischen Investmentunternehmen für qualifizierte Anleger können Spezialfonds nicht von (einer) natürlichen Person(en) errichtet werden. Im Regelfall werden normale Publikumsfonds als Privatfonds gegründet.

Vorteile von Privat- und Spezialfonds für vermögende Kapitalanleger

- Individuelles Kapitalanlagekonzept

Ausländische Privat- bzw. Spezialfonds ermöglichen es dem vermögenden deutschen Kapitalanleger in erster Linie, Kapitalmarktanlagen nach wirtschaftlichen Gesichtspunkten zu tätigen ohne Einschränkungen oder Rücksichtnahme auf steuerliche Gegebenheiten seines jeweiligen Wohnsitzstaates. Privat- bzw. Spezialfonds eignen sich aber nicht nur als Modell zur Stundung oder Vermeidung der Abgeltungsteuer. Vermögenden Privatanlegern bieten sie vor allem Flexibilität, und sie verschaffen genügend Freiraum, um den Liquiditäts- und Kapitalbedarf den geänderten Lebenssituationen anzupassen. So lassen sich Portfolios von Privatfonds täglich umschichten ohne sofortigen Abgeltungsteuerabzug auf entstandene Veräußerungsgewinne. Der Fonds kann jederzeit ohne Stornokosten oder Gebühren ganz oder teilweise wieder liquidiert werden.

---

[192] § 1 Abs. 2 Bundesgesetz über Kapitalanlagefonds i.d.F. BGBl. I Nr. 134/2006 v. 3.8.2006.

- Privat- und Spezialfonds als individuelles „Family Office"

Privat- und Spezialfonds ermöglichen es dem Kapitalanleger außerdem, sein ganzes bewegliches Vermögen in einem „Topf" und auf Ebene einer einheitlichen Datenbasis zusammenzufassen. Gerade bei größeren Vermögen ist es vorteilhaft, die gesamte Vermögenssituation auf einen Blick und individuell nach den Bedürfnissen des Fondsanlegers abgestimmt, dokumentiert zu erhalten. Dadurch ergibt sich je nach Größe des Anlagevermögens eine mehr oder weniger große Reduktion von Zeit-, Verwaltungs- und Koordinationsaufwand. Die meisten Depotbanken ermöglichen es dem Kapitalanleger außerdem, den Wert seiner Fondsanteile täglich abzurufen. Zentrales Reporting ermöglicht auch die Zentralisierung von Controlling und eine einheitliche Performancemessung.

- Werbungskostenabzug

Ein wesentlicher Vorteil der Geldanlage über Privat- und Spezialfonds ist der weiterhin mögliche Werbungskostenabzug. Während bei der direkten Wertpapieranlage nach Einführung der Abgeltungsteuer keine Werbungskosten mehr geltend gemacht werden können, mindern die Aufwendungen im Zusammenhang mit der Kapitalanlage im Fonds wie Depotgebühren, Beratungsgebühren, Managementkosten usw. als Fondskosten den steuerpflichtigen Ertrag des Fonds in vollem Umfang. Lediglich zehn Prozent der Werbungskosten gelten gemäß deutschem Investmentsteuergesetz als nicht abzugsfähige Werbungskosten.[193]

Praxistipp 59:

Honorare für einen Vermögensverwalter unterliegen bei individueller Depotverwaltung der Umsatzsteuer. Dies trifft den deutschen Kapitalanleger ab 2009 besonders, da die Kosten für einen Vermögensverwalter steuerlich nicht mehr als Werbungskosten abziehbar sind. Die Leistungen eines Fondsmanagers unterliegen hingegen nicht der Umsatzsteuer und mindern außerdem den steuerlichen Gewinn des Fonds.

---

[193] § 3 Abs. 3 Nr. 2 InvStG.

Steuerliche Sonderregelungen bei der Veräußerungsgewinnbesteuerung für ausländische Spezialfonds

Mit Verabschiedung des Jahressteuergesetzes 2008 zum 9. November 2007 wurde auf eine Prüfbitte des Bundesrates hin für die Veräußerung oder Rückgabe von Anteilen an sogenannten Spezial-Sondervermögen, die nach dem 9. November 2007 und vor dem 1. Januar 2009 erworben werden, eine Sonderregelung im Investmentsteuergesetz getroffen. Sinn und Zweck dieser Sonderregelung ist es, thesaurierte Gewinne aus der Veräußerung von Anteilen an solchen Fonds auch dann zu erfassen, wenn die Fondsanteile noch vor dem 1. Januar 2009 erworben wurden. § 18 Abs. 2a InvStG[194] bestimmt hierzu, dass jene Regelung des § 8 Abs. 5 InvStG, welche Gewinne aus der Rückgabe oder Veräußerung von Investmentanteilen im Privatvermögen eigentlich erst ab dem 1.1.2009 der Abgeltungsteuer unterstellt, d.h. im Grunde erst für solche Fondsanteile Anwendung findet, die nach dem 31.12.2008 erworben werden, bereits für solche Spezialfondsanteile gilt, die nach dem 9.11.2007 erworben worden sind. Damit gilt für solche Spezialfonds die generelle Regelung nicht, dass bei vor dem 1. Januar 2009 erworbenen Investmentanteilen im Privatvermögen die im Investmentvermögen thesaurierten Gewinne aus der Veräußerung der durch das Investmentvermögen erworbenen Wertpapiere entsprechend der „Altregelung" nach einer Behaltensfrist von mehr als einem Jahr steuerfrei bleiben.

---

[194] § 18 Abs. 2a InvStG lautet: „Auf die Veräußerung oder Rückgabe von Anteilen an inländischen Spezial-Sondervermögen, inländischen Spezial-Investment-Aktiengesellschaften oder ausländischen Spezial-Investmentvermögen, die nach dem 9. November 2007 und vor dem 1. Januar 2009 erworben werden, ist bereits § 8 Abs. 5 in der in Absatz 2 Satz 2 genannten Fassung mit Ausnahme des Satzes 5 anzuwenden. Satz 1 gilt entsprechend für die Rückgabe oder Veräußerung von Anteilen an anderen Investmentvermögen, bei denen durch Gesetz, Satzung, Gesellschaftsvertrag oder Vertragsbedingungen die Beteiligung natürlicher Personen von der Sachkunde des Anlegers abhängig oder für die Beteiligung eine Mindestanlagesumme von 100 000 Euro oder mehr vorgeschrieben ist. Wann von dieser Sachkunde auszugehen ist, richtet sich nach dem Gesetz, der Satzung, dem Gesellschaftsvertrag oder den Vertragsbedingungen. Als Veräußerungsgewinn wird aber höchstens die Summe der vom Investmentvermögen thesaurierten Veräußerungsgewinne angesetzt, auf die bei Ausschüttung Absatz 1 Satz 2 nicht anzuwenden wäre; der Kapitalanleger hat diesen niedrigeren Wert nachzuweisen. Auf Veräußerungsgewinne im Sinne dieses Absatzes ist § 8 Abs. 6 nicht anzuwenden; § 32d des Einkommensteuergesetzes in der nach dem 31. Dezember 2008 anzuwendenden Fassung gilt entsprechend."

Die Regelung erfasst einmal die Fälle, bei denen eine natürliche Person aus einem in- oder ausländischen Spezial-Investmentvermögen Einkünfte aus Kapitalvermögen erzielt. Dies ist über die Einschaltung einer vermögensverwaltenden Personengesellschaft möglich. Daneben zielt die Regelung auf die Beteiligung von natürlichen Personen an anderen Investmentvermögen ab, bei denen

- entweder eine besondere Sachkunde der Kapitalanleger
- oder eine Mindesthöhe der Beteiligung von 100.000 Euro per Gesetz, Satzung, Gesellschaftsvertrag oder der Vertragsbedingungen vorgeschrieben sind.[195]

Letzteres trifft beispielsweise auf Luxemburger Spezialfonds sowie auf Vermögensanlagen in Investmentunternehmen für qualifizierte Anleger im Fürstentum Liechtenstein zu.[196]

Für die Qualifizierung eines Investmentfondsanteils als „Spezial-Sondervermögen" ist es unerheblich, ob die oben genannten Punkte in einem staatlichen Gesetz oder anderweitig niedergelegt sind. Ebenso unbeachtlich ist es, ob es sich um ein in- oder ausländisches Investmentvermögen handelt.

Wann von einer besonderen Sachkunde des Anlegers auszugehen ist, richtet sich nach den jeweiligen Regelungen. Danach kann auch das Einverständnis des Anlegers mit der Einstufung als sachkundiger Kapitalanleger genügen. Es reicht jedoch nicht aus, wenn der Kapitalanleger als solcher sachkundig ist; die Vorschrift kommt nur zur Anwendung, wenn diese Sachkunde spezifisch für eine Beteiligung an dem betreffenden Sondervermögen gefordert ist.

Steuerpflichtig sind im Grunde alle Veräußerungsgewinne. Bei entsprechendem Nachweis wird die Bemessungsgrundlage für die Abgeltungsteuer aber auf die vom Investmentvermögen erzielten, aber thesaurierten Veräußerungsgewinne und Gewinne aus Termingeschäften begrenzt, die wegen der Anschaffung oder dem Geschäftsabschluss seitens des Invest-

---

[195] Die Regelung zielt jedoch nicht auf sog. Kleinanleger ab, die sich an typischen Publikumsfonds beteiligen. Diese können auch noch in 2008 Fondsanteile erwerben, die nach Ablauf der Haltefrist von einem Jahr steuerfrei veräußerbar bleiben vgl. Änderungsantrag der Fraktion CDU/CSU/SPD zum Regierungsentwurf für ein Jahressteuergesetz 2008, Begründung zu Art. 23 InvStG.

[196] Vgl. unten Abschnitt: Vermögensanlagen in Luxemburger Spezialfonds und Abschnitt: Vermögensanlagen in liechtensteinische Anlagefonds (Investmentunternehmen).

mentvermögens nach dem 31.12.2008 bei Ausschüttung auch für den Privatanleger steuerpflichtig wären.

Damit werden Anteilseigner von Spezialfonds mit einem Direktanleger gleichgestellt, der bei entsprechenden Umschichtungen Abgeltungsteuer zahlen muss. Auch bei Anteilen an diesen besonderen Investmentvermögen werden Gewinne aus der Veräußerung von nach dem 31.12.2008 angeschafften Wertpapieren besteuert, allerdings erst bei Veräußerung des Investmentanteils.

Keine Anwendung auf Gewinne aus der Veräußerung von Spezialinvestmentfondsanteilen findet die Hinzurechnungsregelung nach § 8 Abs. 5 Satz 5 InvStG.[197] Nach dieser Vorschrift ist der Gewinn aus der Veräußerung eines Investmentanteils um bestimmte Beträge zu erhöhen. Letzteres findet aber nur auf Veräußerungsgewinne für nach dem 31.12.2008 erworbene Investmentanteile Anwendung. „Sind sowohl der Investmentanteil vor dem 1.1.2009 erworben als auch die Anlagen seitens des Investmentvermögens vor dem 1.1.2009 getätigt worden, gebietet es die Gleichbehandlung mit der Direktanlage von einer solchen Erhöhung des Veräußerungsgewinns abzusehen".[198]

Vermögensanlagen in Luxemburger Spezialfonds

Allgemeines

Mit einem Fondsvolumen von 1.844 Mrd. Euro und einem Marktanteil von 24,3 Prozent steht der Fondsplatz Luxemburg an erster Stelle unter den gesamten europäischen Fondsstandorten.[199] Der Fondsplatz hat es in den vergangenen Jahren stets fertiggebracht, seine rechtlichen und steuerlichen Rahmenbedingungen an die Bedürfnisse des Weltmarktes anzupassen. Die neuen Spezialfonds stellen eine weitere Illustration der Kreativität des Fondsstandortes Luxemburg dar. Luxemburg hat im Zuge der aus technischen Gründen erforderlichen Neufassung des Gesetzes von 1991 betreffend institutionelle Fonds, die nicht für den breiten Vertrieb bestimmt waren, die Definition des „institutionellen Anlegers" mit dem Gesetz vom 13.2.2007 (Spezialfondsgesetz) auch auf sogenannte „gut informierte Privatanleger" ausgedehnt. Mit dieser Maßnahme war – rechtzeitig vor der Einführung der

---
[197] Es handelt sich dabei überwiegend um Veräußerungsgewinne aus Wertpapieren.
[198] Vgl. Änderungsantrag der Fraktion CDU/CSU/SPD zum Regierungsentwurf für ein Jahressteuergesetz 2008, Begründung zu Art. 23 InvStG.
[199] Quelle: VÖAG Jahresbericht 2006, EFAMA, Stand Dezember 2006.

Abgeltungsteuer – ein neuer Fondstyp geboren: der Spezialfonds. Luxemburger Spezialfonds – in der Fachsprache „fonds d'investissement spécialisé" („FIS") oder „specialised investment funds" (SIF) genannt – erfreuen sich besonders wegen der außerordentlichen Flexibilität, die es ermöglicht, einen Spezialfonds auf die speziellen Bedürfnisse anspruchsvoller Kapitalanleger maßzuschneidern, besonderer Beliebtheit.

Rechtsform und Gründung

Spezialfonds werden entweder in der Rechtsform einer Investmentgesellschaft (als SICAV) oder als von einer Verwaltungsgesellschaft verwaltete Investmentfonds (FCP) errichtet. Die Unterschiede liegen auf rechtlicher Ebene: Kapitalanleger, die spätere, weitere Einlagen leisten wollen, werden die SICAV-Variante wählen. Denn hier ist das Kapital im Unterschied zur FCP-Version variabel.

Die Errichtung der Spezialfonds gestaltet sich in beiden Formen schnell und vor allem wesentlich einfacher als dies bei Publikumsfonds der Fall ist. Die Errichtung eines eigenständigen Fonds ist in etwa acht bis zwölf Wochen vollzogen, bei Teilfonds reichen vier bis sechs Wochen. Die Zulassung solcher Fonds durch die Luxemburger Aufsichtsbehörde CSSF und auch der Zulassungsantrag können nachträglich erfolgen. Eine Zulassung durch die deutsche Bundesanstalt für Finanzdienstleistungsaufsicht (BaFin) ist nicht erforderlich. Auch ist bei Spezialfonds kein Promotor erforderlich. Als Promotor wird jene Person bezeichnet, die den Fonds gründet, seine Ausrichtung vorgibt und von seiner Realisation profitiert.

Personelle Voraussetzungen des Fondsgründers

Voraussetzung für die Gründung eines Spezialfonds ist, dass ein oder mehrere sachkundige Kapitalanleger daran beteiligt sind. Als sachkundiger Kapitalanleger gilt, wer die schriftliche Zustimmung zum Status eines solchen erklärt hat. In der Praxis ist das reine Formsache.

Des Weiteren müssen anfänglich mindestens 125.000 Euro in den Spezialfonds eingelegt werden. Alternativ kann auch eine Bestätigung eines Kreditinstitutes, eines Wertpapierunternehmens oder einer Verwaltungsgesellschaft vorgelegt werden, die die Expertise, Erfahrung und Kenntnis des Anlegers bescheinigt, die Anlage in einen Spezialfonds angemessen beurteilen zu können.

Das Anlagespektrum eines solchen Fonds ist weitreichend. Angelegt werden kann angefangen von Anleihen über Aktien auch in Immobilien oder in Private Equity. Es ist lediglich eine Diversifizierung von Anlagerisiken zu beachten. Wie die Anlagerisiken verteilt werden sollen, bleibt allerdings den Fondsmanagern selbst überlassen. Quantitative Anlagebeschränkungen seitens des Gesetzgebers oder der Aufsichtsbehörde CSSF existieren nicht.

Die Mindesteinlagesumme für einen solchen Fonds beträgt 1.250.000 Euro und muss binnen einer Frist von einem Jahr nach der Auflegung einbezahlt sein. In der Praxis rechnet sich ein solcher Fonds allerdings erst ab einem Anlagevermögen von 3,5 Mio. Euro.[200]

Rückgabe der Fondsanteile und Auflösung des Fonds (Exit)

Luxemburger Spezialfonds können jederzeit aufgelöst werden. Die Auflösung des Fonds erfolgt durch Rückgabe der Fondsanteile an die Fondsgesellschaft. Die Fondsgesellschaft nimmt die Fondsanteile zum aktuellen Nettoinventarwert jederzeit zurück.

Besteuerung des Spezialfonds in Luxemburg

Der luxemburgische Staat erhebt neben einer einmaligen Gesellschaftsteuer auf Kapitalzuführungen von maximal 1.250 Euro lediglich eine jährliche „Tax d´abonnement" (Zeichnungssteuer) in Höhe von 0,01 Prozent vom Nettovermögen des Fonds. Weitere Steuern zahlt der Fonds nicht. Die Luxemburger Depotbank behält auch keine EU-Zinssteuer ein, wenn die Fondsanteile einem deutschen Kunden zuzurechnen sind, sofern der Fonds nicht mehr als 40 Prozent seines Anlagevermögens (im Fall der Errichtung des Spezialfonds als Thesaurierungsfonds) bzw. höchstens 15 Prozent seines Fondsvermögens (als Ausschüttungsfonds) in zinsabwerfende Produkte investiert.

Praxistipp 60:

Generell keine EU-Zinssteuer fällt auf Ausschüttungen rein auf Aktien ausgerichteter Spezialfonds an. Im Fondsvermögen sollte der Aktienanteil überwiegen. Denn Luxemburger Spezialfonds sind ein ideales und legales Steuersparmodell für all diejenigen, die bei der Vermögensanlage in erster Linie auf Aktien mit Kurs-

---

[200] Vgl. unten Abschnitt: Kosten und Wirtschaftlichkeitsaspekte.

gewinnpotenzial setzen. Konservative Kapitalanleger, die überwiegend oder ausschließlich auf Festzinsanlagen setzen, haben hingegen nur geringe Steuervorteile, da sämtliche Kapitalerträge aus solchen Anlagen unter die ausschüttungsgleichen Erträge fallen und vom Fondsanleger am Ende des Geschäftsjahres versteuert werden müssen.

Besteuerung des deutschen Fondsanteilseigners

Die Besteuerung des deutschen Fondsanteilseigners, der sich einen solchen Fonds stricken lässt und die Anteile in einem Luxemburger Wertpapierdepot hält[201], welches zu seinem Privatvermögen zählt, gestaltet sich nach den Vorschriften des deutschen Investmentsteuergesetzes. Steuerliche Vorteile verschafft der Fonds dem Kapitalanleger dabei nur, sofern es sich um einen „transparenten" Fonds handelt und die Fondsgesellschaft alle erforderlichen Bemessungsgrundlagen ermittelt und bekannt gibt.[202] Laufende Erträge aus solchen Fonds sind – trotz Thesaurierung – als ausschüttungsgleiche Erträge[203] wie bei inländischen Publikumsfonds steuerpflichtig bzw. ab dem 1.1.2009 abgeltungsteuerpflichtig.[204]

Wurde der Fonds noch vor Verabschiedung des Jahressteuergesetzes 2008 im Bundestag – also vor dem 9.11.2007 – errichtet und werden die Fondsanteile nach den Regeln des deutschen Steuerrechts[205] vom Fondsanteilseigner länger als ein Jahr gehalten, bleiben aus Gründen des Vertrauensschutzes sämtliche in diesem Spezialfonds generierten Veräußerungsgewinne (Wertzuwächse) aus Wertpapieranlagen, die der Fonds bis zum 31.12.2008 angeschafft hat, auch dann steuerfrei, wenn die Fondsanteile nach Einführung der Abgeltungsteuer veräußert oder zurückgegeben werden. Sofern der Fonds nach dem 9.11.2007 errichtet worden ist, findet die für ausländisches Spezial-Investmentvermögen geltende Sonderregelung Anwendung.[206]

---

[201] Zur Vermeidung des sofortigen Abgeltungsteuerabzugs bei Ausschüttungen müssen die Fondsanteile in einer Luxemburger Bank oder sonstigen Auslandsbank verwahrt sein.
[202] § 5 InvStG.
[203] Vgl. § 1 Abs. 3 Satz 4 InvStG.
[204] Vgl. Teil I Abschnitt: Besteuerung von Investmentfondsanteilen.
[205] § 23 Abs. 1 Satz 1 Nr. 2 EStG.
[206] Vgl. oben Abschnitt: Sonderregelungen bei der Veräußerungsgewinnbesteuerung für ausländische Spezialfonds.

Praxistipp 61:

Der Steuervorteil eines nach dem 8.11.2007 errichteten Luxemburger Spezialfonds besteht jedoch nach wie vor in einer legalen Steuerstundung von Veräußerungsgewinnen aus Wertpapiertransaktionen. Die Abgeltungsteuer wird bis zur Veräußerung/Rückgabe der Fondsanteile gestundet.

Die Errichtung solcher Fonds kann sich auch aus außersteuerlichen Gründen lohnen. So ermöglicht ein solcher Fonds die Bündelung von Vermögen unterschiedlicher Assetklassen unter einem Sondervermögen bzw. einer Kapitalgesellschaft (bei der SICAV-Variante). Spezialfonds gewähren schließlich als Sondervermögen einen umfassenden Insolvenzschutz. Denn nach dem Spezialfondsgesetz kann weder der Anteilsinhaber noch seine Gläubiger die Aufteilung oder die Auflösung des Fonds verlangen.[207]

Nachlass- und Vermögensplanung mit Teilfonds

An einen Luxemburger Spezialfonds lassen sich ein oder mehrere Teilfonds angliedern. Für jeden Teilfonds gilt die im Gesetz vorgegebene Mindesteinlagesumme von 1.125.000 Euro. Mittels Teilfonds lässt sich Vermögen innerhalb der Familienmitglieder effizient aufteilen. Jeder Teilfonds kann separate Begünstigte haben. Die Vorgabe einer jeweils eigenen Anlagepolitik ist möglich. So kann beispielsweise Teilfonds 1 reine Zinsanlagen, Teilfonds 2 ausschließlich Aktienanlagen beinhalten, und Teilfonds 3 kann unter entsprechender Vorgabe durch den Errichter für die Verwaltung von Vermögen minderjähriger Kinder gegründet werden.

Kosten und Wirtschaftlichkeitsaspekte

Luxemburger Privatfonds lohnen ab einer Anlagesumme von ca. 3,5 Mio. Euro. Erst bei Anlagesummen über diesem Betrag rechnen sich die laufenden Kosten des Fonds gegenüber einer in Deutschland zu zahlenden Abgeltungsteuer.[208]

---

[207] Art. 10 des Gesetzes vom 13. 2.2007.
[208] Der Beispielrechnung liegen folgende Annahmen zugrunde: Aktienanteil 50%, Dividendenrendite 2%, Veräußerungsgewinne durchschnittlich 7,5% des Anlagekapitals. Rentenanteil 50% bei Zinserträgen von 4% und Veräußerungserlösen von 3%. Kosten: ca. 0,5% Management-Fee auf das Fondsvolumen und Verwaltungskosten von ca. 65.000 Euro im Jahr. Die Abgeltungsteuer wurde inkl. Solidaritätszuschlag mit 26,375% berechnet.

Die Auflegung des Fonds (reine Gründung ohne Beratung) kostet etwa 10.000 bis 15.000 Euro. Hinzu kommen Beratungskosten durch Rechts- und Steuerberater in Höhe von 20.000 bis 40.000 Euro, sodass deutsche Kapitalanleger allein für die Auflegung eines solchen Fonds mit Kosten von ca. 50.000 Euro rechnen müssen.

Die laufenden Kosten des Fonds belaufen sich pro Jahr auf ca. 70.000 Euro. Hinzu kommen die Gebühren für die Erstellung der – vereinfachten – Jahresberichte mit ca. 5.000 Euro. Außerdem müssen Spezialfonds-Inhaber noch die Kosten für die Vermögensverwaltung, Transaktionsgebühren bei entsprechenden Depotumschichtungen und eine Depotgebühr für die Fondsanteile einkalkulieren.

Zusammenfassende tabellarische Übersicht

Rechtsgrundlage	Spezialfondsgesetz vom 13. Februar 2007
Transparenter Fonds i.S. § 5 deutsches InvStG	ja
Empfohlenes Mindestanlagekapital	3,5 Mio. €
Einbringbare Assetklassen/Anlageformen bzw. Veranlagungskategorien	Anleihen, Aktien, alternative Investments, Anteilscheine an Publikumsfonds, Rohstoffanlagen als Fonds/Zertifikat
Nicht einbringbare Assetklassen/Anlageformen	Geschlossene Beteiligungen, Immobilien, physisches Gold/Edelmetalle/Rohstoffe
Außersteuerliche Vorteile	• Flexibilität/Individualität/hohe Anpassungsfähigkeit an sich verändernde Lebenssituationen • Transparenz
Gründungskosten	Ca 30.000 – 50.000 €
Laufende Kosten	Ca. 65.000 – 70.000 €

Tabelle 11: Luxemburger Spezialfonds im Überblick

Vermögensanlagen in österreichische Privatfonds

Allgemeines

Der Finanzplatz Österreich verfügt neben einer exzellenten Infrastruktur auf dem Banken- und Geldanlagesektor auch über eine mittlerweile langjährige Expertise und ein spezielles Know-how im Bereich von Fondsinvestments. Mit einem Fondsvolumen von zuletzt 167,34 Mrd. Euro[209]

---

[209] Quelle: Jahresbericht 2006 der Vereinigung Österreichischer Investmentgesellschaften (VÖIG).

konnte sich die österreichische Investmentfondsbranche einen Marktanteil von 2,23 Prozent am europäischen Fondsmarkt sichern.[210] Insgesamt 24 Kapitalanlagegesellschaften sind in Österreich aktiv. Der Fondsplatz verfügt über ein modernes und EU-konformes Investmentfondsgesetz, dem österreichischen Bundesgesetz über Kapitalanlagefonds.[211]

Das österreichische Investmentfondsgesetz unterscheidet zwischen Kapitalanlagefonds und Spezialfonds, wobei Spezialfonds i.S.d. Gesetzes nur von Anteilinhabern gehalten werden dürfen, die keine natürlichen Personen sind.[212] Spezialfonds nach österreichischer Definition scheiden daher für Privatanleger aus.

Der „Privatfonds" ist im österreichischen Bundesgesetz über Kapitalanlagefonds nicht explizit geregelt. Im Grunde handelt es sich bei dem Privatfonds um einen „normalen" Publikumsfonds. Den Begriff „Privatfonds" oder auch „Großanlegerfonds" gibt es offiziell nicht.

Für den Privatfonds gelten die für Publikumsfonds maßgeblichen Bestimmungen; auch ein Privatfonds mit nur einem Kapitalanleger ist „öffentlich". Einer (unerwünschten) Beteiligung außenstehender Dritter wird u.a. durch einen hohen Ausgabeaufschlag (von z.B. mehr als sieben Prozent), diversen technischen Einschränkungen, hohen Verwaltungsgebühren oder dadurch entgegengetreten, dass der Fonds keine Wertpapier-Kennnummer veröffentlicht. Die für „Spezialfonds" geltenden Sondervorschriften im deutschen Investmentsteuergesetz hinsichtlich der Besteuerung von Gewinnen aus der Veräußerung von Fondsanteilen[213] finden für österreichische Privatfonds keine Anwendung.

Rechtsform und Gründung

Der österreichische Privatfonds stellt eine verselbstständigte Vermögensmasse (Sondervermögen) dar. Die Gründung erfolgt ausschließlich durch eine zugelassene Kapitalanlagegesellschaft. Privat- oder Universalbanken übernehmen die notwendigen Formalitäten sowie die Kundenbetreuung. Der Fondsgründer muss keine besonderen Voraussetzungen erfüllen. Von Gesetzes wegen ist weder eine Mindestanlage erforderlich noch eine besondere Qualifikation oder eine besondere Sachkunde nachzuweisen. Auch aus

---

[210] Quelle: Jahresbericht der VÖIG/EFAMA, Stand Dezember 2006.
[211] InvFG 1993 BGBl. Nr. 532/1993, aktuell i.d.F. BGBl. I Nr. 134/2006 v. 3.8.2006.
[212] § 1 Abs. 2 InvFG.
[213] Vgl. oben Abschnitt: Sonderregelung bei der Veräußerungsgewinnbesteuerung für ausländische Spezialfonds.

diesem Grund gelten österreichische Privatfonds nicht als „Spezialfonds" bzw. „Spezial-Investmentvermögen" nach dem deutschen Investmentsteuergesetz.[214]

Zur Gründung eines Privatfonds wendet sich der Fondsanleger an eine in Österreich zugelassene Kapitalanlagegesellschaft, die die erforderlichen Schritte zur Konzipierung des Fonds einleitet, ein Fondsprospekt erstellt und die Zulassung bei der Finanzmarktaufsicht beantragt. Die Errichtung eines Privatfonds erstreckt sich – einschließlich der Genehmigung durch die Finanzmarktaufsicht – über einen Zeitraum von vier bis sechs Wochen.

Der Vermögenstransfer

Nach Errichtung und Genehmigung des Fonds durch die Finanzmarktaufsicht überträgt der Fondsanleger die zur Vermögensanlage bestimmte Geldeinlage (Einzahlung) an die Kapitalanlagegesellschaft. Das zur Vermögensanlage für den Fonds bestimmte Vermögen kann dabei nur in Form einer Geldeinlage bestehen. Die Einbringung von Sachvermögen oder das unmittelbare Einbringen bestehender Wertpapierdepots in einen Privatfonds ist nicht möglich. Die Einbringung von Vermögenswerten erfordert vielmehr zuerst einen Verkauf bestehender Anlagen mit anschließendem Neuerwerb durch den Fonds.

Zur Vermeidung hoher Transaktionskosten (vor allem: Bid-/Ask-Spreads und Brokerage Fees) kann die Übertragung bestehender Wertpapierdepots im Rahmen eines sogenannten „Transition Managements" erfolgen, das von diversen Geschäftsbanken offeriert wird.[215] Die Bank kauft zu diesem Zweck die Depotbestände zum aktuellen Börsentageskurs an. Der Verkaufserlös fließt in den Fonds. Dieser kauft dieselben Wertpapiertitel zum jeweils tagesaktuellen Börsenkurswert zurück.[216]

Die Überführung fremdfinanzierter Wertpapierdepots in einen Privatfonds gegen Darlehensübernahme ist mit einer Beleihung von mehr als zehn Prozent nicht möglich. Österreichische Fonds dürfen allgemein nur bis zu zehn Prozent des Fondsvolumens an Krediten aufnehmen. Eine Ausnahme besteht allerdings für Privatfonds, die nach § 20a InvFG aufgelegt werden: Diese können bis zu 20 Prozent des Fondsvolumens an Krediten aufnehmen. Privatfonds nach § 20a InvFG entsprechen allerdings nicht den EU-

---

[214] Vgl. § 8 Abs. 2a InvStG.
[215] Z.B. Bankhaus Spängler, Salzburg.
[216] Kursgewinne oder Kursverluste zwischen den Transaktionstagen gehen hierbei auf Rechnung des Anlegers.

Bestimmungen (nicht UCITS-III-konform) und sind somit nur in Österreich zum Vertrieb zugelassen. Steuerlich hat diese Vertriebsbeschränkung für den deutschen Privatanleger allerdings keine Auswirkungen.

Praxistipp 62:

Ein § 20a InvFG-Fonds eignet sich für Kapitalanleger mit kreditfinanzierten Wertpapierdepots, die zum 31.12.2008 nicht liquidiert werden können. Wegen des mit Einführung der Abgeltungsteuer zum 1.1.2009 bestehenden Werbungskostenabzugs stellt dieser Privatfonds eine Möglichkeit dar, Kreditzinsen für Wertpapieranlagen bis zur genannten Grenze auch über den 1.1.2009 hinaus steuermindernd geltend zu machen.

Die Fondsbeteiligten

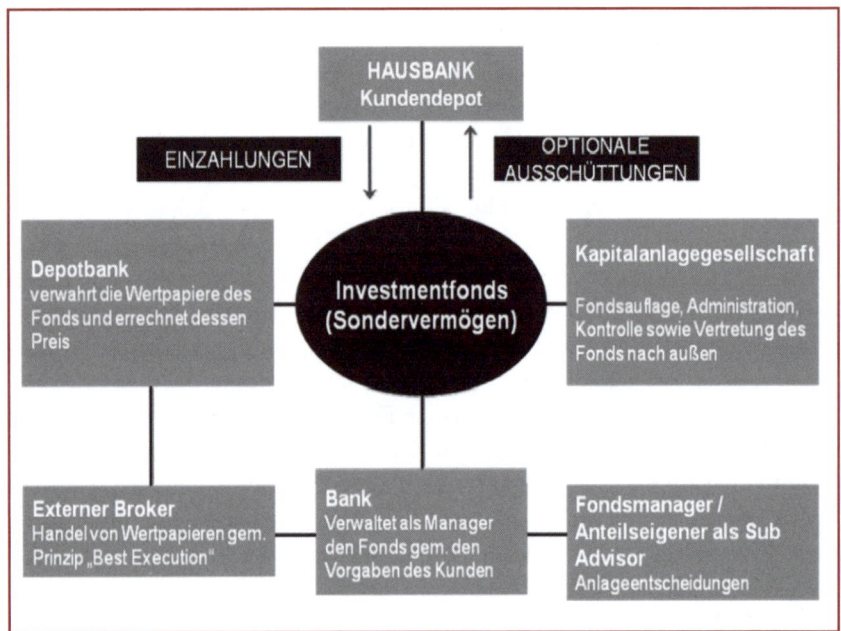

Abbildung 3: Beteiligte am österreichischen Privatfonds (Quelle: Bankhaus Spängler, www.spaengler.at)

An einem österreichischen Privatfonds sind – neben dem Kapitalanleger und Fondsanteilseigner selbst – noch folgende Institutionen beteiligt:

- Die Kapitalanlagegesellschaft: Sie errichtet den Fonds und übernimmt die Koordination aller involvierten Parteien, legt den Fonds auf, übernimmt die Kontrolle und vertritt diesen im Außenverhältnis.

- Bank/Fondsmanager: Der Fondsmanager mit Konzession gemäß österreichischem Investmentfondsgesetz (InvFG) übernimmt die Vermögensverwaltung. Der Fondsinvestor selbst kann darüber hinaus als Sub-Advisor Anlageentscheidungen treffen. Die Bank leitet die Orders des Fondsmanagers an den Broker und verwaltet den Fonds gemäß den Vorgaben des Fondsinvestors.

- Der Broker: Ein externer Broker übernimmt den Handel von Wertpapieren des Fonds gemäß den Weisungen des Fondsmanagers.

- Die Depotbank: Diese übernimmt die Ermittlung des Fondsanteilswertes und verwahrt das Fondsvermögen (die vom Broker an der Börse gekauften Wertpapiere).

- Die Hausbank des Anlegers: Diese bzw. eine Bank nach Wahl des Fondsinvestors führt als depotführende Stelle das Depot des Anlegers, in dem die Fondsanteile verwahrt werden.

- Der Wirtschaftsprüfer: Für jeden österreichischen Privatfonds ist ein Wirtschaftsprüfer zu bestellen. Der Wirtschaftsprüfer der Kapitalanlagegesellschaft muss mit jenem des Fonds identisch sein.

- Der steuerliche Vertreter: Bei deutschen Anlegern bzw. Fondsanteilsinhabern muss außerdem in Deutschland ein steuerlicher Vertreter bestellt werden. Der steuerliche Vertreter erstellt auch das steuerliche Reporting. Das Reporting kann dem Kapitalanleger als Grundlage zur Erstellung seiner Steuererklärung dienen.

Asset Allocation, Fondsbestimmungen und Anlagerichtlinien

Ein österreichischer Privatfonds ermöglicht die Bündelung von Vermögen unterschiedlicher Assetklassen. Generell sind alle Veranlagungskategorien möglich, von Anleihen über Aktien, alternative Investments, offene Immobilienfonds bis hin zu börsengelisteten Private Equity Anlagen und Rohstoffen. Nicht möglich ist die Einbringung bzw. der Erwerb von geschlossenen Beteiligungen aller Art; diese unterliegen jedoch auch nicht der Abgeltungsteuer.[217]

Welche Assetklassen ein Privatfonds in welchem Umfang dem Fondsdepot zuführen bzw. im Fondsvermögen halten darf, regelt sich nach den Fondsbestimmungen. In den Fondsbestimmungen sind alle Anlagemöglichkeiten festgehalten, die der Fonds ausüben kann. In der Praxis trifft der Kapitalanleger im Regelfall auf im Fondsprospekt veröffentlichte (und damit auch öffentlich zugängliche) standardisierte Fondsbestimmungen.

Individuelle Zielvorgaben hinsichtlich der Asset Allocation gibt der Fondsanleger an den Fondsmanager mittels sogenannter Anlagerichtlinien weiter. Die Anlagerichtlinien sind zivilrechtliche Vereinbarungen zwischen dem Kapitalanleger und der Kapitalanlagegesellschaft und schränken die Fondsbestimmungen in gewünschter Art und Weise ein, wie nachfolgende Abbildung zeigt.

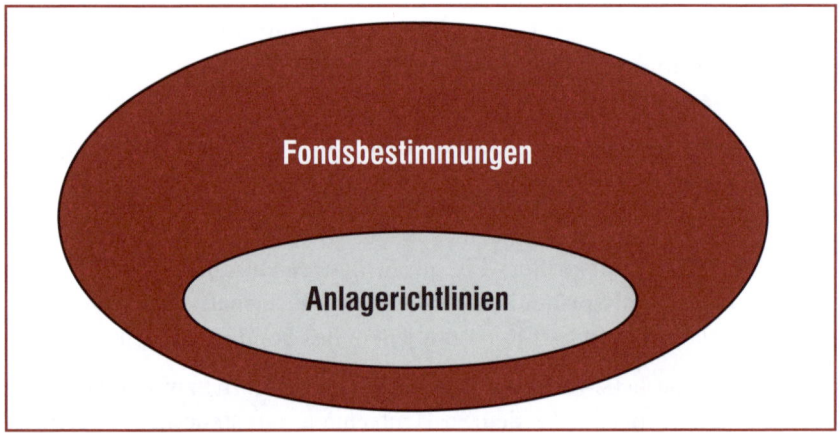

Abbildung 4: Zusammenspiel von Fondsbestimmungen und Anlagerichtlinien
(Quelle: Bankhaus Spängler)

Auf diese Weise ist maximale Flexibilität auf Ebene der Anlagerichtlinien gegeben, da Änderungen von Fondsbestimmungen genehmigungspflichtig und überdies zeitintensiv sind.

In den Anlagerichtlinien ist vorgegeben, wie viel Vermögen der Fonds jeweils in welche Wertpapiere (Aktien, Anleihen), in welche Länder oder in welche Währungen investieren soll.

---

[217] Vgl. Teil I Abschnitt: Von der Abgeltungssteuer erfasste private Kapitaleinkünfte.

ISIN	AT …
Anlageziel	Der Fonds dient dem langfristigen Vermögensaufbau durch Investition in Aktien, Anleihen und Rohstoffe.
Fondswährung	EUR
Veranlagungsinstrumente und -grundsätze	gem. §§ 4, 20, 20a und 21 InvFG. §§ 15 ff Fondsbestimmungen
Börsen und organisierte Märkte	Die Veranlagung von bis zu 10% des Fondsvermögens in Wertpapiere und Geldmarktinstrumente, die nicht die Voraussetzungen der §§ 16 Z 1 und 2 sowie 17 der Fondsbestimmungen erfüllen, ist zulässig.
Asset Allocation	Europa 40%; USA 30%; Pazifik 20%; Themen 10%
Gewichtung	<table><tr><td></td><td>Min</td><td>Max.</td><td>Neutral</td></tr><tr><td>Cash</td><td>0%</td><td>10%</td><td></td></tr><tr><td>Anleihen*</td><td>0%</td><td>50%</td><td></td></tr><tr><td>Aktien</td><td>50%</td><td>100%</td><td>75%</td></tr></table> *(lt. beiliegendem Investmentansatz der …..)
Wertpapiere	Für den Fonds können sowohl internationale Aktien, Aktien gleichwertige Wertpapiere[218] als auch Anleihen erworben werden, wobei die Gewichtung abhängig von der Markteinschätzung variiert. Zertifikate dürfen nur nach vorheriger Zustimmung durch die KAG erworben werden.
Geldmarktinstrumente	spielen bei der Veranlagung eine untergeordnete Rolle.
Anteile an Kapitalanlagefonds	Für den Kapitalanlagefonds können bis zu 50% des Fondsvermögens andere Kapitalanlagefonds erworben werden: Die Fonds müssen in Deutschland steuerlich transparent sein.
OGAWs[219]	bis zu 50% des Fondsvermögens
OGAs[220]	nicht zulässig
Veranlagungen in andere Organismen „Z 3-Fonds"[221]	bis zu 10% des Fondsvermögens[222]

---

[218] Das sind z.B. Genussscheine, Zero Strike Optionsscheine usw. Sinn dieser Formulierung ist es, nicht nur Aktien im engeren Sinne, sondern auch ähnlich ausgestaltete Papiere zu berücksichtigen.

[219] OGAWs sind Organismen zur gemeinsamen Veranlagung in Wertpapieren, die auf Basis der entsprechenden EU-Richtlinie aufgelegt wurden (solche Fonds, die mittels EU-Pass in der Europäischen Union zum Vertrieb zugelassen werden können).

[220] OGAs sind Fonds, die materiell den OGAWs sehr ähnlich sind, aber ihre primäre Vertriebszulassung außerhalb der EU haben (z.B. Schweizer oder norwegische Fonds).

[221] Z3 Fonds sind Hedgefonds, die in § 20a Abs. 1 ZIFFER (Z) 3 InvFG geregelt sind.

[222] Privatfonds, die nach § 20a InvFG gegründet werden, können Hedgefonds in unbegrenzter Höhe in das Fondsvermögen aufnehmen.

Immobilienfonds[223]	nicht zulässig
Sichteinlagen, kündbare Einlagen	spielen bei der Veranlagung eine untergeordnete Rolle
Devisentermingeschäfte	zur Absicherung mit den vereinbarten Counterparts zulässig
Sonstige Derivate	nur zur Absicherung zulässig, wobei folgende Instrumente eingesetzt werden: Plain Vanilla Optionen[224] europäischen und amerikanischen Stils, Finanzterminkontrakte
Sonstige OTC-Derivate	nicht zulässig
Kreditaufnahme	kurzfristig bis zu 10% des Fondsvermögens
Devisenswaps	nicht zulässig
Zinsswaps	nicht zulässig
Pensionsgeschäfte	nicht zulässig
Wertpapierleihe	nicht zulässig

Tabelle 12: Beispielhafte Anlagerichtlinien eines Musterprivatfonds[225]

Praxistipp 63:

Die Anlagerichtlinien sind (im Gegensatz zu den Fondsbestimmungen) nicht öffentlich; sie können jederzeit geändert werden. Auch Ausschlüsse – bis zum Ausschluss einzelner Titel, z.B. aus Gründen von Ethik oder Nachhaltigkeit – können getroffen werden.

In Fällen größerer Vermögen können unterschiedliche Assetklassen innerhalb eines Privatfonds in mehrere Fonds-Segmente unterteilt werden. Für jedes Segment wird ein eigener auf die Anlage und Verwaltung der entsprechenden Assetklasse spezialisierter Fondsmanager bestellt (Multimanagerfonds). Die Segmentierung erfolgt im Regelfall gemäß den verschiedenen Anlageklassen wie z.B. Anleihen, Aktien oder alternative Investments. Darüber hinaus kann ein zusätzlicher Manager die Entscheidung hinsichtlich der Asset Allocation und damit die Dotierung der einzelnen Segmente

---

[223] Privatfonds, die nach § 20a InvFG gegründet werden, können auch offene Immobilienfonds in das Fondsvermögen aufnehmen.
[224] Einfache Optionen ohne weitere Bedingungen.
[225] Beispiel erstellt von Mag. Stefan Ebner, Geschäftsführer der Carl Spängler Kapitalanlagegesellschaft mbH, Salzburg, Kontakt: Tel. +43 662 8686 888, E-Mail stefan.ebner@spaengler.at.

vornehmen. Zwecks Kostenrentabilität sollte jedes Segment im Fonds mit einem Anlagevolumen von ca. 10 Mio. Euro ausgestattet werden.

Rückgabe von Fondsanteilen und Auflösung des Fonds (Exit)

Die Rückgabe von Fondsanteilen des österreichischen Privatfonds ist jederzeit möglich. Die Auflösung des Fonds erfolgt durch Rückgabe aller Fondsanteile an die Kapitalanlagegesellschaft. Diese veranlasst die Veräußerung der im Fonds befindlichen Wertpapieranlagen.

Die Rückgabe bzw. Auflösung des Fonds ist jedoch dann eingeschränkt bzw. nicht möglich, wenn die Kapitalanlagegesellschaft den Handel mit Anteilsscheinen aus besonderen Umständen (z.B. illiquide Märkte, Nicht-Verfügbarkeit von aktuellen Kursen) vorübergehend einstellen muss. Rücknahmekosten für die Fondsanteile werden im Regelfall nicht verrechnet.

Besteuerung des Fonds in Österreich

Der österreichische Privatfonds unterliegt in Österreich als eigenständiges Steuersubjekt grundsätzlich keiner Steuerpflicht. EU-Quellensteuer bzw. EU-Zinssteuer fällt bei (gemischten) Privatfonds an, wenn das Fondsvermögen zu mehr als 40 Prozent (bei thesaurierenden Fonds) bzw. zu mehr als 15 Prozent (bei ausschüttenden Fonds) aus Zinsanlagen (Anleihen usw.) besteht. In diesem Fall fällt auf die im Ertrag enthaltenen Zinsanteile die EU-Quellensteuer an.[226]

Besteuerung des deutschen Fondsanteilseigners

Die Besteuerung des deutschen Fondsanteilseigners eines österreichischen Privatfonds gestaltet sich nach den Vorschriften des Investmentsteuergesetzes (InvStG). Alle nach diesem Gesetz erforderlichen Bemessungsgrundlagen werden von der österreichischen Fondsgesellschaft ermittelt und bekannt gegeben. Damit gelten österreichische Privatfonds als „transparent" i.S.d. Investmentsteuergesetzes. Kapitalanleger, die ihre Wertpapieranlagen in einem österreichischen Privatfonds bündeln, kommen so in den Genuss der Steuerfreiheit ausgeschütteter Erträge aus solchen Fonds, sofern sie aus Gewinnen aus der Veräußerung von Wertpapieren stammen.[227]

Gewinne aus der Rückgabe oder Veräußerung von Anteilen an einem österreichischen Privatfonds unterliegen ab dem 1.1.2009 grundsätzlich der

---

[226] Zur EU-Quellensteuer in Österreich vgl. auch Teil V Abschnitt: Das Konto in Österreich.
[227] § 2 Abs. 3 Nr. 1 InvStG, gilt bis 31.12.2008. Volle Abgeltungsteuerpflicht ab 2009.

Abgeltungsteuer.²²⁸ Die für die Veräußerung oder Rückgabe von Anteilen an ausländischen Spezial-Investmentvermögen geltenden Sonderregelungen²²⁹ finden auf österreichische Privatfonds keine Anwendung. Bei dem österreichischen Privatfonds handelt es sich ausschließlich um einen Publikumsfonds. Von der Sonderregelung betroffen sind aber nur sogenannte Spezial-Investmentvermögen sowie Beteiligungen von natürlichen Personen an anderen Investmentvermögen, bei denen entweder eine besondere Sachkunde der Kapitalanleger oder eine Mindesthöhe der Beteiligung von 100.000 Euro aufgrund eines Gesetzes, der Satzung, des Gesellschaftsvertrages oder der Vertragsbedingungen vorgeschrieben ist.²³⁰

Praxistipp 64:

Wird der österreichische Privatfonds noch vor Einführung der Abgeltungsteuer in Deutschland errichtet – also noch vor dem 1.1.2009 –, können alle in diesem Privatfonds generierten Gewinne aus der Veräußerung von Wertpapieren im Fall einer Thesaurierung vom Fondsanleger steuerfrei vereinnahmt werden, sofern die Fondsanteile nach der für private Veräußerungsgeschäfte geltenden „Altregelung" länger als ein Jahr gehalten werden. Im Ausschüttungsfall gilt, dass Gewinne aus der Veräußerung von Wertpapieren, die der Fonds vor dem 1.1.2009 angeschafft hat, steuerfrei vereinnahmt werden können.²³¹ Gewinne aus der Veräußerung von Wertpapieren, die der Fonds nach dem 1.1.2009 angeschafft hat, können hingegen nur noch abgeltungsteuerpflichtig ausgeschüttet werden.

Bestimmte laufende Erträge aus österreichischen Privatfonds versteuert der deutsche Fondsanteilseigner jedoch – auch im Fall der Thesaurierung – als ausschüttungsgleiche Erträge mit der künftigen Abgeltungsteuer. Unter die laufend zu versteuernden ausschüttungsgleichen Erträge fallen²³² sämtliche Kapitalerträge (insbesondere Zinsen, Dividenden) mit Ausnahme

---

²²⁸ § 8 Abs. 5 Satz 1 i.V.m § 20 Abs. 2 Satz 1 Nr. 1 EStG.
²²⁹ § 8 Abs. 2a InvStG, vgl. Ausführungen oben zum Luxemburger Spezialfonds.
²³⁰ Vgl. Änderungsantrag der Fraktionen CDU/CSU und SPD zum Regierungsentwurf für ein Jahressteuergesetz 2008 zu Art. 23 InvStG.
²³¹ Einkommensteuer- als auch künftig abgeltungsteuerfrei gem. § 18 Abs. 1 Satz 2 i.V.m § 2 Abs. 3 Nr. 1 InvStG i.d.F bis 31.12.2008.
²³² § 1 Abs. 3 Satz 3 InvStG.

von Stillhalterprämien, Termingeschäften und Wertpapierveräußerungsgeschäften, Erträge aus der Vermietung und Verpachtung von Grundstücken und grundstücksgleichen Rechten, sonstige Erträge und Gewinne aus anderen privaten Veräußerungsgeschäften wie z.B. Grundstücksveräußerungsgeschäften. Nur diese ausschüttungsgleichen Erträge versteuert der Privatfondsanleger aus Deutschland jeweils zum Ende des Geschäftsjahres, in dem der österreichische Fonds die Erträge vereinnahmt hat. Hinzu kommen eventuelle Zwischengewinne im Fall der unterjährigen Veräußerung/Rückgabe der Fondsanteile.

Der österreichische Privatfonds eignet sich damit besonders für all diejenigen, die bei der Vermögensanlage auf Beteiligungspapiere (Aktien) setzen und das Fondsportfolio bzw. Wertpapierportfolio aus einem Aktienanteil von (idealerweise) mehr als 50 Prozent besteht. Kapitalanleger, die mehr oder ausschließlich auf Festzinsanlagen setzen, haben hingegen geringere Steuervorteile, da sämtliche Kapitalerträge aus solchen Anlagen unter die ausschüttungsgleichen Erträge fallen.

Durch die – völlig legale – steuerfreie Reinvestitionsmöglichkeit der gesamten erwirtschafteten Kursgewinne kann je nach Anlageart, Anlagehöhe, Laufzeit und Wiederanlageergebnis ein Mehrerfolg von zehn Prozent bis u.U. 40 Prozent erzielt werden.

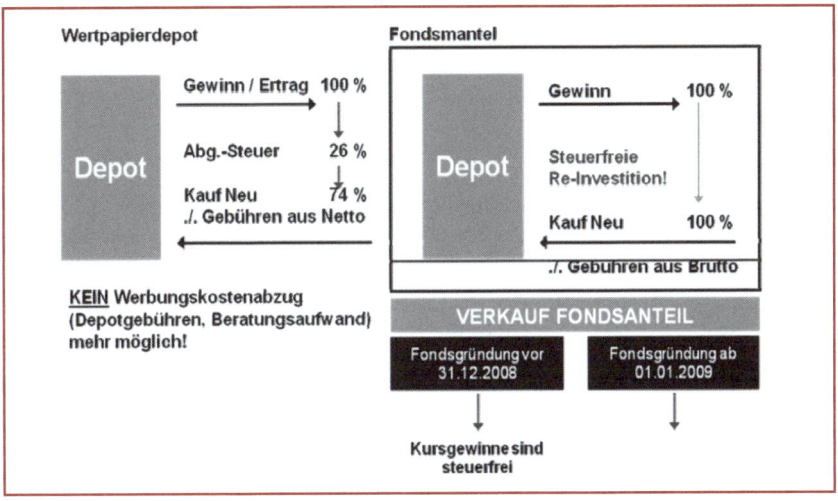

Abbildung 5: Zinseszinseffekt und steuerfreie Reinvestition. Vergleich Wertpapierdepot mit österreichischem Privatfonds (Quelle: Bankhaus Spängler, Salzburg www.spaengler.at)

Beispiel:
Gegenstand des Fondsvermögens ist ein ausgewogenes Depot in Höhe von zehn Mio. Euro mit einem Anteil aus 50 Prozent Anleihen und 50 Prozent Aktien. Die Anlagedauer beträgt 15 Jahre. Privatfondskosten sind in der Rechnung nicht berücksichtigt.

	PrivatFonds	Depot
Aktienrendite netto	7,50 %	6,50 % [1]
Anleihenrendite netto	3,68 %	3,68 %
Ø Rendite netto	5,59 %	5,09 %
Depotwert	22.613.000 EUR	21.059.000 EUR
Abg.-St. ohne KiSt.	26,38 %	26,38 %
Steuerlast	3.330.000 EUR	2.919.000 EUR
Nettoertrag	19.283.000 EUR	18.140.000 EUR
Mehrwert	1.143.000 EUR	-
Fondsgründung vor 31.12.2008	**keine Abg.-St. auf Kursgewinne**	
Nettoertrag	22.613.000 EUR	-
Mehrwert	4.473.000 EUR	-

[1] Reinvestition erfolgt abzgl. Abgeltungsteuer, geschätzt

Abbildung 6: Vergleich Privatfonds/Depot bei Depoteinlage zehn Mio. Euro, Laufzeit 15 Jahre (Quelle und Berechnung: Bankhaus Spängler, Salzburg www.spaengler.at)

Allein durch die Tatsache der steuerfreien Wiederanlage der Kapitalerträge über die Laufzeit von 15 Jahren lässt sich ein Mehrergebnis von 1,143 Mio. Euro erzielen. Dies entspricht einer gesteigerten Nachsteuerrendite von ca. zehn Prozent. Sofern der Fonds noch vor dem 31.12.2008 errichtet worden ist, beträgt das Mehrergebnis sogar über 4,4 Mio. Euro, was einer Nachsteuerrendite von 40 Prozent entspricht.

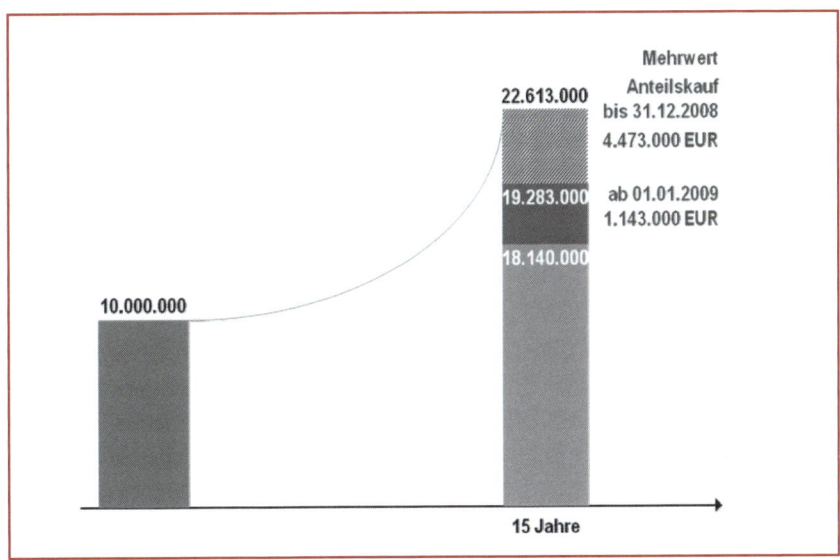

Abbildung 7: Grafische Darstellung Mehrwert durch österr. Privatfonds im Thesaurierungsfall (Quelle: Bankhaus Spängler, www.spaengler.at)

Ausübung von Stimmrechten aus dem Fondsvermögen (Proxy Voting)

Für Kapitalanleger in einen von der Carl Spängler Kapitalanlagegesellschaft konzipierten österreichischen Privatfonds besteht die Möglichkeit, die Stimmrechte aus den im Fonds befindlichen Anteilscheinen an Kapitalgesellschaften durch örtliche Vertreter ausüben zu lassen. Möglich wird dies durch die Einführung des sogenannten Proxy Voting. Proxy Voting ermöglicht es Aktionären, Einfluss auf den Verlauf einer Hauptversammlung zu nehmen, ohne persönlich anwesend sein zu müssen. Fondsinvestoren können ihre Stimme entweder persönlich über das Internet (hier können Fondsanleger auch die einzelnen Tagesordnungspunkte einsehen und entsprechend abstimmen) oder durch einen bei der Hauptversammlung anwesenden Stimmrechtsvertreter abgeben. Seit Proxy Voting in den USA möglich ist, hat dies zu einer deutlich höheren Präsenz – und damit verbesserten Kontrolle – bei den Hauptversammlungen geführt.

Kosten und Wirtschaftlichkeitsaspekte

Die Umsetzung des österreichischen Privatfondskonzepts ist mit nicht unerheblichen Kosten verbunden. Zwar sind die laufenden Verwaltungskosten im Vergleich zu den jeweiligen Kosten für die Einzelveranlagung bei mehreren Wertpapierdepots niedriger. Außerdem wirken sich sämtliche Aufwendungen im und für den Privatfonds auf den erwirtschafteten Fondsgewinn und somit steuermindernd aus.[233] Dennoch lohnt ein Privatfonds in Anbetracht einer effizienten und wirtschaftlichen Vermögensverwaltungsstruktur erst ab einem Anlagevolumen von mehr als 7,5 Mio. Euro; das empfohlene Mindestkapital beträgt zehn Mio. Euro.

Gestaffelt nach dem Fondsvolumen fallen folgende Kosten an:

Fondsvolumen (in Mio. €)	Jährliche Kosten in Prozent vom Fondsvolumen (Strukturkosten ohne Asset Management)
Fondsvolumen 5 bis 10 Mio. €	0,95
Fondsvolumen 10 bis 50 Mio. €	0,70
Fondsvolumen > 50 Mio. €	0,55

Tabelle 13: Kostenübersicht österreichischer Privatfonds
(Quelle: Bankhaus Spängler)

Zusammenfassende tabellarische Übersicht

Rechtsgrundlage	Österreichisches Investmentfondsgesetz
Transparenter Fonds i.S. § 5 deutsches InvStG	Ja
Mindestanlagekapital	Ab 7,5 Mio. € möglich, 10 Mio. € empfohlen
Einbringbare Assetklassen/Anlageformen bzw. Veranlagungskategorien	Anleihen, Aktien, alternative Investments, Anteilscheine an Publikumsfonds, Rohstoffanlagen als Fonds/Zertifikate
Nicht einbringbare Assetklassen/Anlageformen	Geschlossene Beteiligungen, Immobilien, physisches Gold/Edelmetalle/Rohstoffe
Außersteuerliche Vorteile	• Flexibilität/Individualität/hohe Anpassungsfähigkeit an sich verändernde Lebenssituationen • Transparenz • Abzug von Werbungskosten, niedrigere Verwaltungskosten (als bei Einzelveranlagung)
Gründungskosten	Keine
Laufende Kosten des Fonds (Strukturkosten, ohne Asset Management)	Ca. 0,55 bis 0,95% vom Fondsvolumen

Tabelle 14: Österreichische Privatfonds im Überblick

---

[233] Während der Direktanleger ab dem 1.1.2009 im Rahmen seiner Gesamteinkünfte aus Kapitalvermögen keinen Werbungskostenabzug mehr geltend machen kann.

Vermögensanlagen in liechtensteinische Anlagefonds (Investmentunternehmen)

Allgemeines

Als Fondsstandort zählt Liechtenstein im internationalen Vergleich zu den jüngeren Standorten. Das Fürstentum Liechtenstein bietet ideale Voraussetzungen für die persönliche und institutionell individuelle Vermögensanlage mit Investmentfonds. Der liechtensteinische Fondsplatz versteht sich als Fondsboutique. Durch die Mitgliedschaft des Fürstentums im Europäischen Wirtschaftsraum sind liechtensteinische Fondsprodukte europäisch und denen anderer EU Länder gleichgestellt (Single License Prinzip, bzw. Europa-Pass für UCITS III Fonds).[234] Per Dezember 2007 waren 435 Fonds registriert; diese verwalteten ein Vermögen von über 27,3 Mrd. Schweizer Franken.[235]

Liechtenstein ist außerdem prädestiniert für höchsten Anlegerschutz. Eckpunkte der strengen Sicherheitsregelungen sind:

- strenge Zulassungsvoraussetzungen,
- strenge Vorschriften zur Geschäftstätigkeit und zur Risikoverteilung,
- die Verpflichtung zur Herausgabe eines Anlagereglements, eines Prospekts, eines Geschäftsberichts und eines Halbjahresberichts,
- die strenge Trennung der Verwaltung von der Depotbank, sowie
- die Verpflichtung zur externen Revision und diverse Meldepflichten an die Aufsichtsbehörden.

Der Fondsplatz wird durch eine den europäischen Standards entsprechende unabhängige und integrierte Finanzmarktaufsicht (FMA) überwacht.

---

[234] Durch die EWR-Mitgliedschaft Liechtensteins können Fonds mit nur einer einzigen Genehmigung der Liechtensteinischen Finanzmarktaufsicht in den meisten Ländern Europas ohne weiteren Zeitverlust vertrieben werden. Es ist lediglich eine Anzeige über den Vertrieb bei den Aufsichtsbehörden jener Länder einzureichen, in denen der Fonds vertrieben werden soll. Dieser „Pass" hat seine Rechtsgrundlage in der Richtlinie 85/611/EWG (UCITS III-RL).

[235] Quelle: Liechtensteinischer Anlagefondsverband, www.lafv.li.

Rechtsgrundlage für das liechtensteinische Fondswesen ist das Gesetz über Investmentunternehmen(IUG)[236]; es stellt den rechtlichen Rahmen für die Organisation und die Geschäftstätigkeiten liechtensteinischer Investmentunternehmen – der liechtensteinische Fachausdruck für Investmentfonds – dar.

Der Anlegerschutz genießt in diesem Gesetz oberste Priorität. Art. 1 des Gesetzes über Investmentunternehmen lautet: „Dieses Gesetz (...) bezweckt den Schutz der Anleger sowie die Sicherung des Vertrauens in den liechtensteinischen Fondsplatz und das liechtensteinische Finanzwesen." Das Gesetz über Investmentunternehmen wird ergänzt durch eine sämtliche Ausführungsbestimmungen zum Gesetz enthaltende moderne Verordnung über Investmentunternehmen (IUV).[237] Die Abschaffung der Kapitalsteuer für Investmentunternehmen, die Einführung des Gesetzes über die Vermögensverwaltung (VVG) sowie die Einbindung und Zusammenarbeit der Aufsichtsbehörde mit den Interessenverbänden ergänzen die optimalen Standortbedingungen.

Die einzelnen Fondstypen

Das liechtensteinische Fondsgesetz unterscheidet zwischen:

- **Investmentunternehmen für Wertpapiere**: Hier handelt es sich um Wertpapierfonds, die sich bei ihren Investments an die Vorgaben der EU-Richtlinien zu Organismen für gemeinsame Anlagen halten. Die so ausgestalteten Fonds besitzen den Europa-Pass UCITS III und können mit nur einer Bewilligung (Single-License-Prinzip) im gesamten EWR zugelassen und vertrieben werden.

- **Investmentunternehmen für andere Werte**: Diese Fonds weisen eine begrenzte Risikoverteilung auf und unterliegen unter Umständen hohen Kursschwankungen. Für einen Privatinvestor eignet sich diese Art daher nicht.

- **Investmentunternehmen für andere Werte mit erhöhtem Risiko**: Diese weisen im Vergleich zu den normalen Fonds für andere Werte ein noch zusätzlich erhöhtes Risikoprofil auf.

---

[236] Vom 19.5.2005. LGBl. Nr. 156 vom 9. 8.2005.
[237] Vom 23.8.2005 LGBl. Nr. 179 vom 26.8.2005.

- **Investmentunternehmen für qualifizierte Anleger**: Dieser Anlagefonds eignet sich idealerweise für das eigene „Family Office". Der Fonds unterliegt geringeren Publizitäts- und vereinfachter Bewilligungsvorschriften und kann sehr schnell aufgelegt werden. Der Fonds benötigt einen vollständigen Prospekt, der von der Revisionsstelle geprüft und bei der Finanzmarktaufsicht (FMA) eingereicht werden muss, unterliegt aber keiner öffentlichen Publikationspflicht. Der Kreis der Anleger kann beschränkt werden (z.B. dass weitere Anleger Fondsanteile nur mit Zustimmung des Initiators zeichnen können) und eignet sich daher besonders als Spezialfonds für einzelne Investoren, die die Voraussetzungen eines „qualifizierten Anlegers" erfüllen. Natürliche Personen gelten als qualifizierte Anleger, wenn sie ein Wertpapierportfolio zum Zeitpunkt der Zeichnung im Wert von mehr als 1 Mio. Schweizer Franken (oder Gegenwert) nachweisen sowie bei Erstzeichnung Fondsanteile von mindestens 250.000 Schweizer Franken (oder Gegenwert) zeichnen. Zum Nachweis fordert die Fondsleitung/Depotbank eine Bestätigung von der Hausbank des Anlegers (Initiators) über den Bestand eines Wertpapierdepots in genannter Höhe ein.

- **Investmentunternehmen für Immobilien**: Mit diesen Fonds kann unter Wahrung des Grundsatzes der Risikoverteilung direkt in Immobilien investiert werden, soweit es die jeweiligen nationalen Vorschriften erlauben.

Gründung und gesellschaftsrechtliche Ausgestaltung

Liechtensteinische Anlagefonds können in der Rechtsform einer Kollektivtreuhänderschaft oder als körperschaftliche Anlagegesellschaft gegründet werden. Bei der Kollektivtreuhänderschaft (Anlagefonds) bestehen zwei voneinander unabhängige Rechtsträger: die Fondsleitung (Verwaltungsgesellschaft) und das verwaltete Vermögen; letzteres verkörpert die eigentliche Kollektivtreuhänderschaft.

Bei der Anlagefondsvariante geht der Anleger eine inhaltlich identische Treuhänderschaft mit einer unbestimmten Zahl von Treugebern (Anlegern) ein; er erwirbt mit Zeichnung von Anteilsscheinen ein Recht auf Beteiligung am Vermögen und Ertrag des Anlagefonds in Form einer Forderung gegenüber dem Anlagefonds. Die Treugeber sind partiell an der

Treuhänderschaft beteiligt. Bei der Kollektivtreuhänderschaft verwaltet eine Fondsleitung (Verwaltungsgesellschaft) das Fondsvermögen treuhänderisch für die Anleger. Der Wert des Fondsanteils wird errechnet nach dem Vermögenswert abzüglich Kommission und Verbindlichkeiten geteilt durch die Anzahl der Anteile. Daraus ergibt sich der entsprechende Nettoinventarwert (Net Asset Value) des Fondsanteils.

Bei der Anlagegesellschaft-Variante besteht hingegen nur ein Rechtsträger. Das Vermögen des Fonds befindet sich in einer Aktiengesellschaft mit fixem oder variablem Kapital. Die Anlagegesellschaft darf nur das Anlagevermögen ihres eigenen Portfolios verwalten. Die Gesellschaft kann fremd- oder selbstverwaltet sein. Bei Fremdverwaltung wird eine liechtensteinische Fondsleitung mit der Administration beauftragt. Der Anleger ist am Fondsvermögen über die Anteile an der Aktiengesellschaft beteiligt; die Aktienanteile sind in der Regel als Inhaberpapiere ohne Stimmrecht ausgestaltet. Der Wert des Gesellschaftsanteils wird errechnet nach dem Vermögenswert abzüglich Kommission der den Nettoinventarwert (Net Asset Value) des Anteils ergibt. Die Anlagegesellschaft bedarf, wenn sie selbstverwaltet ist, einer Kapitalausstattung von mindestens 500.000 Schweizer Franken. Eine fremdverwaltete Anlagegesellschaft benötigt dagegen mindestens 50.000 Schweizer Franken an Eigenkapital.

Die Gründung liechtensteinischer Fonds erfolgt durch eine Verwaltungsgesellschaft (Fondsleitung), welche mit einer in Liechtenstein ansässigen Depotbank die notwendigen Unterlagen nach den Vorstellungen des Initiators und in Abstimmung mit den betreffenden Gesetzen und Verordnungen erstellen. Das Konzessionsgesuch an die Finanzmarktaufsicht (FMA) in Liechtenstein wird durch die Fondsleitung eingereicht. Im internationalen Vergleich bietet Liechtenstein für die Bewilligung eines Investmentunternehmens kurze, gesetzlich festgeschriebene Fristen. Die Errichtung eines Fonds (UCITS III) erstreckt sich einschließlich der Genehmigung durch die Finanzmarktaufsicht über einen Zeitraum von maximal 14 Wochen.

Der Vermögenstransfer

Nach Errichtung und Genehmigung des Fonds durch die Finanzmarktaufsicht überträgt der Fondsanleger die zur Vermögensanlage bestimmte Geldeinlage (Einzahlung) gegen Zeichnung von Anteilen des betreffenden Fonds an die Depotbank.

Die Fondsbeteiligten

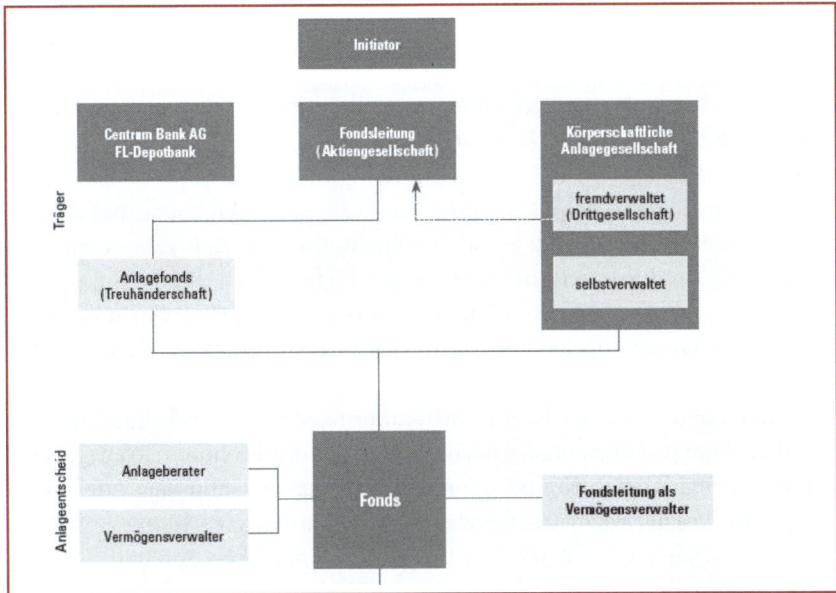

Abbildung 8: Errichtung und Vermögensverwaltung mit einem liechtensteinischen Investmenfonds (Quelle: Centrum Bank AG, Vaduz, Liechtenstein)

Initiator: Als Initiator wird der Ideengeber eines Fonds (oftmals handelt es sich hierbei um Vermögensverwalter, Lebensversicherungen etc.) bezeichnet.

Fondsleitung/Verwaltungsgesellschaft: Die Fondsleitung bzw. Verwaltungsgesellschaft ist die gesetzliche Vertreterin des Fonds. Die Fondsleitung übt die Vermögensverwaltung direkt aus oder sie delegiert sie an Dritte. Die Fondsleitung kann Aufgaben an Dritte delegieren, wie zum Beispiel die Berechnung des Nettoinventarwertes oder die Führung der Fondsbuchhaltung.

Depotbank: Das Gesetz über Investmentunternehmen(IUG) schreibt zwingend eine im Fürstentum Liechtenstein domizilierte Bank als Depotbank vor. Die Depotbank verwahrt die Vermögenswerte des Investmentunternehmens und sorgt dafür, dass die Anlageentscheide dem Gesetz und den Prospekten entsprechen. Die Depotbank sorgt auch dafür, dass der Erfolg des Investmentunternehmens nach Maßgabe der Prospekte verwendet wird. Die Depotbank übernimmt die Ausgabe und Rücknahme von Anteilen sowie den Zahlungsverkehr.

Anlageberater/Vermögensverwalter: Anlageberatung und Vermögensverwaltung erfolgen im Regelfall durch die Fondsleitung. Die Tätigkeit als Anlageberater setzt eine Zulassung durch die Eidgenössische Bankenkommission (EBK) voraus. Will der Fondsinvestor persönlich auf die Anlageentscheide Einfluss nehmen, kann unter gewissen Voraussetzungen die gesamte Vermögensverwaltung oder aber nur die Anlageberatung an diesen delegiert werden. Letzteres kann im Regelfall durch Zwischenschaltung eines qualifizierten Anlageberaters erfolgen.

Der steuerliche Vertreter: Um die steuerliche Transparenz von liechtensteinischen Fonds zu gewährleisten, wird in Deutschland ein steuerlicher Vertreter benannt. Dieser gibt die Bemessungsgrundlagen für die Besteuerung der Fondsanteile bekannt und übernimmt das steuerliche Reporting in Deutschland. Liechtensteinische Fonds gelten damit als „transparent" i.S. § 5 InvStG. Das Reporting kann dem Anleger als Grundlage zur Erstellung seiner Steuererklärung dienen.

Asset Allocation und Anlagevorschriften

In welche Vermögenswerte ein Fonds investieren darf, hängt von dem entsprechenden Fondstyp sowie von den im Prospekt festgelegten Anlagerichtlinien und -vorschriften ab.[238]

Der Fonds-Initiator gibt der Verwaltungsgesellschaft und der Depotbank die Vorgaben der Asset-Allocation im Fondsprospekt vor und legt diese somit vertraglich fest.

Rückgabe von Fondsanteilen und Auflösung (Exit)

Die Rückgabe von Fondanteilen an einem Fonds in der Rechtsform einer Kollektivtreuhänderschaft ist nach Maßgabe der im Prospekt genannten Fristen jederzeit möglich. Die Auflösung eines Fonds erfolgt durch Rückgabe aller Fondsanteile an die Fondsleitung. Diese veranlasst die Veräußerung der im Fonds befindlichen Wertpapieranlagen.

---

[238] Art. 40 ff. IUG, Art. 37 ff. IUV, Vgl. auch oben: Die einzelnen Fondstypen.

Besteuerung der Investmentunternehmen in Liechtenstein

Das verwaltete Vermögen eines Anlagefonds (Kollektivtreuhänderschaft) wird in Liechtenstein nicht besteuert. Auszahlungen aus dem verwalteten Vermögen an (ausländische) Anteilseigner unterliegen in Liechtenstein keiner Quellensteuer. Es fällt jedoch der EU-Steuerrückbehalt[239] an, wenn der Fonds mehr als 40 Prozent seines Anlagevermögens in zinsabwerfende Produkte investiert hat. Als Ausschüttungsfonds ausgerichtete Investmentunternehmen unterliegen der EU-Zinssteuer bzw. dem EU-Steuerrückbehalt, wenn sie mehr als 15 Prozent ihres Fondsvermögens in zinsabwerfende Produkte investiert haben (Art. 6 Abs. 6 EU-RL). Bei ausschüttenden Fonds, die mehr als 15 Prozent, jedoch maximal 40 Prozent ihres Vermögens in zinssteuerpflichtige Anlagen investieren, sind die Ausschüttungen, jedoch nicht die Erträge bei Verkauf, Rückzahlung oder Einlösung der Fondsanteile von der EU-Zinssteuer bzw. dem EU-Steuerrückbehalt betroffen. Von nationalen Steuern sind liechtensteinische Investmentunternehmen nach derzeitiger Rechtslage vollständig befreit.

Besteuerung des deutschen Fondsanteilseigners

Liechtensteinische Fonds gelten im Allgemeinen als „transparent" i.S. § 5 InvStG, da alle nach diesem Gesetz erforderlichen Bemessungsgrundlagen von der Fondsleitung ermittelt und über einen steuerlichen Vertreter bekannt gegeben werden. Die Besteuerung deutscher Fondsanteilseigner eines liechtensteinischen Investmentunternehmens als Kollektivtreuhänderschaft richtet sich nach den Vorschriften des deutschen Investmentsteuergesetzes (InvStG).[240]

Gewinne aus der Rückgabe oder Veräußerung von Anteilen an einem liechtensteinischen Fonds unterliegen ab dem 1.1.2009 grundsätzlich der Abgeltungsteuer.[241] Wird der liechtensteinische Privatfonds noch vor Einführung der Abgeltungsteuer in Deutschland errichtet – also noch vor dem 1.1.2009 –, können alle in diesem Privatfonds generierten Gewinne aus der Veräußerung von Wertpapieren im Fall einer Thesaurierung vom Fondsanleger steuerfrei vereinnahmt werden, sofern die Fondsanteile nach der

---

[239] Siehe hier Teil V Abschnitt: Das Konto in der Schweiz, EU-Steuerrückbehalt.
[240] Vgl. Teil I Abschnitt: Besteuerung von Investmentfondsanteilen.
[241] § 8 Abs. 5 Satz 1 i.V.m. § 20 Abs. 2 Satz 1 Nr. 1 EStG.

für private Veräußerungsgeschäfte geltenden „Altregelung"[242], länger als ein Jahr gehalten werden. Im Ausschüttungsfall gilt, dass Gewinne aus der Veräußerung von Wertpapieren, die der Fonds vor dem 1.1.2009 angeschafft hat, steuerfrei vereinnahmt werden können. Gewinne aus der Veräußerung von Wertpapieren, die der Fonds nach dem 1.1.2009 angeschafft hat, können hingegen nur noch abgeltungsteuerpflichtig ausgeschüttet werden.

Investmentunternehmen für qualifizierte Anleger gelten nach dem deutschen Investmentsteuergesetz als ausländisches „Spezial-Investmentvermögen", da die Errichtung eines solchen Fonds von einer Sachkunde des Anlegers abhängig ist und eine Mindestzeichnungssumme für diese Fondsanteile vorgeschrieben ist. Sofern der Fonds nach dem 9.11.2007 errichtet worden ist, unterliegt die Summe der vom Fonds thesaurierten Veräußerungsgewinne bei Liquidation/Rückgabe der Fondsanteile auch bei Anschaffung vor dem 1.1.2009 und nach einer Haltedauer von mehr als einem Jahr der Abgeltungsteuer.[243]

Laufende Erträge aus liechtensteinischen Fonds versteuert der deutsche Fondsanteilseigner – sofern es sich dabei um eine natürliche Person handelt – als ausschüttungsgleiche Erträge mit der künftigen Abgeltungsteuer. Unter die laufend zu versteuernden ausschüttungsgleichen Erträge fallen[244] sämtliche Kapitalerträge (insbesondere Zinsen, Dividenden) mit Ausnahme von Stillhalterprämien, Termingeschäften und Wertpapierveräußerungsgeschäften, Erträge aus der Vermietung und Verpachtung von Grundstücken und grundstücksgleichen Rechten, sonstige Erträge und Gewinne aus anderen privaten Veräußerungsgeschäften wie z.B. Grundstücksveräußerungsgeschäfte.

Diese ausschüttungsgleichen Erträge versteuert der deutsche Fondsanteilseigner jeweils zum Ende des Geschäftsjahres, in dem der liechtensteinische Fonds die Erträge vereinnahmt hat. Hinzu kommen eventuelle Zwischengewinne im Fall der unterjährigen Veräußerung/Rückgabe der Fondsanteile.

---

[242] § 23 Abs. 1 Satz 1 Nr. 2 EStG i.d.F. bis 31.12.2008.
[243] Vgl. oben Abschnitt: Sonderregelungen bei der Veräußerungsgewinnbesteuerung für ausländische Spezialfonds.
[244] § 1 Abs. 3 Satz 3 InvStG.

Praxistipp 65:

Vermögensanlagen über einen liechtensteinischen Fonds eignen sich damit besonders für Anleger, die bei der Vermögensanlage auf Beteiligungspapiere (Aktien) setzen.

Kosten und Wirtschaftlichkeitsaspekte

Ein liechtensteinischer „White-Labeling-Fund" (Fonds, der auf einen frei wählbaren Namen, z.B. auf Namen des Initiators, lauten kann) lohnt ab einer Mindestinvestitionssumme von ca. 10 Mio. Euro. Im Einzelnen fallen folgende Kostenpositionen an:

Einmalige Gründungskosten:

- Konzession durch die Finanzmarktaufsicht: 10.000 Schweizer Franken
- Gründungshonorar: ca. 15.000 Schweizer Franken
- Sonstige Kosten: ca. 3.000 Schweizer Franken

Die Gründungskosten können im Fonds aktiviert und über einen Zeitraum von 3 bis 5 Jahren abgeschrieben werden.

Laufende Ausgaben für gesetzliche Angaben, Steuern und Publikationen:

- Revisionskosten: ab 10.000 Schweizer Franken p.a.
- Aufsichtsgebühr pro 100 Mio. Volumen: 2.000 Schweizer Franken p.a.
- Publikation im Fürstentum Liechtenstein: ca. 1.000 Schweizer Franken p.a.
- Steuerlicher Vertreter im Ausland pro Land, je nach Aufwand: ca. 5.000 Schweizer Franken p.a.
- Halbjahres-, Jahresabschluss: nach Vereinbarung/Aufwand

Laufende Kosten für die Führung des Fonds

Für die Fondsleitung und Depotbank fallen Kosten von ca. 0,6 bis 1 Prozent vom Fondsvolumen/pro Jahr an. Hinzu kommen: Management Fee, Performance Fee sowie die tatsächlich angefallenen Transaktionskosten.

Zusammenfassende tabellarische Übersicht:

Rechtsgrundlage	Gesetz vom 19.5.2005 über Investmentunternehmen (IUG), Verordnung vom 23.8.2005 über Investmentunternehmen (IUV)
Transparenter Fonds i.S. § 5 deutsches InvStG	Ja, bei steuerlichem Vertreter in Deutschland
Gesellschaftsrechtliche Ausgestaltung	Kollektivtreuhänderschaft/Anlagegesellschaft
Fondstypen	• Investmentunternehmen für Wertpapiere • Investmentunternehmen für andere Werte • Investmentunternehmen für andere Werte mit erhöhtem Risiko • Investmentunternehmen für qualifizierte Anleger • Investmentunternehmen für Immobilien
Gesetzliche Mindestanlagen	• Investmentunternehmen für qualifizierte Anleger: Erstzeichnung 250.000 Schweizer Franken • Fremdverwaltete Anlagegesellschaft: 50.000 Schweizer Franken • Selbstverwaltete Anlagegesellschaft: 500.000 Schweizer Franken
Empfohlenes Mindestfondsvolumen	Ab 10 Mio. Euro
Einbringbare Assetklassen/ Anlageformen bzw. Veranlagungskategorien	Anleihen, Aktien, alternative Investments, Anteilscheine an Publikumsfonds, Rohstoffanlagen als Fonds/Zertifikat, Immobilien etc.
Anlageformen	Geschlossene Beteiligungen
Außersteuerliche Vorteile	• Flexibilität/Individualität/hohe Anpassungsfähigkeit an sich verändernde Lebenssituationen • Transparenz • Abzug von Werbungskosten, niedrigere Verwaltungskosten (als bei Einzelveranlagung)
Gründungskosten	Ca. 25.000 bis 30.000 Schweizer Franken
Laufende Kosten des Fonds (Fondsleitung und Depotbank)	Ca 0,6 bis 1,0 % vom Fondsvolumen

Tabelle 15: Liechtensteinische Investmentfonds im Überblick (Quelle: Centrum Bank AG, Vaduz, Liechtenstein)

Vermögensanlage und Vermögensplanung mit der Luxemburger SOPARFI und der Familienvermögensverwaltungsgesellschaft SPF

Die SOPARFI (Société de participation finanière) ist eine juristische Person mit steuerlicher Abschirmwirkung und in Luxemburg steuerpflichtig: mit 29,63 Prozent Körperschaft- und Gewerbesteuer (Gewerbesteuer 7,5 bis 9%, in Luxemburg-Stadt 9%).[245] Die SOPAFI nutzt die Möglichkeiten des internationalen Schachtelprivilegs (sogenannte Mutter-Tochter-Richtlinie), bei Beteiligungen an juristischen Personen von zehn Prozent und mehr. Werden Wertpapierdepots oder Beteiligungen an anderen Kapitalgesellschaften in Beteiligungshöhe des Schachtelprivilegs in die Gesellschaft eingebracht, können Dividenden an die SOPARFI steuerfrei hochgeschleust werden und unterliegen (nur) in Luxemburg der Besteuerung – eine Abgeltungsbesteuerung in Deutschland tritt nicht ein. Lediglich Ausschüttungen (Dividenden), welche die SOPARFI an deutsche Anteilseigner leistet, unterliegen als Einkünfte aus Kapitalvermögen beim deutschen Anteilseigner der Abgeltungsteuer. Die derzeit für Dividendenausschüttungen geltende Quellensteuer kann unter Zugrundelegung des Schachtelprivilegs auf null reduziert oder gemäß Doppelbesteuerungsabkommen ermäßigt werden.

Die Bilanzierung und Bewertung der Vermögenswerte in der SOPARFI erfolgt nach luxemburgischem Recht, es gilt das strenge Niederstwertprinzip.

Praxistipp 66:

Die Ausstattung erfolgt idealerweise im Verhältnis Eigenkapital zu Fremdkapital von 8:1. Der Kapitalanleger gibt ein Gesellschafterdarlehen, welches marktüblich verzinst sein muss (derzeit 4,5 bis 5%). Die Zinsen können gestundet werden, damit der Kapitalanleger in Deutschland keine Zinserträge versteuern muss. In der Praxis wird eine Stundung über zehn Jahre anerkannt.

---

[245] ZZgl. 1 Prozent Gesellschaftssteuer auf das eingebrachte Eigenkapital, wobei Befreiungen möglich sind und über eine Abschaffung derzeit diskutiert wird.

Die SOPARFI kann in den Rechtsformen der Gesellschaft mit beschränkter Haftung (GmbH) oder als Aktiengesellschaft (AG) errichtet werden. Das erforderliche Mindestkapital beträgt 12.500 Euro für die GmbH und 31.000 Euro für die Aktiengesellschaft (gerundete Beträge). Die Geschäftsführung der Gesellschaft muss sich in Luxemburg befinden. Die Anforderungen an eine aktive Tätigkeit[246] sind erfüllt, wenn seitens einer luxemburgischen Managementgesellschaft (der Vermögensverwaltungsgesellschaft) Managementleistungen aktiv erbracht werden, wie z.B. das gesamte Vermögensmanagement, u.a. das Aushandeln von Vermögensverwaltungsverträgen usw. Eine SOPAFI lohnt ab einem Vermögen von 2,5 Mio. Euro.

Die SPF (Société de Gestion de Patrimoine Familial) stellt ebenfalls eine Kapitalgesellschaft dar, die aber nicht in Luxemburg steuerpflichtig ist (lediglich das Grundkapital wird mit 0,25% besteuert). Die Besteuerung der Erträge aus der SPF erfolgt vielmehr im Wohnsitzstaat des Anteilseigners; die SPF entfaltet also im Gegensatz zur SOPARFI keine Abschirmwirkung. Ein Abgeltungsteuer-Vorteil in Form des Steuerstundungseffektes wird aber dennoch erreicht: Der SPF wird keine Abgeltungsteuer abgezogen. Das gilt auch dann, wenn die SPF bei einer deutschen Bank ein Wertpapierdepot unterhält.

Vermögensverlagerungen auf Kinder

Die Vermögensübertragung auf Kinder galt seit jeher als Steuersparmodell – es funktioniert auch noch nach der Einführung der Abgeltungsteuer. Denn Kinder zahlen meist keine Steuern auf ihre Kapitalerträge, da sie neben dem Sparer-Pauschbetrag auch den Grundfreibetrag von 7.664 Euro nutzen können. Für jedes Kind kann eine eigene Nichtveranlagungs-Bescheinigung beantragt werden.[247] Liegt der Bank eine solche Bescheinigung vor, zahlt diese den Kindern ihre Kapitalerträge abgeltungsteuerfrei aus – auch wenn der Sparer-Pauschbetrag überschritten ist. Pro Kind sind

---

[246] Gemäß BMF IV B 4 S 1351-1/07 vom 8.1.2007 (BStBl. 2007 I S. 99) (Cadbury Schweppes).
[247] Vgl. Teil I Abschnitt: Befreiung von der Abgeltungsteuer durch Vorlage einer Nichtveranlagungs-Bescheinigung.

üblicherweise bis zu 8.501 Euro[248] steuerfrei, sofern diese keine weiteren steuerpflichtigen Einkünfte haben.

Hinter Vermögensübertragungen auf Kinder verbirgt sich nichts Anrüchiges. Und schließlich sollte es das Finanzamt nichts angehen, wie der Kuchen familienintern verteilt wird. Doch weit gefehlt! Kapitalübertragungen von Eltern an ihre Kinder stehen regelmäßig im Fadenkreuz der Finanzverwaltung und auch der Steuerfahnder. Besonders im Fokus befinden sich Familien mit minderjährigen Kindern und hohem Einkommen der Eltern. Erfolgen Vermögensübertragungen nur zum Schein, weil das Kapitalvermögen und die Erträge „familienintern" wieder an die Eltern zurückfließen, macht das Finanzamt nicht mit.

Praxistipp 67:

Um bei Vermögensverlagerungen auf Kinder Auseinandersetzungen mit dem Finanzamt zu vermeiden, empfiehlt es sich, die Grundsätze in der Verwaltungsanweisung der Oberfinanzdirektion Magdeburg (Az S 2252-90-St 214) zu befolgen.

Nach der Verwaltungsanweisung der Oberfinanzdirektion Magdeburg müssen die Finanzämter spätestens dann nachfragen, wenn von den Eltern plötzlich im Vergleich zum Vorjahr verminderte Kapitalerträge in der Steuererklärung angegeben werden. Verdächtig macht sich auch, wer (gleichzeitig), wie aufgezeigt, eine Nichtveranlagungs-Bescheinigung für (minderjährige) Kinder beantragt.

Vermögensübertragungen auf Kinder sind steuerlich nur dann unproblematisch, wenn dieser Schritt endgültig ist. Für die Steuer genügt es nicht, dass die Kinder zivilrechtlich Inhaber des übertragenen und im Namen der Eltern angelegten Geldvermögens geworden sind und diesen die Ansprüche gegen die Bank zustehen.

---

[248] Der Betrag setzt sich zusammen aus: Grundfreibetrag 7.664 Euro, Sonderausgaben-Pauschbetrag von 36 Euro und dem Sparer-Pauschbetrag von 801 Euro.

> **Praxistipp 68:**
>
> Das Steuerrecht knüpft den Bezug von Einnahmen aus Kapitalvermögen an das Rechtsverhältnis, auf dem die Überlassung von Kapital beruht. Das heißt, es muss der endgültige Übergang der Ansprüche gegen die Bank in das Vermögen des Kindes feststehen.

Eine steuerlich anzuerkennende Vermögensübertragung auf Kinder ist nur dann vollzogen, wenn der Elternteil bei Abschluss des Vertrages über die Einrichtung eines Sparkontos für das Kind und bei der Einzahlung der Einlagen den Willen hatte, die Guthabenforderung seinem(n) Kind(ern) sofort zuzuwenden. Dies muss auch gegenüber der Bank erkennbar sein, beispielsweise dadurch, dass eine ausdrückliche Regelung zur Begünstigung und Gläubigerstellung des Kindes (der Kinder) getroffen wird. Jeder Hinweis, dass die Elternteile die Vermögensübertragung wieder rückgängig machen könnten, gefährdet den Steuervorteil. Daher sollte die Gläubigerschaft der Kinder an entsprechenden Bankeinlagen nicht nur z.B. in den Sparbüchern vermerkt werden. Besser ist es, durch entsprechende Eintragungen in den Kontoeröffnungsanträgen die begünstigten Kinder ausdrücklich als Gläubiger bezeichnen zu lassen. In diesem Fall ist es nach der Rechtsprechung auch unschädlich, dass die Eltern und nicht das Kind das Sparbuch bzw. die Bank-/Sparurkunden usw. aufbewahren.[249]

Schließlich müssen für die steuerrechtliche Zurechnung der Kapitalerträge auf Kinder auch alle sonstigen Folgerungen gezogen werden, die sich aus einer endgültigen Vermögensübertragung wie unter Dritten ergeben würden. Dies setzt voraus, dass die Eltern das an ihre Kinder übertragene Vermögen und die daraus erzielten Einkünfte nur noch im Rahmen der familienrechtlichen Bestimmungen der elterlichen Vermögenssorge entsprechend verwalten. Andernfalls wird die Finanzverwaltung davon ausgehen, dass Vermögen an Kinder mit der Einschränkung übertragen worden ist, dass die Kinder zwar zivilrechtlich Inhaber des Vermögens werden sollten, der Elternteil aber im Verhältnis zu den Kindern das Vermögen weiterhin als eigenes Vermögen nutzt. Folge ist, dass das übertragene Vermö-

---

[249] Vgl. BFH VIII R 137/74.

gen und die Einkünfte daraus steuerrechtlich weiterhin den Eltern zuzurechnen sind.

Praxistipp 69:

Einen vollumfänglichen Vermögensverlust müssen die Eltern nicht hinnehmen, wenn sie dem Kind (den Kindern) auferlegen, dass sie ihr Studium ganz oder teilweise aus dem übertragenen Vermögen finanzieren müssen.

Praxistipp 70:

Bei studierenden Kindern sollte darauf geachtet werden, dass der Kinderfreibetrag bzw. das Kindergeld nicht wegen der eigenen Kapitaleinkünfte des Kindes verloren geht. Ab 2009 mindert der Sparer-Pauschbetrag jedoch die Einkünfte, wird aber bei der Berechnung der Bezüge nicht mehr eingerechnet. Der Grund hierfür ist, dass der Sparer-Pauschbetrag, mit dem auch alle Werbungskosten als abgegolten gelten, wie Werbungskosten zu behandeln ist. Und Werbungskosten mindern auch bei pauschalem Ansatz die Leistungsfähigkeit. Damit entfällt eine Hinzurechnung zu den Bezügen des Kindes und die Chance auf Kindergeld steigt.

Kontoeröffnung
• Kontoeröffnung auf Namen des Kindes
• Kind als wirtschaftlich Berechtigten angeben
• Keine Vollmacht für Eltern, die über die familienrechtlichen Bestimmungen der elterlichen Vermögenssorge hinausgehen.
Vermögensübertragung
• Im Schenkungsvertrag kein freies Rückübertragungsrecht enthalten
• Vermögen wird tatsächlich übertragen und gelangt in die Verfügungsmacht des Kindes (der Kinder)
• Notarielle Beurkundung bei tatsächlicher Durchführung (Einzahlung der Gelder durch die Eltern auf Konto des Kindes) nicht erforderlich

Praktische Umsetzung
• Umsetzung wie im Schenkungsvertrag und Kontounterlagen vermerkt
• Keine fiktive Durchführung der Vertragsvereinbarungen
• Keine über die elterliche Fürsorgepflicht hinausgehende Verfügungsmacht über das Vermögen bei minderjährigen Kindern
• Vermögen wird treuhänderisch verwaltet
• Keine Verfügungsmacht
• Keine Auszahlung/Kündigung des Vermögens/Kontos durch Elternteil möglich

Tabelle 16: Checkliste für eine steuerlich wirksame Übertragung von Kapitalvermögen auf Kinder

Praxistipp 71:

Mit einem Kinder-Fonds-Sparplan lässt sich ab einer Mindestanlagesumme von nur 50 Euro über 18 Jahre hinweg ein Vermögen von rund 20.000 Euro aufbauen.

Monatliche Sparrate	6 Jahre	8 Jahre	10 Jahre	12 Jahre	18 Jahre
50 Euro	4.455 €	6.389 €	8.604 €	11.140 €	21.173 €
100 Euro	8.909 €	12.779 €	17.208 €	22.280 €	42.346 €
154 Euro (Kindergeld)	13.721 €	19.679 €	26.501 €	34.311 €	65.213 €
kalkulatorischer Wertzuwachs 7% jährlich					

Tabelle 17: Vermögensentwicklung eines Kinder-Fonds-Sparplanes (Quelle: VSP Financial Services, Fondsvermittlung24.de)

Der abgeltungsteueroptimale Vermögensverwaltervertrag

Schließlich gilt es, die negativen steuerlichen Folgen des ab 2009 geltenden Verbots des Werbungskostenabzuges bei abgeltungsbesteuerten Kapitalanlagen im Privatvermögen durch eine steueroptimale Transformation von Werbungskosten in Anschaffungsnebenkosten[250] möglichst niedrig zu

---
[250] Vgl. Teil I Abschnitt: Abzugsverbot für Werbungskosten.

halten. Dies kann durch eine steueroptimale Anpassung bestehender Vermögensverwalter-Verträge erfolgen.

Praxistipp 72:

Vermögenverwalterverträge mit All-in-Fee-Vereinbarungen sollten bis spätestens 31.12.2008 gekündigt werden. Stattdessen sollten separate Gebührensätze unter Ausweis aller Gebühren für Wertpapierkäufe und -verkäufe vereinbart werden.

Die Vereinbarung einer sogenannten „Ticket Fee" mindert ab 2009 den abgeltungsteuerpflichtigen Veräußerungsgewinn. Alternativ bietet sich folgende steueroptimale Lösung an:

Praxistipp 73:

Ist der Vermögensverwaltervertrag nicht kündbar oder kann nicht umgestellt werden, kann der Kapitalanleger ein Drittel der All-In-Fee als Anschaffungsneben- und Veräußerungskosten geltend machen und sich dabei auf eine Verfügung der Oberfinanzdirektion Düsseldorf/Münster vom 28.10.2004[251] zur Aufteilung von Vermögensverwaltergebühren berufen.

Unter II/ Ziffer 1 der Verwaltungsanweisung heißt es: „Ausgliederung von Anschaffungsnebenkosten/Veräußerungskosten"
„Soweit mit der Vermögensverwaltungsgebühr auch Transaktionskosten (insb. Provisionen und Spesen) abgegolten werden (vgl. I.), sind diese nicht den Werbungskosten bei den Einkünften aus Kapitalvermögen zuzuordnen. Es handelt sich insoweit um Anschaffungsneben- und Veräußerungskosten, welche ggf. im Rahmen des § 23 EStG zu berücksichtigen sind.

---

[251] OFD Düsseldorf, 28.10.2004, S 2210 A–St 212–D/S 2210–10 St 222-K 1.

Beispiel:
Der Anleger kann bei Abschluss des Vermögensverwaltungsvertrags zwischen zwei Vertragsvarianten wählen:

- pauschale Gebühr von 1,5% des Depotwerts, welche sämtliche Transaktionskosten umfasst;
- pauschale Gebühr von 1% des Depotwerts; zusätzlich werden alle Transaktionskosten nach den aktuellen Gebührensätzen berechnet.

Lösung:
Wählt der Anleger die pauschale Gebühr von 1,5 Prozent, so kann davon ausgegangen werden, dass es sich bei einem Drittel der Gebühr um Anschaffungs- oder Veräußerungsnebenkosten handelt. Diese sind ggf. bei den Einkünften gem. § 23 EStG zu berücksichtigen und stellen keine Werbungskosten bei den Einkünften aus Kapitalvermögen dar.

Ergibt sich der Anteil an Transaktionskosten nicht wie vorstehend dargelegt anhand der vorgelegten Unterlagen, ist dieser im Wege einer Schätzung (§ 162 AO) zu ermitteln. Eine Kürzung um ein Drittel der Aufwendungen ist nach den bisherigen Erfahrungen der Praxis in diesen Fällen ermessensgerecht."

Teil III: Abgeltungsteuerfreie Anlagestrategien

Abgeltungsteuerfreie Investments tätigt der Kapitalanleger ab 2009 mit Kapitalanlagen in geschlossene Beteiligungen oder Immobilien. Dem Grunde nach abgeltungsteuerpflichtige Kapitalanlagen können im Mantel einer liechtensteinischen Lebensversicherung mit allen steuerlichen Vorzügen einer Kapitallebensversicherung erfolgen.

Geschlossene Beteiligungsmodelle

Unter dem Begriff geschlossene Beteiligungsmodelle werden Investments in geschlossenen Investmentfonds verstanden. Bei Investmentfonds wird auf erster Ebene zwischen offenen und geschlossenen Fonds unterschieden. Offene Investmentfonds sind Fonds, bei denen die Zahl der Anteile – und damit auch der Teilhaber – unbestimmt ist. Die Fondsgesellschaft gibt hier je nach Bedarf neue Anteile aus und nimmt ausgegebene Anteile zurück, zum sogenannten Rücknahmepreis, welcher sich anteilig aus dem Stichtagswert des Fondsvermögens (sogenannter Nettoinventarwert) bemisst. Bei den geschlossenen Investmentfonds wird nur eine bestimmte Anzahl von Anteilen über eine fest begrenzte Anlagesumme ausgegeben. Ist das geplante Volumen erreicht, wird der Fonds geschlossen und die Ausgabe von Anteilen eingestellt. Im Gegensatz zu offenen Fonds besteht keine Verpflichtung der Gesellschaft, Anteile zurückzunehmen. Die Anteile können nur an einen Dritten, gegebenenfalls über eine spezielle Handelsplattform[252] oder die Börse, verkauft werden. Der erzielbare Preis richtet sich nach Angebot und Nachfrage, nicht nach dem tatsächlichen Wert des Fondsanteils.

Für die Abgeltungsteuer unterscheiden sich geschlossene Beteiligungsmodelle wiederum in geschlossene gewerbliche Fonds und geschlossene Fonds mit Kapitalanlagen. Während geschlossene gewerbliche Fonds von der Abgeltungsteuer nicht betroffen sind, unterliegen Einkünfte aus geschlossenen Fonds mit Kapitalanlagen (außer Immobilien) der Abgeltungsteuer.[253] Für die letztgenannten geschlossenen Beteiligungsmodelle kommt hinzu, dass ein Leverage durch hohe Fremdfinanzierung nicht mehr möglich ist.

Nicht der Abgeltungsteuer unterliegen geschlossene Beteiligungsmodelle mit Schiffen. Erträge aus Schiffsinvestments werden stattdessen mit Tonnagesteuer belastet, die Steuererhebung erfolgt im Veranlagungsverfahren.[254]

---

[252] Für Schiffsbeteiligungen siehe unten Abschnitt: Beispielhafte Beteiligungsmodelle.
[253] BMF vom 11.10.2007 a.a.O, Ziffer 21, 23.
[254] Vgl. unten Abschnitt: Besteuerung von Schiffsbeteiligungen (Tonnagesteuer).

Praxistipp 74:

Geschlossene Beteiligungsmodelle lassen bei professioneller Konzeption einen störungsfreien Verlauf des Investments erwarten und stellen bei zu erwartender stabiler Ausschüttung eine interessante abgeltungsteuerfreie Kapitalanlageform dar.

Checkliste

Checkliste für ein erfolgreiches Investment in geschlossene Beteiligungsmodelle

- ❏ Auswahl des Beteiligungsmodells nur auf Initiatoren mit nachweisbar positiver Leistungsbilanz und positivem Branchen-Image beschränken.
- ❏ Auf die Nebenkosten achten. Hohe Nebenkosten sind ein klarer „Rendite-Killer"! Profis sparen bei den Nebenkosten.
- ❏ Objektive Informationen sind die beste Beratung!
- ❏ Diversifizierung ist auch bei geschlossenen Fonds angesagt. Nicht alles auf eine Karte setzen.[255]
- ❏ Finger weg von Finanzdienstleistungs-Unternehmen (Vermittler/Berater/Banken), die keine umfassenden und objektiven Informations-, Service- und Betreuungsleistungen sowie zeitgemäße Abwicklungs-Konditionen bieten.

Immobilienanlagen

Allgemeines

Vermögensanlagen in Immobilien können in folgender Form durchgeführt werden:

- Direkte Investition in Immobilien
- Indirekte Investition durch
  a. Kauf von börsennotierten Immobilienaktien,
  b. Kauf von REITs,
  c. Kauf von offenen oder geschlossenen Immobilienfonds.

---

[255] Vgl. unten Abschnitt: Dachfondslösungen für geschlossene Beteiligungsmodelle in Sachwerte.

Bei indirekten Immobilieninvestitionen erfolgt ein Beitritt in ein Immobilienkonsortium, welches ein Immobilienportfolio bzw. Direktimmobilien enthält, wie etwa ein (geschlossener) Immobilienfonds. Bei den indirekten Immobilieninvestitionen ist weiter zu unterscheiden zwischen börsennotierten und nicht börsennotierten Anlageformen. Zu den nicht börsennotierten Anlageformen zählen offene oder geschlossene Immobilien-Investmentfonds oder Private Equity Fonds. Zu den börsennotierten Immobilienanlagen zählen Immobilienaktien oder Anleihen von Immobiliengesellschaften und Anteilscheine an Real Estate Investment Trusts (REITs). REITs sind Gesellschaften oder Trusts, die entweder direkt Immobilien (Equity-REITs) erwerben oder Hypothekendarlehen (Mortgage-REITs) kaufen und verwalten.

Eigengenutzte Immobilien

Im Rahmen einer umfassenden Vermögensplanung sollte die eigene Immobilie im Vordergrund stehen. Dies nicht nur wegen der Abgeltungsteuerfreiheit! Nur die eigenen vier Wände ermöglichen Unabhängigkeit und erhöhte Lebens- und Wohnqualität. Der wichtigste Aspekt, der für die eigengenutzte Immobilie spricht, ist das mietfreie Wohnen im Alter. Die eingesparte Miete steht als „zweite Rente" steuerfrei zur Verfügung, schafft finanzielle Freiräume und ist weder mit Steuern noch mit Sozialversicherungsbeiträgen belastet. Mit einer Altersvorsorgeinvestition in die eigene Wohnimmobilie kann nicht nur das Grundbedürfnis des Wohnens bereits in frühen Jahren abgesichert werden. Geldanlagen in eigengenutzte Immobilien sind auch im Hinblick auf das seit dem 1.1.2005 geltende Hartz IV-Gesetz dahingehend sinnvoll, als bei der Bedürftigkeitsprüfung ein selbst genutztes Hausgrundstück von angemessener Größe oder eine entsprechende Eigentumswohnung als verwertbarer Vermögensgegenstand ausscheidet. Vermögensanlagen in Wertpapiere wie Aktien oder festverzinsliche Wertpapiere werden hingegen berücksichtigt – und Erträge als auch Vermögenszuwächse unterliegen der Abgeltungsteuer.

Vermietete Immobilien zur Vermögensanlage

Ein Direktinvestment in fremdgenutzte Immobilien erweist sich nur dann als lukrative abgeltungsteuerfreie Kapitalanlage, wenn sich das Objekt in einer erstklassigen Lage befindet und sich die Investition mit Steuervorteilen kombinieren lässt. Insider denken hier in erster Linie an Denkmalobjekte. Historisch bedingt befinden sich Denkmalobjekte im Regelfall in einer attraktiven Zentrumslage und auch die steuerlichen Rahmenbedingungen erleichtern die Entscheidung. Ist die Immobilie nach den jeweiligen Landesvorschriften Baudenkmal, unterstützt das Finanzamt den Immobilieninvestor mit großzügigen Abschreibungsmöglichkeiten.[256]

Praxistipp 75:

Die Rendite vermieteter Immobilien bestimmt sich ausschließlich nach der erzielbaren Miete. Kapitalanleger, die sich für eine Vermögensanlage in fremdgenutzte Immobilien entscheiden, sollten dabei vor allem den örtlichen Mietspiegel zurate ziehen. Auch ist zu bedenken, dass sich die rechtlichen Rahmenbedingungen seit der letzten Mietrechtsreform für Vermieter erheblich schlechter darstellen als für Mieter.

Immobilienfonds

Die Möglichkeit der Zeichnung eines Anteils an einem geschlossenen oder offenen Immobilienfonds bietet sich für jene Anleger an, die ihr Kapital nicht auf eine Immobilie setzen wollen. Der wesentliche Unterschied zwischen offenen und geschlossenen Immobilienfonds ist, dass die Fondsgesellschaft bei offener Konzeption Anteile jederzeit zurücknimmt, was dem Anleger einerseits Liquidität sichert, diesem aber auch Ertrag und Rendite kostet. Denn das Fondsmanagement einer offenen Gesellschaft steht hier stets vor besonderen Herausforderungen, da es zuweilen schwierig ist und lange dauern kann, bis Zu- und Abflüsse auf dem Immobilienmarkt liquide gemacht bzw. reinvestiert werden. Dadurch ist der Fonds gezwungen, einen bestimmten Teil der Anlagemittel liquide zu halten, was zu Lasten der Gesamtperformance geht. Hingegen laufen Beteiligungen an geschlossenen Immobilienfonds über einen Zeitraum von 15 bis 30 Jahren. Der Beitritt in einen geschlossenen Immobilienfonds geschieht im Regelfall in Form einer Beteiligung als Kommanditist. Anleger, die sich für die geschlossene Form entscheiden, sollten einen langen Anlagehorizont vor Augen haben.

---

[256] Vgl. § 7i EStG.

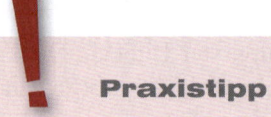

Praxistipp 76:

Anleger sollten also auf die Art der Renditeberechnung des Initiators achten. Zu für den Anleger objektiveren Ergebnissen gelangt man mit der sogenannten „Multiple Investment Sinking Fund Methode" (MISF-Methode). Diese in den USA weit verbreitete „modifizierte" interne Zinsfußmethode unterstellt nicht mehr eine Wiederanlage der frei werdenden Mittel zum internen Zinsfußsatz, sondern zu einem aktuellen Marktzinssatz, der im Regelfall cirka drei Prozent beträgt. Die MISF-Methode legt somit zwei Zinssätze zugrunde und liefert wahrheitsgetreuere Ergebnisse als die interne Zinsfußmethode.

Immobilienaktien und REITs

Immobilienaktien und REITs bilden eine Anlageform für jene Anleger, die eine Immobilieninvestition zwar nicht außen vor lassen wollen, andererseits aber die erschwerte und im Regelfall längerfristige Liquidierbarkeit von Immobilienanlagen scheuen – und dafür allerdings die Abgeltungsteuer auf Erträge und Wertsteigerungen in Kauf nehmen. Immobilienaktien lassen sich börsentäglich handeln und bieten bessere Diversifikationsmöglichkeiten als eine Direktanlage in Immobilien, bei der naturgemäß auch hohe Summen für ein einziges Objekt notwendig sind. Allerdings sind Immobilienaktien im Vergleich zu Fonds und Direktinvestitionen deutlich höheren Preisschwankungen ausgesetzt.

Ein REIT ist eine Gesellschaft oder ein Trust, der das Anlagekapital diverser Anleger und Anteilseigner einsetzt, um Investitionen auf dem Immobilienmarkt zu tätigen. Man unterscheidet dabei zwischen Equity-REITs und Mortgage-REITs. Equity-REITs legen das Kapital ihrer Anleger direkt in Immobilienvermögen an, während Mortgage-REITs Hypothekendarlehen kaufen und verwalten. Der konservative Kapitalanleger wird eher zu Equity-REITs tendieren, da diese für Zinsschwankungen weniger anfällig sind als Mortgage-REITs. Investiert ein Fonds in Anteile solcher Aktiengesellschaften, spricht man von einem REIT-Fonds. REIT-Fonds sind flexibler als gewöhnliche (offene und geschlossene) Immobilienfonds. Denn von schlechten REIT-Immobilienaktien kann sich ein Fondsmanager schneller trennen als von schlechten Bestandsimmobilien. Strenge Anlagevorschriften, denen die REITS unterliegen, tragen dazu bei, das Risiko des Anlegers zu minimieren, und verhelfen den REITs zu einer dem Inventarwert (dem Verkehrswert der von den REITs gehaltenen Immobilien bzw. dem Nennwert der Hypothekendarlehen) entsprechenden oder sogar höheren Bewertung durch die Börse.

Steuerliche Behandlung von Immobilienanlagen hinsichtlich der Abgeltungsteuer

Von der Abgeltungsteuer nicht betroffen sind Immobilienanlagen in der Form eines Investments in eigengenutzte oder fremdvermietete Immobilien sowie Kapitalanlagen in geschlossene Immobilienfonds. Bei diesen Investments unterliegen weder die Erträge noch die Wertzuwächse der Abgeltungsteuer. Außer bei der eigengenutzten Immobilie erfolgt die Besteuerung von Erträgen im Rahmen der Einkommensteuerveranlagung zum progressiven Steuersatz. Die Einkünfte stellen solche aus Vermietung und Verpachtung oder aus Gewerbebetrieb dar und müssen in die Steuerveranlagung aufgenommen werden. Gewinne aus der Veräußerung von fremdgenutzten Immobilien und Anteilen an geschlossenen Immobilienfonds unterliegen als Gewinne aus privaten Veräußerungsgeschäften der Einkommensteuer, wenn der Zeitraum zwischen Anschaffung und Veräußerung nicht mehr als zehn Jahre beträgt.[257]

Bei Investments in geschlossene Immobilienfonds ist zwischen zwei Veräußerungsfällen zu unterscheiden:

- Der Fonds veräußert das Immobilienobjekt innerhalb von zehn Jahren nach dem Erwerb.
  - Hier wird der Veräußerungsgewinn wie bei einem Alleineigentümer ermittelt, einheitlich festgestellt und auf die Gesellschafter aufgeteilt.
- Der Fondsinvestor veräußert seinen Anteil an dem geschlossenen Immobilienfonds innerhalb von zehn Jahren nach dem Erwerb.
  - Der Verkauf wird steuerlich als Veräußerung der anteiligen Wirtschaftsgüter des Fonds gewertet.[258] Dem Erlös sind die früheren anteiligen Anschaffungskosten gegenzurechnen.

---

[257] § 23 Abs. 1 Satz 1 Nr. 1 EStG.
[258] § 23 Abs. 1 Satz 4 EStG.

- Der Fondsinvestor hat den Fondsanteil nicht bei dessen Gründung erworben, sondern am Sekundärmarkt.
- In diesem Fall ist zusätzlich ein Veräußerungsgewinn zu versteuern, wenn der Fonds innerhalb von zehn Jahren nach dem Erwerb des Anteils ein Grundstück veräußert.

Bei eigengenutzten Immobilien fallen naturgemäß keine steuerpflichtigen laufenden Erträge an (Konsumgutlösung). Doch auch im Fall der Veräußerung unterliegen realisierte Wertzuwächse bei eigengenutzten Immobilien im Regelfall keiner Steuerpflicht.

Praxistipp 77:

Die Veräußerung eigengenutzter Immobilien stellt bei durchgängiger Eigennutzung (für den Zeitraum zwischen Anschaffung oder Fertigstellung und Veräußerung) bzw. bei Nutzung zu eigenen Wohnzwecken im Jahr der Veräußerung und in den beiden vorangegangenen Jahren kein steuerpflichtiges Veräußerungsgeschäft i.S.d. § 23 EStG dar. Wertzuwächse eigengenutzter Immobilien sind außerdem abgeltungsteuerfrei.

Die Abgeltungsteuer greift hingegen bei offenen Immobilienfonds, Immobilienaktien und REITs. Es unterliegen hier sowohl die laufenden Erträge als auch die Veräußerungsergebnisse der Abgeltungsteuer. Bei dem Erwerb von REIT-Anteilen nach dem 31.12.2008 wird seitens des Bundesfinanzministeriums „immer volle Besteuerung des Gewinns angestrebt", das REIT-Gesetz wird diesbezüglich bis zum Jahreswechsel angepasst.[259]

Praxistipp 78:

REITs sind in besonderem Maße steuerbegünstigt. Damit ist die Gesamtbelastung eines Investments in REITs auf Gesellschaftsebene und der Ebene des

---

[259] Vgl. BMF v. 11.10. 2007 a.a.O. Ziffer 3 „REIT-Anteile".

Anteilseigners beim unbeschränkt steuerpflichtigen Anleger wegen der fehlenden Vorbelastung geringer als beim Anteilseigner einer normalen Kapitalgesellschaft.[260]

Schiffsbeteiligungen

Allgemeines

Schiffsbeteiligungen gehören nach der steuerlichen Neuregelung für Verlustzuweisungsmodelle zu den wenigen noch verbliebenen attraktiven Beteiligungsmodellen, mit denen sich neben einer guten Rendite auch namhafte Steuerersparnisse erzielen lassen. Beteiligungen an Schifffonds unterliegen nicht der Abgeltungsteuer. Die Besteuerung von Erträgen aus solchen geschlossenen Beteiligungen richtet sich nach der sogenannten Tonnagesteuer. Kapitalanleger beteiligen sich an einem Schifffonds durch Zeichnung einer Kommanditbeteiligung; sie gehen damit unternehmerische Risiken ein. Persönliche Haftungspflichten oder Nachschusspflichten sind allerdings ausgeschlossen.

Die eingeschränkte Fungibilität der Schifffonds hielt in der Vergangenheit viele Kapitalanleger davon ab, diese Anlagemöglichkeit zu nutzen. In den letzten Jahren haben sich jedoch verschiedene Zweitmarktplattformen etabliert, die den Handel auch von geschlossenen Fonds und insbesondere den Schifffonds erlauben. Der Kapitalanleger profitiert im Zweitmarkthandel u.a. von der Transparenz der Performance solcher Zweitmarktschiffe sowie von der fortgeschrittenen Entschuldung.

Besteuerung von Schiffsbeteiligungen (Tonnagesteuer)

Schiffsbeteiligungen generieren weitgehend steuerfreie Erträge durch Anwendung der Tonnagesteuer. Bei der Tonnagesteuer handelt es sich nicht um eine eigene Steuerart. Es handelt sich vielmehr um ein besonderes Einkünfteermittlungsverfahren.

Bei der Tonnagesteuer wird anstelle des tatsächlichen Gewinns oder Verlustes der steuerliche Gewinn pauschal ermittelt. Berechnungsgrundlage hierfür ist nicht etwa der Gewinn, den das Schiff einfährt, sondern die Nettoraumzahl, also die „Größe" des Schiffes. Die Nettoraumzahl multipli-

---

[260] Vgl. BMF v. 11.10.2007 a.a.O. Ziffer 3 „REIT-Anteile".

ziert mit einem im Einkommensteuerrecht genannten Euro-Betrag je volle Nettoraumzahl und Betriebstag[261] ergibt den steuerpflichtigen Gewinn.

Im Regelfall ergibt sich bei Schiffsbeteiligungen eine Steuerlast pro Jahr zwischen 0,2 Prozent und 0,4 Prozent des Kommanditkapitals. Aus dieser Berechnung resultiert im Regelfall ein sehr geringer steuerlicher Gewinn für die Betreibergesellschaft. Der einzelne Kapitalanleger versteuert einen nur sehr geringen Gewinn. Im Idealfall können die jährlichen Ausschüttungen (in der Regel beginnend mit neun Prozent) nahezu steuerfrei vereinnahmt werden.

Voraussetzung für die Anwendung der Tonnagesteuer ist, dass:

- das Schiff im internationalen Verkehr eingesetzt wird,
- die Bereederung (das technische und kaufmännische Management) im deutschen Hoheitsgebiet durchgeführt wird,
- die Geschäftsleitung sich in Deutschland befindet,
- das Schiff in einem inländischen Schiffsregister eingetragen ist.

Das Führen der deutschen Flagge ist nicht Voraussetzung. Die Besteuerung nach der Tonnage kann daher auch für ausgeflaggte Schiffe in Anspruch genommen werden.

Beispiel:
Die Berechnung des Tonnagegewinns am Beispiel eines 6.500 TEU großen Containerschiffes. Die Nettoraumzahl des Schiffes abgerundet auf volle 100 Nettotonnen beträgt 42.000 Tonnen.

Es ergibt sich folgende Rechnung:
1.000 x € 0,92/100 + 9.000 x € 0,69/100 + 15.000 x € 0,46/100 + 17.000 x € 0,23/100 = 179,4 € Tonnagegewinn/Tag
Bei 365 Betriebstagen im Jahr = 365 x € 179,4 = € 65.481 Tonnagegewinn

---

[261] Vgl. § 5a EStG: Der Gewinn beträgt pro Tag des Betriebs für jeweils volle 100 Nettotonnen: bis zu 1.000 Nettotonnen € 0,92 pro Tag, über 1.000 Nettotonnen bis 10.000 Nettotonnen € 0,69 pro Tag, über 10.000 Nettotonnen bis 25.000 Nettotonnen € 0,46 pro Tag, über 25.000 Nettotonnen € 0,23 pro Tag.

Praxistipp 79:

Der Nachteil der Tonnagesteuer liegt allerdings darin, dass diese selbst dann fällig wird, wenn tatsächliche Ausschüttungen ganz ausbleiben, weil das Schiff keinen tatsächlichen Gewinn einfährt. Für Kapitalanleger lassen sich Ertragsausfälle bei Schiffsbeteiligungsmodellen allerdings dadurch mindern, dass diese nicht alles sozusagen auf ein Schiff bzw. „eine Karte" setzen. Stattdessen bietet sich an, in ein breit gestreutes Portfolio leistungsfähiger Schiffstonnagen, beispielsweise in Form eines Mehrschifffonds, zu investieren.

Beispielhafte Beteiligungsmodelle

- Flottenfonds von HANSA TREUHAND

Die HANSA TREUHAND wurde 1983 gegründet und zählt damit zu den erfahrensten Initiatoren der Branche. Oberste Priorität genießt die Qualität der Projekte, die sich in Rendite für den Kapitalanleger niederschlägt. Insgesamt wurden über 100 Schiffe mit einem Investitionsvolumen von rund 3,5 Mrd. Euro und einem Eigenkapitalvolumen von über 1,6 Mrd. Euro platziert. Renommierte Analysehäuser bewerten die Leistungsbilanzen der HANSA TREUHAND regelmäßig mit „sehr gut".

Für steuer- und risikosensible Kapitalanleger hat die HANSA TREUHAND die HT-Flottenfonds auf den Markt gebracht. Die HT-Flottenfonds umfassen aktuell die Fonds I-VI. Im Rahmen eines solchen Flottenfonds investiert der Kapitalanleger in mehrere unterschiedliche Schiffe. Er partizipiert nicht nur am wirtschaftlichen Erfolg mehrerer Marktsegmente. Das Engagement in verschiedenen Schifffahrtsmärkten (Container- und Tankermarkt) bietet eine zusätzliche Diversifikation und trägt damit ebenfalls zur Risikoreduzierung bei. Zur weiteren Risikominimierung und zum Ausgleich von eventuellen Marktschwankungen bildet die HANSA TREUHAND außerdem mit Partnerreedereien in verschiedenen Schiffsklassen sogenannte Einnahmepools. Die Einnahmen eines Pools werden durch die beteiligten Schiffe geteilt.

Praxistipp 80:

Die Unterschiedlichkeit von Charterlaufzeiten und Charterer führt zu einer Verstetigung der Einnahmen bei reduziertem Risiko. Dies ist insbesondere vor dem Hintergrund schwankender Chartermärkte von Bedeutung und bietet dem Kapitalanleger einen idealen Einstieg in ein breites Portfolio.

HANSA TREUHAND bildet dabei Pools nur jeweils für Schiffe, die in der Charterbewertung vergleichbar oder baugleich sind. Neben dem Ausgleich der Schwankungen bestehen zusätzliche Vorteile durch die Bildung von Marktmacht und den flexibleren Einsatz. Die HANSA TREUHAND ist dadurch in der Lage, den Charterern komplexe Lösungen anzubieten, die in der Regel nur in einem Verbund mit mehreren Schiffen zu realisieren sind.[262]

Weitere Informationen:
HANSA TREUHAND SCHIFFSBETEILIGUNGS GMBH & CO. KG, Neumühlen 15, 22763 Hamburg, Tel.: (040) 309591-0, Fax: (040) 309591-11, E-Mail: info@hansatreuhand.de, Internet: www.hansastreuhand.de.

- Zweitmarktfonds der Nordcapital-Gruppe

Die Nordcapital-Gruppe ist in den Bereichen Schifffahrt, Immobilien und Private Equity tätig. Zur Unternehmensgruppe gehören die E.R. Schifffahrt, eine der größten Charterreedereien für Containerschiffe weltweit, sowie die OSM Schifffahrt, ein Schifffahrts-Dienstleister für die Offshore- und Tankerindustrie mit Sitz in Hamburg. Zu den Aktivitäten der Nordcapital-Gruppe gehört außerdem die internetgestützte Plattform www.sekundaermarkt.de, eine der führenden Anbieter im Handel mit „gebrauchten" Schiffsbeteiligungen.

Gebrauchte Schiffsbeteiligungen eignen sich für steuersensitive Kapitalanleger, die eine breite Risikostreuung im Vergleich zu einer Beteiligung an einer Einschiffsgesellschaft suchen. Kapitalanleger des Zweitmarktfonds

---

[262] Detaillierte Informationen zur Funktion der Einnahmepoolung können der Themenbroschüre „Einnahmepoolung als Instrument der Risikoabsicherung" entnommen werden. Die Broschüre kann bei der HANSA TREUHAND kostenlos angefordert werden und steht auf der HANSA TREUHAND Homepage zum Download unter www.hansatreuhand.de bereit.

"Schiffsportfolio 3" profitieren von kürzeren Fondslaufzeiten und der höheren Entschuldung der Schiffe. Ein weiterer Vorteil ist, dass sich anders als bei Neuemissionen anhand der Performance-Nachweise der letzten Jahre bereits erkennen lässt, wie sich die einzelnen Schiffsgesellschaften entwickelt haben.

Mit dem Schiffsportfolio 3 beteiligt sich der Kapitalanleger an mehr als 100 Schiffen. Das Initialportfolio besteht aus 43 Beteiligungen an marktgängigen Handelsschiffen, die über Charterverträge mit renommierten Charterern verfügen.

Praxistipp 81:

Das Nordcapital Schiffsportfolio 3 zeichnet sich durch eine hohe Investitionsquote von rund 90 Prozent und geringe laufende Kosten aus. Als reiner Tonnagesteuerfonds konzipiert, unterliegen die Erträge und Veräußerungserlöse am Ende der Fondslaufzeit nicht der Abgeltungsteuer, sondern sind weitgehend steuerfrei. Die Mindestbeteiligung beträgt aktuell 15.000 Euro.

Weitere Informationen:
NORDCAPITAL Emissionshaus GmbH & Cie. KG, Hohe Bleichen 12, 20354 Hamburg, Tel.: +49-40-3008-2100, Fax: +49-40-3008-2121, E-Mail: vertrieb@nordcapital.com, www.nordcapital.com.

Dachfondslösungen für geschlossene Beteiligungsmodelle in Sachwerte

Allgemeines

Dachfondslösungen bieten sich für Kapitalanleger an, die breit diversifizieren und ihr Risiko entsprechend nach dem Motto „Wer streut, rutscht nicht aus" minimieren wollen. Ein breit gestreutes Portfolio bedeutet aber nicht automatisch auch ein rentables Portfolio. Kapitalanleger, die die Auswahl und vor allem Gewichtung und Korrelation der einzelnen Anlageprodukte und Märkte Profis überlassen wollen, liegen mit Dachfondslösungen für Sachwerte und geschlossene Beteiligungsmodelle richtig. Eine qualifizierte

Asset Allocation[263] vorausgesetzt, kann ein deutlicher (abgeltungsteuerfreier) Anteil an geschlossenen Fonds im Gesamtportfolio im Vergleich zu einem reinen Aktien- und Renten-Portfolio erheblich weniger Risiko bei gleicher oder höherer Rendite bewirken.

Beispielhaftes Beteiligungsmodell

Bereits ab 5.000 Euro besteht die Beteiligungsmöglichkeit am professionell gemanagten Portfolio der „abakus balance 2. KG" des unabhängigen Sachwertespezialisten abakus Finanz. Bei 50 bis 60 Einzelinvestments von bis zu 20 verschiedenen Initiatoren setzte sich das Fondsvolumen zusammen aus geschlossenen Fonds und Direktinvestments wie: Schiffsbeteiligungen, internationale Immobilienfonds, REITs, Lebensversicherungsfonds, Containerinvestments, Private-Equity-Fonds, Umweltfonds etc. Dabei sind die Volumina der Einzelanlagen in Abhängigkeit wissenschaftlich ermittelter Korrelationen so gewichtet, dass eine lukrative Renditeerwartung bei vergleichsweise geringem Fonds- und Initiatorenrisiko erreicht wird. Die Optimierung der Portfoliostruktur erfolgt nach der Portfoliotheorie von Harry Max Markowitz.[264]

Eckdaten:

Fondsvolumen	32,5 Mio. € (kein zusätzliches Fremdkapital)
Investitionsquote	98,75% des Gesamtaufwandes exkl. Agio
Laufzeit	31.12.2019 erste Kündigungsmöglichkeit nach 6 Jahren
Zielrendite	7,25% p.a. (IRR, vor Steuer), niedrige steuerliche Jahresergebnisse
Auszahlungen	Ca. 16% p. a. durchschnittlich inkl. Kapitalrückzahlung
Anlagehöhe	5.000 € Mindestbeteiligung zzgl. 4% Agio
Kontakt und weitere Informationen	Demark AG Luise-Ullrich-Str. 2, 82031 Grünwald, Tel.: +49/89/680/863-0, E-Mail: info@demark.de, www.demark.de.

---

[263] Asset Allocation heißt übersetzt „Verteilung von Vermögenswerten".
[264] US-amerikanischer Ökonom, geb. 24.8.1927. Markowitz beschäftigte sich im Rahmen seiner Doktorarbeit mit mathematischen Methoden auf dem Wertpapiermarkt. In der Folge entwickelte er Berechnungsmethoden für die Klassifikation von Portfolios (moderne Portfoliotheorie) und wurde 1990 für seine Theorie der Portfolio-Auswahl zusammen mit Merton H. Miller und William Sharpe mit dem Nobelpreis für Wirtschaftswissenschaften ausgezeichnet.

Praxistipp 82:

Gleichzeitig entfällt bei diesem Fondskonzept für den Kapitalanleger der sonst übliche hohe Aufwand in der Verwaltung selbst strukturierter Beteiligungsportfolios.

Geldanlagen im Mantel einer liechtensteinischen Lebensversicherung

Allgemeines

Unter „Geldanlagen in einem Versicherungsmantel" versteht man die Anlage und Verwaltung von in eine Kapitallebensversicherung gekleideten Vermögenswerten. Im Hinblick auf die Abgeltungsteuer ist es sinnvoll, ein Wertpapierportfolio nicht klassisch in einem Depot bei einer inländischen Bank zu halten, sondern dieses entweder ins Ausland zu verlagern[265] oder das Portfolio in eine andere rechtliche Struktur zu gießen. Für diese Zwecke geeignet sind Modelle wie eine individuelle Vermögensverwaltung in Kombination mit den steuerlichen Vorteilen einer Lebensversicherung.

Praxistipp 83:

Auch bei Einkünften aus Lebensversicherungen ist ab dem 1.1.2009 kein Abzug von Werbungskosten möglich.[266] Werbungskosten lassen sich jedoch im Rahmen von „Fondskonstruktionen" berücksichtigen.

Warum Liechtenstein?

Die Antwort auf diese von Anlegern häufig gestellte Frage ist einfach: Während sich das mögliche Anlagespektrum mit einer Lebensversicherung nach deutschem Recht und auch nach den Versicherungsgesetzen der meisten anderen Länder auf Bargeld oder nur auf zugelassene und mit Wertpapier-Kennnummern versehene Investmentfonds beschränkt (soge-

---

[265] Näheres hierzu unten Teil V: Das Konto im Ausland.
[266] Ausdrückliche Herausnahme von § 20 Abs. 9 in § 32d Abs. 2 Nr. 2 EStG n.F. fehlt.

nannte fondsgebundene Lebensversicherungen), lässt das liechtensteinische Versicherungsrecht personalisierte Anlagekonzepte nach Maß und ohne Beschränkungen bei der Wahl der gewünschten Finanzprodukte zu. Eine Beschränkung bei der Wahl der zugrunde liegenden Finanzprodukte, die in ein liechtensteinisches Versicherungsdepot eingebracht werden können, gibt es also nicht. Liechtensteinische Lebensversicherungen ermöglichen daher besondere und individuelle Gestaltungsmöglichkeiten und stellen ganz nebenbei auch sicher, dass das Vermögen auf die richtigen Erben übergeht.

Rahmenbedingungen des Versicherungsplatzes Liechtenstein

- Rechtsgrundlage

Der Versicherungssektor untersteht dem „Gesetz betreffend die Aufsicht über Versicherungsunternehmen" (VersAG)[267] sowie der betreffenden Verordnung (VersAV)[268]. Gesetz und Verordnung bezwecken gemäß Artikel 1 „insbesondere den Schutz der Versicherten sowie des Vertrauens in das liechtensteinische Versicherungs- und Finanzwesen".

- Kapitalschutz für Kapitalanleger (Versicherungsnehmer)

Das liechtensteinische Versicherungsaufsichtsgesetz (VersAG) und die Versicherungsaufsichtsverordnung (VersAV) sehen folgende Kapitalschutzregelungen vor:

- Ausweis freier Eigenmittel und ungebundene Reserven mindestens im Umfang einer gewissen Solvabilitätsspanne. Der sogenannte Garantiefonds soll ein Drittel der Solvabilitätsspanne ausmachen und muss mindestens 1,5 Mio. Schweizer Franken (ca. 1 Mio. Euro) betragen (Artikel 15 VersAG). Die Versicherungsaufsichtsverordnung (VersAV) schreibt zudem vor, welche Eigenmittel und welche Art der Reserven zur Deckung der Solvabilitätsspanne angerechnet werden können und in welcher Höhe (Art. 19 Abs. 2 VersAV). Zur Deckung der Solvabilitätsspanne sind nur Eigenmittel und Reser-

---

[267] Vom 6.12.1995, Liechtensteinisches Landesgesetzblatt Nr. 23 v. 22. Februar 1996, zuletzt geändert durch LGBl. 2007 Nr. 14.
[268] Verordnung vom 17.12.1996 zum Gesetz betreffend die Aufsicht über Versicherungsunternehmen, Liechtensteinisches Landesgesetzblatt Nr. 41 v. 24. Januar 1997, zuletzt geändert durch LGBl. 2005 Nr. 92.

ven zugelassen, welche nicht an immaterielle Anlagewerte gebunden sind. Die Eigenmittel und Reserven werden permanent durch die Aufsichtsbehörden überwacht. Sollten Eigenmittel und Reserven unter die vorgeschriebene Solvabilitätsspanne fallen, hat das Unternehmen der Aufsichtsbehörde eine Strategie zur Wiederherstellung gesunder finanzieller Verhältnisse zur Genehmigung vorzulegen.

- Bildung ausreichender technischer Rückstellungen (Art. 16 VersAG). Diese technischen Reserven müssen so berechnet werden, dass allen jetzigen und künftigen, aus Versicherungsverträgen resultierenden Verpflichtungen nachgekommen werden kann. Zu den technischen Reserven zählen Reserven für bestehende Versicherungsverträge, Reserven für künftige Versicherungsleistungen und Reserven für gewinnbeteiligte Policen. Die technischen Reserven werden von einem dafür ernannten „Aktuar" berechnet und beglaubigt. Sie werden jährlich durch die Aufsichtsbehörden und durch die Revisionsgesellschaft überprüft. Der ernannte verantwortliche Aktuar muss bei der Aufsichtsbehörde angemeldet und von dieser bezüglich fundierter Ausbildung und beruflicher Erfahrung anerkannt werden (Art. 13 VersAG). Das Gleiche gilt für die Revisionsgesellschaft (Art. 40 VersAG).

- Schutz vor Risiken (wie z.B. Todesfall und Invalidität) durch Rückversicherungsverträge. Selbst zu tragende Risikoanteile werden an führende Rückversicherungsgesellschaften retrozediert.

- Vorrangigkeit von Leistungen aus Lebensversicherungen bei Konkurs einer Versicherungsgesellschaft (Art. 59a VersAG). Vermögenswerte aus Versicherungspolicen zur Deckung der versicherungstechnischen Rückstellungen bilden eine – insolvenzgeschützte – Sondermasse.

- Europarechtskonformität

Die Regelwerke VersAG und VersAV sind europarechtskonform. Versicherungsunternehmen mit Sitz in Liechtenstein genießen damit freien Zugang zum europäischen Markt, wodurch sich auch für deutsche Kapitalanleger die Möglichkeit eröffnet, Gelder in Liechtenstein über eine Lebensversicherung mit allen steuerlichen Vorteilen, die auch deutschen Lebensversicherungen gewährt werden, zu platzieren.

- Versicherungsgeheimnis

Das im liechtensteinischen Versicherungsaufsichtsgesetz (VersAG) unter Artikel 44 VersAG verankerte Versicherungsgeheimnis sichert Geldanlegern hohe Diskretion zu. Artikel 44 Versicherungsaufsichtsgesetz lautet:

„1) Die Mitglieder der Organe von Versicherungsunternehmen und ihre Mitarbeiter sowie sonst für solche Gesellschaften tätige Personen sind zur Geheimhaltung von nicht öffentlich bekannten Tatsachen verpflichtet, die ihnen aufgrund der Geschäftsverbindungen mit Kunden anvertraut oder zugänglich gemacht worden sind. Die Geheimhaltungspflicht gilt zeitlich unbegrenzt.
2) Werden Behördenvertretern bei ihrer dienstlichen Tätigkeit Tatsachen bekannt, die dem Versicherungsgeheimnis unterliegen, so haben sie das Versicherungsgeheimnis als Amtsgeheimnis zu wahren.
3) Vorbehalten bleiben die gesetzlichen Vorschriften über die Zeugnis- oder Auskunftspflicht gegenüber Gerichtsbehörden.
4) Die Aufsichtsbehörde kann vom Versicherungsgeheimnis entbinden, sofern dafür ein ausgewiesenes Interesse besteht, namentlich zur Erfüllung gesetzlicher Informationspflichten oder zur Erfassung und Überprüfung von Versicherungsrisiken. Die Aufsichtsbehörde nimmt in einem solchen Fall Rücksprache mit dem Datenschutzbeauftragten."

Das Versicherungsgeheimnis entspricht in Wesen und Umfang dem liechtensteinischen Bankgeheimnis. Begünstigend für Geldanleger wirkt, dass die Beaufsichtigung der Lebensversicherungsgesellschaften mit Sitz in Liechtenstein ausschließlich durch die liechtensteinische Aufsichtsbehörde erfolgt (sogenanntes Single-licence- und Home-country-control-Prinzip). Es sickert nichts an ausländische Behörden durch. Absolute Verschwiegenheit in Bezug auf Vertragsabschluss und Policenverwaltung ist Geldanlegern somit zugesichert.

- Gläubigerschutz (Konkursprivileg)

Alle in einer liechtensteinischen Lebensversicherung rentabel investierten Geldbeträge sind vor dem Zugriff Dritter gesichert. Denn das in Liechtenstein geltende Versicherungsrecht sieht im Konkursfall des Versicherungsnehmers unter Einhaltung bestimmter Voraussetzungen vor, dass der Wert der Lebensversicherung nicht in die Konkursmasse fällt, wenn nahe Angehörige aus dem Versicherungsvertrag begünstigt sind.

Praxistipp 84:

Die Geltung des Konkursprivilegs setzt voraus, dass ausdrücklich liechtensteinisches Versicherungsvertragsrecht vereinbart worden ist. Die Wirksamkeit liechtensteinischen Rechts ist allerdings insbesondere in Fällen umstritten, in denen die Rechtswahl von einem deutschen Staatsangehörigen mit gewöhnlichem Aufenthalt in Deutschland getroffen wird und der Vertrag unter Mitwirkung einer Mittelsperson (eines deutschen Versicherungsmaklers) zustande kommt.[269] Unter Einschaltung eines deutschen Versicherungsmaklers ist es also nicht zulässig, jedes beliebige Recht zu wählen. Kapitalanleger, die ihre Lebensversicherungsanlage unter den Schutz des liechtensteinischen Konkursprivilegs stellen wollen, sollten daher den Lebensversicherungsvertrag ohne eine deutsche Mittelsperson und nicht in Deutschland schließen, sondern sich direkt im Ausland bzw. in Liechtenstein an einen Vermittler oder ein Versicherungsunternehmen wenden.

Die einzelnen Schritte

Zur Einbringung eines bestehenden Depots in eine liechtensteinische Versicherung schließt der deutsche Kapitalanleger – am besten noch vor dem 1.1.2009 – einen speziell auf das deutsche Steuerrecht zugeschnittenen Lebensversicherungsvertrag mit einem liechtensteinischen Lebensversicherer ab. Danach bringt er die zur Anlage und Verwaltung bestimmten Vermögenswerte als Einmaleinlage in diese Lebensversicherung ein.

Die Einbringung eines Wertpapierdepots in eine liechtensteinische Lebensversicherung erfolgt gemäß den nachfolgenden Schritten:

1.	Versicherungsnehmer wählt Depotbank ggf. externen Vermögensverwalter
2.	Investor stellt Versicherungsantrag
3.	Complianceprüfung (Sorgfaltspflichtprüfung)
4.	Festlegung Anlagestrategie/Risikoprotokoll Versicherer/Versicherungsnehmer
5.	Investment Advisory Agreement (Vermögensverwaltungsvertrag) mit dem vom Versicherungsnehmer gewünschten Vermögensverwalter bzw. der bevorzugten Geschäftsbank des Versicherungsnehmers
6.	Versicherung eröffnet Konto/Depot auf ihren Namen mit Unterbezeichnung der Policennummer (z.B. FL 1234), leitet Prämienzahlung weiter, übernimmt die Kontoführung
7.	Vermögensverwalter erhält beschränkte Vermögensverwaltungsvollmacht

Tabelle 18: Ablaufschema für die Einbringung eines Wertpapierdepots in eine liechtensteinische Lebensversicherung (Quelle: SwissLife (Liechtenstein) AG, Schaan)

---

[269] Makler stellen Mittelspersonen i.S.d. Art. 9 Abs. 4 EGVVG dar, vgl. Prölls, Kommentar zum VVG Art. 9.

An der praktischen Durchführung der bisherigen Wertpapierveranlagung ändert sich für den Kapitalanleger nichts. Das Wertpapierdepot, das in die liechtensteinische Fondspolice als Einmaleinlage eingebracht wird, kann durch den bisherigen Anlageberater bzw. Vermögensverwalter auf Wunsch des Versicherungsnehmers weiter verwaltet werden. Auch das kontoführende Kreditinstitut muss nicht gewechselt werden.

Praxistipp 85:

Bei der Wahl des optimalen Versicherungskonzeptes sollte der Kapitalanleger auf die Konditionen für Portfolioumschichtungen des jeweiligen Versicherers achten. Viele Versicherer stellen Depotumschichtungen im bestimmten Umfang pro Jahr frei. Manche Versicherer verlangen hierfür Extraspesen.

Die auf diese Weise in die Versicherung eingebrachten Vermögenswerte sind bis zum Ende der Laufzeit gebunden. Eine Mindestlaufzeit gibt es nicht. Die maximale Höchstlaufzeit ist abhängig vom Versicherer. Aus steuerlichen Gründen muss die Versicherungseinlage mindestens zwölf Jahre und bis zur Vollendung des 60. Lebensjahres des Versicherten (Anlegers) gebunden sein.[270]

Über die Einlage selbst als auch über Erträge, z.B. aus dem Erlös aus Wertpapiertransaktionen, sollte während der Vertragslaufzeit nicht verfügt werden. Denn das würde einer Teilkündigung des Versicherungsverhältnisses, verbunden mit einer Teilauszahlung der Versicherungsleistung entsprechen.

(Teil)Auszahlungen aus einem laufenden Versicherungsvertrag unterliegen – sofern Erträge darin enthalten sind – der Abgeltungsteuer; ggf. kommt ein niedrigerer individueller Steuersatz zur Anwendung (Günstigerprüfung).[271] Die Versicherungspolice kann im Bedarfsfall beliehen werden.[272]

---

[270] Zur Besteuerung von Lebensversicherungen vgl. Teil I Abschnitt: Besteuerung von Kapitallebensversicherungen und fondsgebundenen Lebensversicherungen.
[271] Vgl. Teil I Abschnitt: Abgeltungswirkung, Günstigerprüfung und Antragsveranlagung.
[272] Evtl. steuerliche Konsequenzen sind zu beachten.

Der Versicherungsschutz

Mit Abschluss einer liechtensteinischen Versicherungspolice erhält der Kapitalanleger außerdem nach Erbringung der Einmaleinlage durch Übertragung eines bestehenden Wertpapierdepots vollen Versicherungsschutz. Stirbt die versicherte Person während der Vertragslaufzeit, so werden die am Fälligkeitstag vorhandenen Versicherungsdepotwerte erstattet. Darüber hinaus ist ein Todesfallschutz (von z.B. 60 Prozent des Wertes der Einmaleinlage) zu vereinbaren, also in Höhe jenes Wertes, den das Depot im Einbringungszeitpunkt hatte.[273] Der vereinbarte Mindesttodesfallschutz kommt in jenem Fall zur Auszahlung, in dem der aktuelle Versicherungsdepotwert unter den Mindesttodesfallschutz gesunken ist. Der Mindesttodesfallschutz stellt somit für den Kapitalanleger eine vom Depotwert bzw. der Wertentwicklung des Depots innerhalb der Vertragslaufzeit unabhängige Kapitalabsicherung dar.

Steuerliche Beurteilung

Geldanlagen im Mantel einer liechtensteinischen Lebensversicherung sind – um es vorwegzunehmen – ab 2009 weder von der Abgeltungsteuer noch von der besitzzeitunabhängigen Besteuerung von Veräußerungsgewinnen betroffen. Während also der Individualanleger ab dem 1.1.2009 unausweichlich Abgeltungsteuer zahlt, auch wenn er nur einmal sein Wertpapierportfolio umschichtet und neu anlegt, bleiben solche Vorgänge im Mantel einer Lebensversicherung zunächst bis zu dem Zeitpunkt steuerneutral, an dem die Versicherung endfällig wird. Voraussetzung hierfür ist allerdings, dass der Versicherungsvertrag die Mindestvertragsdauer von zwölf Jahren erfüllt und eine Auszahlung der Versicherungsleistung erst nach Vollendung des 60. Lebensjahres des Versicherungsnehmers/Kapitalanlegers erfolgt.

Praxistipp 86:

Kapitalanleger, die Geldanlagen im Mantel einer liechtensteinischen Lebensversicherung tätigen wollen, sollten Versicherungsverträge noch vor dem 1.1.2009 abschließen. Für Vertragsabschlüsse nach dem 31.12.2011 ist außerdem zu

---

[273] Für Policenverträge bis Ende 2004 gilt ein Mindesttodesfallschutz von 60 Prozent der Einlagesumme.

beachten, dass das vollendete 62. Lebensjahr des Versicherungsnehmers/Kapitalanlegers für die Auszahlung der Versicherungsleistung maßgebend ist.

Zinseszins-/Steuerstundungseffekt mit liechtensteinischen Lebensversicherungen

Des Weiteren kommt hinzu, dass sich während der Laufzeit einer liechtensteinischen Fondspolice anfallende Zinsen, Dividenden und Kursgewinne aus dem eingelegten Wertpapierdepot grundsätzlich steuerfrei in der Police ansammeln können. Lediglich bei ausländischen Dividenden fallen u.U. nicht rückerstattungsfähige Quellensteuern an. Im Übrigen gilt, dass – egal ob es sich um Rentenpapiere, Investmentfonds, Optionsscheine, Genussscheine, Zertifikate usw. handelt – jegliche Besteuerung und auch die künftige Abgeltungsteuer entfällt, solange die Wertpapiere im Deckungsstock der Versicherung verbleiben. Für Zinserträge aus Deckungsstöcken einer liechtensteinischen Lebensversicherung entfällt auch eine Besteuerung i.S.d. EU-Zinsrichtlinie.[274] Das EU-Zinsabkommen betraf die Versicherungswirtschaft nur indirekt, weil eine Versicherungsgesellschaft nicht Zahlstelle i.S.d. EU-Zinsrichtlinie ist. Damit werden Erträge brutto für netto wieder angelegt und erzielen daraus über die Laufzeitjahre der Police einen entsprechenden Zinseszins- bzw. Steuerstundungseffekt. Schon geringste Steigerungen der angewachsenen Ertragssumme durch eine größere Palette der Anlageproduktmöglichkeiten machen sich auch bei der effektiven Nettoauszahlung wegen der nur zur Hälfte zu besteuernden Ertragszuwächse deutlich bemerkbar.

Beispielhaftes Anlagekonzept für liechtensteinische Versicherungslösungen

Mit dem Konzept Private Placement Life Insurance bietet die Liechtenstein-Niederlassung der Schweizer SwissLife Versicherung AG, die SwissLife (Liechtenstein) AG, Anlegern ab einer Mindestanlage von 100.000 Euro ein persönliches Investitionsprogramm verbunden mit einem sicheren und diskreten Vermögensverwaltungskonzept. Die bestehenden Bank- und Vermögensverwaltungs-Beziehungen können dabei aufrechterhalten werden. Der Kapitalanleger entscheidet sich im Versicherungsvertrag für

---

[274] Zur Besteuerung von Zinseinkünften nach der EU-Zinsrichtlinie vgl. Götzenberger, Anton-Rudolf, Diskrete Geldanlagen, 5. Auflage, Wien 2007, S. 384ff.

eine Anlagestrategie. Im Rahmen dieser lassen sich über einen ggf. nach dem deutschen Kreditwesengesetz zugelassenen Vermögensverwalter (sofern es denn ein deutscher sein soll!) Wertpapiere börsentäglich kaufen und verkaufen. Auch nicht kotierte Aktien und unkotierte – aber verbriefte – Immobilienwerte können nach Vereinbarung einbezogen werden.

Weitere Informationen: SwissLife Lebensversicherung (Liechtenstein) AG, In der Specki 3, 9494 Schaan, Tel. +423-377-7000, E-Mail: alexander.laes@swisslife.com, markus.hetzer@swisslife.com

Teil IV: Altersvorsorgeplanung unter Berücksichtigung der Abgeltungsteuer

Die steueroptimierte Altersvorsorgeplanung besteht unter Berücksichtigung der Abgeltungsteuer aus einem Mix aus staatlich geförderten Altersvorsorgeprodukten, der betrieblichen Altersvorsorge und einer Ummantelung von Wertpapieranlagen – insbesondere Fondsanlagen – in eine Lebensversicherungs-Fondspolice.

Allgemeines

Das Altersvorsorgesparen ist ein Spiel mit hohen Summen. Für eine private Zusatzrente in Höhe von anfänglich 5.000 Euro pro Monat (ohne Steuern) über einen Zeitraum von 20 Jahren bedarf es unter Berücksichtigung eines dreiprozentigen Inflationsausgleichs und einer kontinuierlichen Verzinsung von sechs Prozent im Jahr immerhin einer angesparten Kapitalsumme von rund 900.000 Euro.

Praxistipp 87:

Unbeschwert in Rente gehen kann nur derjenige, der frühzeitig mit der Altersvorsorgeplanung beginnt und das Altersvorsorgekapital kontinuierlich bis zum Ende anspart. Denn je später der Sparer beginnt, desto mehr muss er in „sichere", aber wenig rentable Rentenanlagen investieren.

Für die private Altersvorsorgeplanung beginnt mit Einführung der Abgeltungsteuer zum 1.1.2009 vor allem für jene Sparer eine neue Zeitrechnung, die beim privaten Altersvorsorgesparen überwiegend auf das direkte Ratensparen bzw. Wertpapiersparen setzen und Banksparpläne, Fondssparpläne oder Aktiensparpläne favorisieren. Für diese Sparformen erweist sich die Abgeltungsteuer durch die „volle" Besteuerung von Zinsen und Dividenden[275] sowie der vollen Besteuerung der Wertzuwächse als besonders nachteilig. Es gilt daher, das private Altersvorsorgesparen hinsichtlich der Abgeltungsteuer zu optimieren und – sofern es sich bei dem Altersvorsorgesparer um einen Arbeitnehmer bzw. abhängig Beschäftigten handelt – mit den Möglichkeiten der abgeltungsteuerfreien Durchführungswege der betrieblichen Altersvorsorge zu kombinieren.

Alle Durchführungswege der betrieblichen Altersvorsorge sind von der Abgeltungsteuer nicht betroffen. Gleichfalls nicht von der neuen Abgeltungsteuer betroffen sind Kapitalanlageprodukte, die in Verbindung mit einer sogenannten „Riester-Rente" oder einer „Basis-(Rürup-)Rente" ausgegeben und vom Kapitalanleger langfristig bzw. bis zur Vollendung seines 60. Lebensjahres gehalten werden.

---

[275] Vgl. Teil I Abschnitt: Besteuerung von Dividenden. Bislang unterlagen Dividenden dem „Halbeinkünfteverfahren".

Schließlich kann das Altersvorsorgesparen auch dadurch optimiert werden, dass um den privaten Altersvorsorgesparplan eine eigenständige „Hülle" bzw. ein rechtlicher Mantel gestülpt wird, die/der nicht in den Anwendungsbereich der Abgeltungsteuer fällt. Der Sparer sichert sich durch diesen als „Asset-Wrapping" bezeichneten Kunstgriff die für die Hülle bzw. den Mantel geltenden vorteilhaften Besteuerungsregelungen. Einen solchen Mantel bzw. ein Instrument für das Asset-Wrapping stellen die in diesem Teil dargestellten Fondspolicen dar.

Praxistipp 88:

Steuer- und renditeoptimiertes Altersvorsorgesparen bedarf zur Bestimmung geeigneter Förderwege einer individuellen Betrachtungsweise. Pauschallösungen „von der Stange" führen beim Sparer über den durchschnittlichen Zeitraum von ca. 30 Jahren regelmäßig zu erheblichen Steuer- und Renditenachteilen. Auch kann nur eine Kombination verschiedener Bausteine unter Berücksichtung der betrieblichen Altersvorsorge und staatlich geförderter Vorsorgeprodukte zu einem optimalen Ergebnis führen. Auf dem Gebiet der Altersvorsorgeplanung spezialisierte Dienstleistungsunternehmen, wie z.B. der bundesweit tätige Versicherungsmakler Pro Found – betriebliche Vorsorge GmbH & Co KG aus München,[276] bieten vergleichende Darstellungen für alle Durchführungswege an.

Klassische Vorsorgemodelle: Banksparpläne und private Rentenversicherungen

Den langwierigsten und aus steuerlicher Sicht am wenigsten lukrativen Weg zur privaten Zusatzrente stellt ein privater Altersvorsorge-Sparplan dar, der von jeder Bank oder Sparkasse angeboten wird. Dieser insbesondere von kleinen Einkommensgruppen beschrittene Weg vermag jedoch aus heutiger Sicht kaum mehr als drei Prozent Zinsertrag zu bringen, ist allerdings ein sicherer. Die in der Ansparphase erwirtschafteten Zinseinnahmen stellen abgeltungsteuerpflichtige Kapitaleinkünfte dar, damit erwirt-

---

[276] Kontaktadresse: Bayerstrasse 1, 80335 München, Tel.: 089/3600 4600, E-Mail: info@pro-found.de, www.pro-found.de.

schaftet der Altersvorsorgesparer bei Banksparplänen keinen Zinseszins- bzw. Steuerstundungseffekt. Das ausgezahlte Sparkapital unterliegt dafür keiner weiteren Besteuerung.

Private Rentenversicherungen werden insbesondere von Altersvorsorgesparern mittleren Alters bevorzugt, die eine Anlage in Produktivkapital wie Aktien oder Aktienfonds des Risikos wegen meiden. Die private Rentenversicherung gibt es als aufgeschobene Rentenversicherung, bei der der Sparer regelmäßige Einzahlungen leistet, oder als Sofortrente gegen Einmalbeitrag. Für einen effizienten Vermögensaufbau eignen sich beide Varianten der privaten Rentenversicherung allerdings nicht. Fondsgebundene Rentenversicherungspolicen mit Kapitalgarantie stellen hier die bessere Wahl dar. Mit der fondsgebundenen Rentenversicherung geht der Altersvorsorgesparer keine weiteren Risiken ein, da er im Regelfall eine – optionale – Kapitalgarantie vereinbaren kann, die die Rückzahlung des Kapitals gewährleistet, die dem Höchstrechnungszins der privaten Rentenversicherung nahekommt. Die Chancen auf Kurssteigerungen bleiben für den Kapitalanleger jedoch unvermindert bestehen.

Besteuerung von privaten Rentenversicherungen

Leistungen aus privaten Rentenversicherungen unterliegen als sonstige Einkünfte der Besteuerung mit dem Ertragsanteil. Der Ertragsanteil spiegelt den Ertrag des Rentenrechts wider; er stellt den (pauschalierten) Zinsertrag der Anlage dar. Der Ertragsanteil ist somit als Differenz zwischen angespartem Vermögen und den eingezahlten Beiträgen zu verstehen.

Die Höhe des Ertragsanteils richtet sich nach dem Alter des Leistungsbeziehers aus der privaten Rentenversicherung zu Beginn der Rentenzahlung und beträgt zwischen 15 und 59 Prozent. Je später die erste Rentenzahlung erfolgt, desto geringer ist der Ertragsanteil und damit die steuerliche Belastung. Bei einem 65- bis 66-Jährigen beispielsweise beträgt der Ertragsanteil 18 Prozent. Die nachfolgende Tabelle 19 gibt den Verlauf des Ertragsanteils wieder.

Praxistipp 89:

Die Besteuerung von Rentenleistungen aus privaten Rentenversicherungen mit einem Ertragsanteil von z.B. 18 Prozent heißt nicht, dass anstelle der 25-prozentigen Abgeltungsteuer eine 18-prozentige Ersatzsteuer auf die Rentenleistungen fällig wird, sondern dass nur 18 Prozent der Leistung überhaupt versteuert werden müssen. Bei einem Grenzsteuersatz von z.B. 25 Prozent entspricht dies einem Steueranteil von 4,5 Prozent auf die Bruttorentenleistung.

Damit unterliegen Leistungen aus privaten Rentenversicherungen regelmäßig einer niedrigeren Steuerlast als Leistungen, die der vollen Besteuerung nach dem progressiven Steuertarif im Rahmen der nachgelagerten Besteuerung unterzogen werden.[277] Dieser Vorteil darf allerdings nicht darüber hinwegtäuschen, dass bei der privaten Rentenversicherungsvariante das Deckungskapital vollständig aus versteuertem Einkommen gebildet werden musste. Versicherungsbeiträge für private Rentenversicherungen sind nicht als Sonderausgaben abziehbar.

Einmalauszahlungen des angesparten Guthabens aus einer privaten Rentenversicherung unterliegen wie Kapitallebensversicherungen bei Vorliegen der übrigen Voraussetzungen der hälftigen Besteuerung.[278]

Bei Beginn der Rente vollendetes Lebensjahr des Rentenberechtigten	Ertragsanteil in %	Bei Beginn der Rente vollendetes Lebensjahr des Rentenberechtigten	Ertragsanteil in %
0 bis 1	59	51 bis 52	29
2 bis 3	58	53	28
4 bis 5	57	54	27
6 bis 8	56	55 bis 56	26
9 bis 10	55	57	25
11 bis 12	54	58	24
13 bis 14	53	59	23
15 bis 16	52	60 bis 61	22

---

[277] Vgl. dazu unten Abschnitt: Steueroptimiertes betriebliches Altersvorsorgesparen sowie Staatlich geförderte Altersvorsorgeprodukte.
[278] Vgl. Teil I Abschnitt: Besteuerung von Kapitallebensversicherungen und fondsgebundenen Lebensversicherungen.

Bei Beginn der Rente vollendetes Lebensjahr des Rentenberechtigten	Ertragsanteil in %	Bei Beginn der Rente vollendetes Lebensjahr des Rentenberechtigten	Ertragsanteil in %
17 bis 18	51	62	21
19 bis 20	50	63	20
21 bis 22	49	64	19
23 bis 24	48	65 bis 66	18
25 bis 26	47	67	17
27	46	68	16
28 bis 29	45	69 bis 70	15
30 bis 31	44	71	14
32	43	72 bis 73	13
33 bis 34	42	74	12
35	41	75	11
36 bis 37	40	76 bis 77	10
38	39	78 bis 79	9
39 bis 40	38	80	8
41	37	81 bis 82	7
42	36	83 bis 84	6
43 bis 44	35	85 bis 87	5
45	34	88 bis 91	4
46 bis 47	33	92 bis 93	3
48	32	94 bis 96	2
49	31	ab 97	1
50	30		

Tabelle 19: Ertrag des Rentenrechts (Ertragsanteil) gem. § 22 EStG.

Steueroptimiertes betriebliches Altersvorsorgesparen

Die betriebliche Altersversorgung ist geregelt im sogenannten Betriebsrentengesetz[279] (BetrAVG). Als betriebliche Altersversorgung bezeichnet werden Leistungen, die der Arbeitgeber seinem Arbeitnehmer aus Anlass eines Arbeitsverhältnisses in Bezug auf Versorgungsleistungen bei Alter, Invalidität oder Tod zusagt.

---

[279] § 1 BetrAVG.

Praxistipp 90:

Seit 2002 besteht für Arbeitnehmer ein Rechtsanspruch auf Durchführung mindestens einer Variante der betrieblichen Altersvorsorge. Jeder Arbeitnehmer kann also von seinem Arbeitgeber die Nutzung dieser geförderten Altersversorgung verlangen. Seit 2005 besteht auch eine grundsätzliche Mitnahmemöglichkeit der Anwartschaften bei Arbeitgeberwechsel (Rechtsanspruch auf Portabilität).

Für das betriebliche Altersvorsorgesparen stehen Arbeitnehmern insgesamt fünf Wege offen:

- Direktzusage: Diese wird allein vom Arbeitgeber durch Bildung von Pensionsrückstellungen finanziert. Für Direktzusagen (Pensionszusagen nach § 6a EStG) gilt die nachgelagerte Besteuerung – keine Abgeltungsteuer.

- Unterstützungskassen: U-Kassen sind rechtsfähige Versorgungseinrichtungen, die die von verschiedenen Arbeitgebern überwiesenen Beiträge als sogenannte rückgedeckte U-Kassen in eine Lebens- oder Rentenversicherung anlegen. Der Arbeitnehmer ist die versicherte Person; dieser bekommt eine Zusage von der Unterstützungskasse über die Höhe der Leistungen der Rückdeckungsversicherung und die Unterstützungskasse der Versicherungsnehmer. Für Leistungen aus U-Kassen gilt die nachgelagerte Besteuerung – keine Abgeltungsteuer.

- Direktversicherung: Die Direktversicherung kann eine Kapitallebensversicherung oder eine fondsgebundene Lebensversicherung sein, die der Arbeitgeber (= Beitragszahler) zur betrieblichen Altersvorsorge für den Arbeitnehmer (= Versicherter) abschließt. Beiträge für Direktversicherungen sind von der Einkommensteuer befreit, spätere Auszahlungen unterliegen der vollen nachgelagerten Besteuerung – keine Abgeltungsteuer.

- Pensionskassen: Pensionskassen sind rechtsfähige, in der Form der Aktiengesellschaft oder des Versicherungsvereins auf Gegenseitigkeit firmierende Versorgungseinrichtungen. Arbeitgeber schließen hier Lebensversicherungsverträge auf die Namen ihrer Arbeitnehmer ab; die Finanzierung der Versorgungsleistung erfolgt aus den Beiträgen des Arbeitgebers und den Erträgen der Pensionskasse. Die Besteuerung von Leistungen aus Pensionskassen entspricht derjenigen für Direktversicherungen – keine Abgeltungsteuer.

- Pensionsfonds: Pensionsfonds erbringen Altersvorsorgeleistungen im Wege des Kapitaldeckungsverfahrens. Die Beitragsleistung erfolgt über den Arbeitgeber zu Lasten bzw. auf Rechnung des Arbeitnehmers mittels Entgeltumwandlung (siehe unten). Pensionsfonds haben gegenüber Pensionskassen erweiterte Kapitalanlagemöglichkeiten. Die Besteuerung von Leistungen aus Pensionsfonds entspricht derjenigen für Direktversicherungen – keine Abgeltungsteuer.

Die betriebliche Altersversorgung kann von Arbeitgeber und/oder vom Arbeitnehmer mittels Entgeltumwandlung finanziert werden; die arbeitnehmerfinanzierte Entgeltumwandlung bildet dabei den Regelfall. Hierzu behält der Arbeitgeber einen bestimmten Teil vom Bruttogehalt ein und führt diesen steuerfrei an die Vorsorgeeinrichtung ab. Der Arbeitnehmer zahlt auf das einbehaltene Entgelt weder Steuern noch Sozialversicherungsbeiträge.

Praxistipp 91:

Die staatliche Förderung des betrieblichen Altersvorsorgesparens besteht in der Steuer- und Sozialversicherungsfreiheit der aus dem Arbeitslohn einbehaltenen Beitragsleistung.

Die maximal mögliche Entgeltumwandlung ist bei den drei versicherungsgestützten Durchführungswegen (Direktversicherung, Pensionskasse, Pensionsfonds) auf vier Prozent des Betrags der Beitragsbemessungsgrenze (West) in der gesetzlichen Rentenversicherung begrenzt.[280] Dies entspricht im Jahr 2008 einem Maximalbeitrag von 212 Euro im Monat. Bei der Direktzusage und der Unterstützungskasse sind höhere Beiträge für die Altersversorgung ansparfähig.

---

[280] § 3 Nr. 63 EStG.

Leistungen aus den Vorsorgeeinrichtungen werden nachgelagert besteuert, das heißt ab dem Leistungszeitpunkt zum progressiven Steuersatz des Leistungsempfängers. Leistungen aus Direktzusagen und Unterstützungskassen stellen Einkünfte aus nichtselbstständiger Arbeit aus einem früheren Dienstverhältnis dar und unterliegen dem Lohnsteuerabzug.[281] Leistungen aus Direktversicherungen, Pensionsfonds und Pensionskassen stellen sonstige Einkünfte dar.[282] Sie unterliegen allerdings nur in dem Umfang der vollen Besteuerung, als die Leistungen auf Beiträgen beruhen, die während der Ansparphase steuerlich entlastet worden sind. Letzteres ist der Fall, soweit Arbeitsentgelt nur bis zu dem jeweils geltenden Maximumbetrag umgewandelt worden ist. Leistungen aus diesen drei Durchführungswegen, die auf Kapital beruhen, das nicht aus steuerentlasteten Beiträgen im Wege der Entgeltumwandlung gebildet wurde, sind wie Leibrenten mit dem Ertragsanteil steuerpflichtig. Seit 2004 besteht außerdem eine Beitragspflicht aus den Leistungen der betrieblichen Altersversorgung zur gesetzlichen Kranken- und Pflegeversicherung.

Praxistipp 92:

Die Durchführung der einzelnen Wege der betrieblichen Altersvorsorge ist für den Arbeitgeber mit umfassenden administrativen Aufgaben und Haftungsrisiken verbunden. Für Unternehmen empfiehlt es sich, die Verwaltung sämtlicher BAV-Verträge auf einen externen Dienstleister auszulagern. Die bundesweit tätige Pro Found – Service & Datenmanagement GmbH aus München[283] ist derzeit nach eigenen Angaben die einzige Gesellschaft, die die komplette Übernahme von administrativen Aufgaben und Arbeitgeberpflichten innerhalb der betrieblichen Altersversorgung anbietet.

---

[281] § 19 Abs. 1 Nr. 2 EStG.
[282] § 22 Nr. 5 Satz 1 EStG.
[283] Kontaktadresse: Bayerstr. 1, 80335 München, Tel.: 089/3600 4700, E-Mail: info@pfsd.de, www.pfsd.de.

Staatlich geförderte Altersvorsorgeprodukte

Riester-Rente
Allgemeines

Unter einer „Riester-Rente"[284] wird das private Altersvorsorgesparen mittels bestimmter „Riester-zertifizierter" Kapitalmarktprodukte verstanden. Anspruch auf die staatliche Altersvorsorgezulage haben alle in der gesetzlichen Rentenversicherung Pflichtversicherten (Arbeitnehmer und rentenversicherungspflichtige Selbstständige, z.b. über die Künstlersozialkasse versicherte Künstler), alle Beamten, außerdem Soldaten und Zivildienstleistende, Eltern im Erziehungsurlaub (maximal für die ersten drei Lebensjahre eines jeden Kindes) und Arbeitslose. Selbstständige, die nicht in der gesetzlichen Rentenversicherung pflichtversichert sind, oder Pflichtversicherte in berufsständischen Versorgungseinrichtungen (z.B. Ärzte), freiwillig in der gesetzlichen Rentenversicherung Versicherte, geringfügig Beschäftigte oder Altersrentner erhalten keine Riester-Förderung.

Geförderte Altersvorsorgeprodukte und Förderumfang

Das Altersvorsorgesparen im Rahmen der Riester-Rente gestaltet sich in Form privater Rentenversicherungen oder Fondsrentenpolicen, besonders zertifizierter Banksparpläne oder Fondssparpläne. Banken, Versicherungen und Investmenfondsgesellschaften halten eine breite Palette von durch die Bundesanstalt für Finanzdienstleistungsaufsicht zertifizierten Riesterprodukten bereit.

Praxistipp 93:

Eine aktuelle Liste der Fondsangebote mit Riester-Förderung findet der Leser auf der Homepage des Bundesverband Investment und Asset Management e.V., www.bvi.de (Rubrik Altersvorsorge/staatliche geförderte Altersvorsorge).

Riester-Altersvorsorgesparer werden zweifach steuerlich gefördert: Die Beiträge unterliegen einerseits einem besonderen Sonderausgabenabzug

---

[284] Die Bezeichnung „Riester-Rente" geht auf den ehem. Bundesminister für Arbeit und Sozialordnung, Walter Riester, zurück.

bis zur Höhe von 2.100 Euro[285] im Jahr und außerdem werden auf die Sparbeiträge progressionsunabhängige Altersvorsorgezulagen gewährt, wobei de facto keine doppelte Förderung durch Sonderausgabenabzug und Zulagen erfolgt, da der Zulagenanspruch um die Steuerersparnis, die sich aus dem Sonderausgabenabzug ergibt, im Fall eines günstigeren Sonderausgabenabzugs (Günstigerprüfung) gemindert wird oder im umgekehrten Fall der Sonderausgabenabzug ausscheidet.

Riester-Altersvorsorgesparer erhalten eine Grundzulage in Höhe von 154 Euro (Verheiratete 308 Euro) jährlich. Dazu kommt eine Kinderzulage von 185 Euro im Jahr. Die Zulagen werden dem Altersvorsorgevertrag direkt gutgeschrieben. Für den Erhalt der Grundförderung ist eine Sparleistung in Höhe von vier Prozent des sozialversicherungspflichtigen Bruttogehalts des dem Kalenderjahr der Sparleistung vorangegangenen Kalenderjahres erforderlich, maximal jedoch 2.100 Euro im Jahr abzüglich des vollen Grundlagen- und Kinderzulagenanspruchs.

Praxistipp 94:

Frühes Einsteigen lohnt bei Riesterprodukten besonders. Altersvorsorgesparer, die sich erst im fortgeschrittenen Lebensalter für ein Riesterprodukt entscheiden, verspielen Renditechancen. Denn mit zunehmendem Lebensalter des Altersvorsorgesparers fließt ein immer größerer Teil von Aktienanlagen in weniger rentierliche Rentenanlagen. Grund dafür ist die dem Altersvorsorgesparer versprochene Garantie des Erhaltes der eingezahlten Beiträge zzgl. der Zulagen am Laufzeitende. Höhere Renditechancen mit Aktienfonds stehen Vorsorgesparern im Regelfall bis Mitte 40 zur Verfügung. Für ältere Sparer empfiehlt sich eine gute Mischung aus Aktien- und Rentenfonds.

Steuerliche Behandlung

Leistungen aus fondsgebundenen zertifizierten Altersvorsorgeverträgen, die auf gefördertem Altersvorsorgekapital beruhen, werden nach geltendem Recht in vollem Umfang in der Auszahlungsphase nachgelagert besteuert;[286] „in vollem Umfang" heißt hierbei zum vollen persönlichen Steuersatz, wel-

---
[285] Ab dem Veranlagungszeitraum 2008 vgl. § 10a Abs. 1 Satz 1 EStG.
[286] § 22 Nr. 5 EStG.

cher im Auszahlungszeitpunkt anzuwenden ist. Das Einkommensteuerrecht differenziert hier nicht danach, ob die entsprechenden Leistungen auf Zulagen, Eigenbeiträgen, Zinsen, Dividenden, Erträge oder Wertzuwächsen beruhen. Dementsprechend erfolgt während der Ansparphase keine steuerliche Erfassung von Wertsteigerungen mit Abgeltungsteuer.

Durch die Zulagen und die Steuervorteile kann die Förderquote bis zu 50 Prozent betragen. Die gezahlten Beiträge mit den Zuschüssen sind dabei garantiert, und zwar selbst dann, wenn die Rendite der Kapitalanlagen null beträgt.

Praxistipp 95:

Die nachgelagerte Besteuerung von Kapitalanlagen ist für den Kapitalanleger immer vorteilhafter als die Abgeltungsbesteuerung, welche direkt bei Vereinnahmung der Erträge greift. Bei der nachgelagerten Besteuerung wachsen die Wertzuwächse während der Ansparzeit des Vertrages steuerfrei an. Dieser Zinseszinseffekt erhöht die Rendite solcher Kapitalanlagen ganz erheblich.

Der Nachteil der Riester-Rente ist, dass die Auszahlung des Ansparkapitals erst nach dem 60. Lebensjahr möglich ist und dass nur 30 Prozent der Ersparnisse bei Rentenbeginn ausgezahlt werden können. Mindestens 70 Prozent der angesparten Summe müssen verrentet werden, das heißt, sie können nur in monatlichen Rentenzahlungen ausgezahlt werden.

Private Basis(Rürup-)Rente
Allgemeines

Die private Basisrente, allgemein unter dem Begriff Rürup-Rente bekannt, stellt als weiteres steuerlich motiviertes Vorsorgeprodukt einen Rentenversicherungsvertrag aus der dem Alterseinkünftegesetz 2005 entsprechenden 1. Schicht (Basisversorgung) dar. Die Basis-(Rürup-)Rente entspricht in ihren Leistungsmerkmalen der gesetzlichen Rente, ist allerdings kapitalgedeckt. Im Unterschied zur Riester-Rente (dort können, wie erläutert, bis zu 30 Prozent des angesparten Kapitals bei Rentenbeginn ausgezahlt werden) gibt es bei der Basis-(Rürup-)Rente kein Kapitalwahlrecht. Ein Basis-(Rürup-)Rentenvertrag sieht nur die Zahlung einer monatlichen lebenslangen Leibrente vor, und der angesparte Kapitalbetrag kann nur im Rahmen einer lebenslangen Rente bezogen werden. Die Rente darf nicht vor Vollendung des 60. Lebensjahres beginnen. Die Ansprüche aus dem Versicherungsvertrag erlöschen beim Tod des Vorsorgesparers vor Rentenbeginn zur Gänze und nach Rentenbeginn teilweise.[287] Die Ansprüche sind nicht vererbbar, nicht beleihbar, nicht veräußerbar und nicht kapitalisierbar. Die private Basisrente ist Hartz-IV- und insolvenzgeschützt, sie bleibt auch bei der Anrechnung von Vermögen bei längerer Arbeitslosigkeit unberücksichtigt.

Geförderte Altersvorsorgeprodukte und Förderumfang

Das Altersvorsorgesparen im Rahmen der Basis-(Rürup)-Rente gestaltet sich in Form einer privaten Rentenversicherung, aber auch in Form fondsgebundener Versicherungen (Fondspolicen) oder Fondssparplänen, jeweils mit variablen Einzahlungsmöglichkeiten. So können beispielsweise Verträge mit niedriger Mindest-Einzahlrate abgeschlossen und mit variablen Raten (im Regelfall bis zur Höhe des maximalen Sonderausgabenabzugs) bespart werden.

Praxistipp 96:

Durch die Vereinbarung niedriger Raten ist der Sparer in seiner Liquidität nicht eingeengt und kann in Jahren mit höherer steuerlicher Belastung entsprechende Extra-Beiträge steuerlich geltend machen.

Die Versicherungsbeiträge sind unter den Voraussetzungen im Rahmen der gesetzlichen Höchstbeträge als Sonderausgaben abziehbar. Im Jahr 2008 können 66 Prozent der Beitragsleistung, jedoch maximal 66 Prozent von 20.000 Euro (= 13.200 Euro bei Ledigen bzw. 26.400 Euro bei Verheirateten) im Jahr, als Sonderausgaben steuermindernd geltend gemacht werden.[288] Der Sonderausgabenabzugsbetrag steigt bis 2025 um jährlich zwei Prozent-Punkte auf 100 Prozent = 20.000 Euro (bei Verheirateten und gemeinsam Veranlagten = 40.000 Euro). Zahlt ein lediger Altersvorsor-

---

[287] Für verheiratete Vorsorgesparer ist die Vereinbarung einer Hinterbliebenenrente möglich.
[288] § 10 Abs. 3 Satz 1 i.V.m Satz 4 und Satz 6 EStG.

gesparer im Jahr 2008 z.B. 10.000 Euro in seinen Basisrentenvertrag ein, kann er im Veranlagungszeitraum 2008 6.600 Euro, in 2009 6.800 Euro und in 2025 die vollen 10.000 Euro als Sonderausgaben geltend machen. Gemindert wird der Sonderausgabenabzug allerdings um den steuerfreien Arbeitgeberanteil zur Rentenversicherung und einen diesem gleichgestellten steuerfreien Zuschuss des Arbeitgebers.

Praxistipp 97:

Arbeitnehmer sollten daher vor dem Abschluss einer „Basis- bzw. Rürup-Rente" bedenken, dass auch die Beiträge zur gesetzlichen Rentenversicherung und ggf. Beiträge zur betrieblichen Vorsorge zu den Vorsorgeaufwendungen zählen und dem Vorsorge-Sonderausgabenabzugsbetrag von aktuell 13.200 Euro hinzuaddiert werden. Im Einzelfall kann der Sonderausgabenabzugsbetrag für die Basis-(Rürup-)Rente daher bereits verbraucht sein.

Steuerliche Behandlung

Leistungen aus fondsgebundenen Altersvorsorgeprodukten aus der Basisrente[289] werden nach geltendem Recht in der Auszahlungsphase unter Berücksichtigung eines vom Zeitpunkt des Rentenbeginns abhängigen steuerfreien Anteils nachgelagert besteuert.[290] Die Höhe des zu versteuernden Anteils (Besteuerungsanteil) hängt dabei vom Jahr des ersten Rentenbezuges ab. Ab 2008 gezahlte Basisrenten werden mit 56 Prozent besteuert; der Besteuerungsanteil gilt lebenslang. Der steuerfreie Anteil sinkt bis 2020 jährlich um zwei Prozent, danach um ein Prozent, bis schließlich ab 2040 Leistungen aus den Basisrenten voll steuerpflichtig werden. Bei der steuerlichen Behandlung der Basis-(Rürup-)Rente erfolgt keine Differenzierung danach, ob die entsprechenden Leistungen auf Zinsen, Dividenden, Erträgen oder Wertzuwächsen beruhen. Während der Ansparphase erfolgt keine Besteuerung der Wertsteigerung des angesparten kapitalgedeckten Vermögens mit Abgeltungsteuer.

---

[289] § 10 Abs. 1 Nr. 2 Buchstabe b EStG.
[290] § 22 Nr. 1 Satz 3 Buchstabe a Doppelbuchstabe aa EStG.

	Riester-Rente	Basis-(Rürup-)Rente
Anspruchsberechtigte	Alle, die in der gesetzlichen Rentenversicherung pflichtversichert sind	Jedermann – insbesondere für Selbstständige geeignet
Förderung	Steuerlich geförderte Anlagebeträge und Zuschläge	Steuerlich geförderte Anlagebeträge
Maximale Förderhöhe	2.100 € (ab 2008)	13.200 €
Beleihung	Nur für Immobilienkauf beleihbar	Nicht beleihbar, übertragbar, veräußerbar
Kapitalwahlrecht	Bis zu 30% bei Rentenbeginn auszahlbar	Kein Kapitalwahlrecht, Auszahlung ausschließlich als Leibrente
Sicherheit	Alle Angebote garantieren mindestens Rückerhalt der gezahlten Beiträge und der Zulagen	Kein Risiko, Wertentwicklung gemäß Garantiezins
Besteuerung	Volle Besteuerung bei Auszahlung (nachgelagerte Besteuerung), keine Abgeltungsteuer	Steuerpflichtig wie gesetzliche Rentenleistung, (nachgelagerte Besteuerung), keine Abgeltungsteuer
Durchführung	Riester-Banksparplan Riester-Rentenversicherung Riester-Fondspolice Riester-Fondssparplan	Klassische Rentenversicherungsprodukte Fondsgebundene Policen

Tabelle 20: Abgeltungsteuerfreie Durchführungswege der privaten Altersvorsorge mit Riester- und Rürup-Rente.

Die Altersvorsorge-Sondervermögen (AS-Fonds)

„AS" steht für „Altersvorsorge-Sondervermögen". Es handelt sich hierbei um eine seit 1998 existierende spezielle Art von Investmentfonds, deren Anlagepolitik sich am Altersvorsorgeziel orientiert. AS-Fonds können bis zu 75 Prozent in Aktien, bis zu 30 Prozent in offene Immobilienfonds sowie in Rentenwerte investieren. Risiken aus der Anlage in fremde Währungen sind auf maximal 30 Prozent des Fondsvermögens begrenzt. Rein spekulative Investitionen scheiden aus. Erträge des Fonds werden automatisch wieder angelegt (thesauriert). Dadurch entsteht ein gewisser Zinseszinseffekt. Zum Ende der Sparphase können Anteilseigner ihr aufgebautes Vermögen und die Erträge sichern, indem sie auf andere Fonds – beispielsweise Rentenfonds – umschichten. Nach Ablauf von drei Vierteln der Ansparphase ist dies kostenlos.

Die Besteuerung von Erträgen aus Investments in AS-Fonds entspricht den Vorschriften, die für thesaurierende Investmentfonds gelten. Steuerliche Besonderheiten bei der Abgeltungsteuer ergeben sich nicht.[291]

Praxistipp 98:

AS-Fonds eignen sich für junge Altersvorsorgesparer, die flexibel bleiben möchten und noch die Zeit haben, längere Börsenbaissephasen auszusitzen. Die monatlichen Sparbeträge können beliebig festgelegt, geändert oder unter einer dreimonatigen Kündigungsfrist zum Quartalsende auch vorübergehend ausgesetzt werden. Wegen der laufenden Besteuerung von ausschüttungsgleichen Erträgen und den Wertzuwächsen mit Abgeltungsteuer erweisen sich Fondspolicen aus steuerlicher Sicht als das bessere Altersvorsorgemodell.

Fondspolicen-Rente durch steuerbegünstigtes Investmentfondssparen

Fondspolice versus Kapitallebensversicherung

Die goldene Fassade der klassischen Kapitallebensversicherung bröckelte in letzter Zeit. Die Liquiditätssituation vieler Lebensversicherer entwickelte sich negativ, was eine drastische Reduzierung der Überschussbeteiligungen für die Zukunft erwarten lässt. Die zu erwartenden Renditen bei neuen Policen liegen somit nur noch zwischen drei und vier Prozent mit sinkender Tendenz.

Als der bessere Weg zur privaten Altersvorsorge erweisen sich fondsgebundene Lebensversicherungen mit Todesfallschutz. Wie aus dem jüngsten Jahrbuch 2007 des Gesamtverbandes der Deutschen Versicherungswirtschaft[292] hervorgeht, sind fondsgebundene Lebensversicherungen auf dem Vormarsch: 798.500 Verträge (davon 685.800 fondsgebundene Rentenversicherungen) wurden im ersten Halbjahr 2007 abgeschlossen. Dies entspricht einem Plus von 13,3 Prozent gegenüber dem Vorjahr.

---
[291] Vgl. Teil I Abschnitt: Besteuerung von Investmentfondsanteilen.
[292] Jahrbuch 2007, Seite 72ff.

Fondsgebundene Versicherungen verknüpfen in besonderem Maße Versicherungsschutz, wie etwa die Hinterbliebenenversorgung oder aber auch die persönliche private Altersvorsorge, mit den Chancen des Kapitalmarktes. Einziger Wermutstropfen: Die bei Vertragsende zu erwartenden Leistungen lassen sich bei fondsgebundenen Versicherungen im Gegenzug zur klassischen Kapitallebensversicherung nicht exakt beziffern. Die Ablaufleistung oder auch die Höhe der laufenden Rentenzahlungen orientiert sich vielmehr an der Wertentwicklung der dem Investment zugrunde liegenden Investmentfonds. Für konservative Kapitalanleger bietet die Versicherungswirtschaft allerdings eine Reihe von Garantiepuffer an.

Die Fondspolicen-Rente im Detail

Bei der Fondspolice fließt der vom Versicherten zu leistende Beitrag nicht in den Deckungsstock des Versicherers, sondern wird am Kapitalmarkt – namentlich in Investmentfonds – angelegt. Der Vorsorgesparer kann je nach Tarif als Anlageprodukt Spitzenfonds mit jahrzehntelanger Historie und/oder eine Kombination vieler Fonds mit unterschiedlichen Anlageschwerpunkten wählen. Ab Fälligkeit der Police bzw. ab dem Rentenbeginn wandelt sich die Fondspolice im Regelfall in eine klassische Rentenversicherung mit traditionellen risikofreien Anlageprodukten (Anleiheninvestments) um.

Die Besteuerung fondsgebundener Rentenpolicen erfolgt nach den für private Rentenversicherungen geltenden Bestimmungen zum im Auszahlungszeitpunkt nach dem Lebensalter geltenden Ertragsanteil des Versicherten.[293] Abgeltungsteuer auf laufende Kapitalerträge oder Kursgewinne fällt nicht an. Dadurch ergibt sich für die Fondspolice im Vergleich zum direkten Investmentfondssparen ein erheblicher steuerlicher Vorteil. Letzterer ergibt sich auch dann, wenn der Fondskauf noch vor dem 1.1.2009 erfolgt. Denn die Abgeltungsteuer greift künftig auf die vollen Dividendenerträge zu!

Zur Absicherung der kapitalmarktspezifischen Risiken können Vertragsvarianten z.B. mit „Beitragsgarantien" oder „Höchststandgarantien" gewählt werden. Bei solchen Varianten fließt ein bestimmter Teil der Einzahlungen in Garantiefonds. Diese Fonds garantieren am Ende der festgelegten Fondslaufzeit entweder die Rückzahlung des eingesetzten Kapi-

---

[293] Vgl. oben Abschnitt: Besteuerung von privaten Rentenversicherungen.

tals (Geld-Zurück-Garantie/Money-back-Garantie) oder einen bestimmten Garantiebetrag. Der Versicherungsnehmer partizipiert bis zur Endfälligkeit mit einer bestimmten Quote am Kursanstieg des jeweiligen Marktes. Als „Preis" für die Absicherung sind die Gewinnchancen bei solchen Fonds beschränkt. Der Risikoabsicherung dient auch ein sogenannter „Rentengarantiefaktor". Dieser legt von Beginn an fixierte Rentenansprüche in Abhängigkeit vom später vorhandenen Vermögen (z.B. pro 10.000 Euro erreichtem Fondsvermögen) fest.

Zur Risikoabsicherung dient auch ein effizientes Ablaufmanagement. So ist es rechtzeitig vor Rentenbeginn zweckmäßig, in weniger stark schwankende Fonds (z.B. Rentenfonds) umzuschichten, um das erreichte Fondsguthaben zu sichern. Der Versicherer übernimmt im Regelfall in Absprache mit dem Versicherungsnehmer notwendige Fondsumschichtungen.

Praxistipp 99:

Fondspolicen erweisen sich von der Kostenstruktur im Vergleich zum direkten Investmentfondssparen zu Beginn als teurer. Dieser Kostennachteil wird aber während der Vertragslaufzeit dadurch wieder gemindert oder sogar ausgeglichen, dass beim Kauf der Investmentfondsanteile über die Versicherungsgesellschaft teilweise niedrigere, teilweise sogar gar keine Ausgabeaufschläge und Transaktionskosten anfallen.

Checkliste: Wichtige Eckpunkte, die bei Abschluss einer Fonds-Rentenpolice beachtet werden sollten:

Fondsauswahl	Es sollten möglichst viele Investmentfonds namhafter Kapitalanlagegesellschaften zur Verfügung stehen.
Risikostreuung	Pro Vertrag sollten möglichst viele Investmentfonds kombiniert werden können, damit gleichzeitig in verschiedene Marktsegmente investiert und das Anlagerisiko entsprechend gestreut werden kann.
Fondswechsel	Die zu Vertragsbeginn festgelegte Fondsaufteilung sollte mehrmals im Jahr geändert und auch das vorhandene Fondsguthaben sollte mehrmals kostenfrei umgeschichtet werden können.

Beitragszahlung	Die Beitragszahlung sollte flexibel sein. Neben der laufenden Beitragszahlung sollte der Versicherer während der gesamten Ansparphase unter folgenden Alternativen wählen können: • Abgekürzte Beitragszahlungsdauer: Der Vertrag läuft nach dem Ende der Beitragszahlung bis zum Rentenbeginn ohne weitere Beitragszahlung. • Einmalige Beitragszahlung: Diese bietet sich z.B. an, wenn ein größerer Geldbetrag ertragsorientiert angelegt werden soll. • Sonderzahlungen: Der Versicherungsnehmer sollte durch Sonderzahlungen das Fondsguthaben und damit die spätere Rente zusätzlich erhöhen können.
Abrufphase	Eine vereinbarte Abrufphase ermöglicht es dem Versicherten, den Beginn der Rentenzahlung vorzuverlegen oder die Kapitalabfindung vorzeitig zu verlangen. In der Abrufphase kann aus dem (weiterlaufenden) Vertrag auch eine Teilrente oder ein Teilkapital ausgezahlt werden. Auch die Kombination von Rentenzahlung und Kapitalabfindung sollte möglich sein. Steuerliche Regelungen müssen allerdings beachtet werden. Unter Umständen fällt in der Abrufphase Abgeltungsteuer an!
Hinterbliebenensicherung	Während der Ansparphase soll der Versicherte zur Hinterbliebenenabsicherung einen zusätzlichen Versicherungsschutz vereinbaren können. Flexible Bausteinsysteme diverser Versicherer sichern den individuellen Bedarf von der Beitragsrückgewähr bis zu steigendem, gleich bleibendem oder fallendem Versicherungsschutz.
Partnerschutz	Die Versicherung sollte einen Partnerschutz beinhalten. Mit dem Partnerschutz sind zwei Personen gleichzeitig versichert. Beide Personen erhalten ab dem Rentenbeginn Rentenleistungen. Eine verbindliche Aufteilung der Renten erfolgt dabei erst mit Rentenbeginn.
Beitragsbefreiungen	Der Versicherungsnehmer sollte Vorsorge für eine eventuelle Berufsunfähigkeit treffen. Der Versicherer sollte bei vereinbarter Berufsunfähigkeits-Zusatzversicherung weitere Beitragszahlungen übernehmen. Nur dann bleibt die Altersvorsorge auch in diesem Fall gesichert.
Ablaufmanagement	Der Versicherte sollte kostenfrei in weniger risikoreiche Fonds umschichten können. Die automatisierte Umschichtung sollte jederzeit unterbrochen, geändert oder neu festgelegt werden können.
Nachversicherungsgarantie	Bestimmte Ereignisse erfordern eine Neuorientierung der vereinbarten Versorgung. Der Versicherte sollte ggf. eine Erhöhung der vereinbarten Versicherungsleistungen verlangen können. Dies sollte vertragsmäßig ohne erneute Gesundheitsprüfung erfolgen können.

Tabelle 21: Checkliste Fonds-Rentenpolicen

Beispielhaftes Vorsorge-Fondsparkonzept[294]

Herr Max Mustermann ist heute 30 Jahre alt. Aufgrund der drohenden Abgeltungsteuer beim direkten Investmentfondssparen zum 1.1.2009 kündigt er seinen Investmentfondssparvertrag bei seiner Bank und wechselt zum 1.2.2008 in eine fondsgebundene Lebensversicherung. Die bisher bei der Hausbank im Fondsdepot befindlichen Anteile belässt Mustermann dort. Diese kann er im Rahmen der „Altbestandsregelung"[295] nach einer Haltedauer von mehr als einem Jahr steuerfrei veräußern.

Mustermann zahlt ab dem 1.2.2008 bis 31.1.2043 einen monatlichen Beitrag von 200 Euro, was einer Beitragssumme von 84.000 Euro entspricht. Die Anlage erfolgt im Investmentdepot „LifeTime Global 2006" mit ausgewählten Investmentfonds.[296] Bei einer angenommenen Fondsentwicklung von sechs Prozent (neun Prozent) p.a. kann Mustermann am 31.1.2043 (nach 35 Jahren) eine private Rentenzahlung von 885 Euro (1.663 Euro) erwarten. Alternativ kann er die Kapitalabfindung wählen. Das prognostizierte Guthaben beträgt rund 240.000 Euro (450.000 Euro), was einer Rendite von 5,34 Prozent (8,18 Prozent) entspricht. [297]

---

[294] Beispiel LifeLine Invest – Fonds-Rente Continentale Lebensversicherung a.G Tarif FR 3, Quelle: Bezirksdirektion Winter, Rüdel & Messerschmidt OHG, München.

[295] Vgl. Teil I Abschnitt Übergangs- und Altbestandsregelung, Bestandsschutz für vor dem 1.1.2009 erworbene Wertpapiere.

[296] Derzeit im Depot enthalten: DWS Vermögensbildungsfonds I (30%), Templeton Growth Fund (30%), Sauren Global Growth (20%), MAT Asia Pacific Fonds (10%), MLIIF Global Opportunities Fund A (10%).

[297] Quelle: Bezirksdirektion Winter, Rüdel & Messerschmidt OHG, München. Für die Illustration der Kapitalabfindung bzw. der Rentenleistung wird eine Simulationsrechnung mit Echtkursen der Vergangenheit vorgenommen. Das Investmentfonds-Guthaben nach dem Echtkursverfahren unterstellt also modellhaft, dass sich für den Zeitraum der künftigen Ansparphase die gleichen Investmentfonds-Kurse ergeben wie im Vergangenheitszeitraum 1.7.1972 bis 1.7.2007. Sollten Echtkurse für die genannten Fonds nicht für den gesamten Vergangenheitszeitraum vorliegen, wurde, soweit möglich, mit dem depotnahen Index MSCI World gerechnet. Anlagechancen und Anlagerisiken liegen beim Versicherungsnehmer. Eine Garantie für die Höhe der Leistungen wird außer für die Höhe des Mindest-Todesfallschutzes nicht übernommen.

Eckdaten im Überblick

Produkt/Tarif	LifeLine Invest Fonds-Rente/FR3
Versicherungsgesellschaft	Continentale Lebensversicherung aG
Beginn/ Beitragszahlungsdauer	1.2.2008 bis 31.1.2043
Beginn Abrufphase	1.2.2038
Anzahl Fonds zur Wahl	Mehr als 70 davon über 20 namhafter Kapitalanlage-Gesellschaften
Anzahl Fondsdepot-Umschichtungen kostenlos	5
Risikostreuung	Bis zu 10 Fonds in einem Vertrag
Todesfallleistung (Grundbaustein)*	1% des Fondsguthabens (variable Leistung, abhängig vom Fondsguthaben).
Todesfallschutz (Wahlbaustein)*	100% der bereits fällig gewordenen Beiträge. Da die Summe der bereits gezahlten Beiträge zunimmt, ist die Leistung steigend.
Gesundheitsfragen	Keine
Rentengarantie	20 Jahre lang auch unabhängig vom Erleben
Mindestanlagebetrag	24 €
Nachversicherungsgarantie	Ohne Gesundheitsprüfung
Partnerschutz	Ja. Besonderheit: Stirbt eine der versicherten Personen, wird der Vertrag mit der Versicherungsleistung als Startwert fortgeführt, die planmäßige Altersversorgung der anderen Person bleibt gesichert.
Weitere Informationen	Die Continentale Bezirksdirektion Winter, Rüdel & Messerschmidt OHG, Adalbertstr. 110, 80798 München, Tel.: 089-2737810, Fax: 089-27818394, E-Mail: info.wrm@continentale.de, www.continentale.de

* Sind sowohl Grund- als auch Wahlbaustein vereinbart, so steht im Todesfall stets der höhere der beiden folgenden Werte zur Verfügung: Leistung aus dem Wahlbaustein oder EUR-Wert des Fondsguthabens zuzüglich der Leistung aus dem Grundbaustein.

Nettopolicen für mehr Transparenz und Kapitalanlegerschutz

Einige wenige renommierte Anbieter setzen bei fondsgebundenen Versicherungen auf sogenannte „Nettopolicen". Diese werden nicht nur den neuen Anforderungen hinsichtlich Ertragsaufteilung und Transparenz bei den Abschlussgebühren gerecht. Die Vorteile der Nettopolice liegen vielmehr in einer klaren vertraglichen Trennung von steuerlich abzugsfähigen

Aufwendungen und Versicherungsbeiträgen im Rahmen einer separaten Vermittlungsgebührenvereinbarung.

Fondspolicen mit dynamischer Allokation

Allgemeines

Bei sogenannten „Fondspolicen mit dynamischer Allokation"[298] erfolgt in bestimmten Abständen, z.B. jährlich, eine Neuauswahl sämtlicher Fonds. Diese Policenart nutzt eine durch empirische Untersuchungen und mathematische Erfahrungen belegte potenzielle Renditesteigerung von bis zu 20 Prozent im Jahr gegenüber traditionellen Versicherungsprodukten. Die Allokation wird vielfach noch dadurch optimiert, dass Fonds mit deutlich besseren Ergebnissen in die Selektionen aufgenommen und schwächere entsprechend ersetzt werden.[299] Abgesichert werden sollten Altersvorsorgepolicen noch mit einer Kombination bestimmter Wertsicherungsbausteine, wie einer Garantie für die einbezahlten Beiträge oder einer Kapitalsicherung für das bestehende Depot, das heißt, dem Kapitalanleger sollte ein einmal erzielter Depotwert zum Vertragsablauf sicher sein. Fondsgebundene Lebensversicherungen mit dynamischer Allokation eignen sich besonders auch für Geringverdiener und sollten wegen des Zinseszinseffektes empfohlenerweise mindestens ab dem 30. Lebensjahr abgeschlossen werden.

Beispielhaftes Vorsorgekonzept mit Fondspolicen mit dynamischer Allokation

Die fondsgebundene Lebensversicherung mit Rentenoption von MEDIUS besticht durch hohe Anpassungsflexibilität durch aktives Strategiemanagement und einem hohen Investitionskomfort für den Kapitalanleger durch einen monatlichen dynamischen Allokationsprozess. Hierbei kauft der Vermögensverwalter Spitzenfonds ohne Ausgabeaufschlag.

Sowohl die Käufe als auch die Verkäufe der Investmentzertifikate erfolgen zum Nettoinventarwert. Ein Ausgabeaufschlag wird in keinem Fall erhoben.

---

[298] Quelle: Michael Kneißl, Vertriebsleiter bei der Münchner MEDIUS Informations- und Vermittlungsservice im Finanzbereich und u.a. auf die Bereiche private und betriebliche Altersvorsorgeplanung spezialisiert.

[299] Beispiel: MEDIUS InvestmentPolice in Kooperation mit der Atlantiklux Lebensversicherung S.A, Luxemburg.

Im Rahmen dieses Vorsorgekonzeptes stehen Anlegern zwei Sicherungsbausteine zur Auswahl:

- Garantie der einbezahlten Beiträge wählbar

Für sicherheitsorientierte Kapitalanleger gibt es den ersten Sicherungsbaustein. Es besteht die Möglichkeit, eine Beitragsgarantie zu vereinbaren. Kapitalanleger erhalten dann garantiert die Summe der einbezahlten Beiträge zum Vertragsende ausbezahlt.

- Kapitalsicherung

Sinnvoller und auch praxisnäher erscheint die Möglichkeit der Kapitalsicherung. Dieser zweite Sicherungsbaustein stellt einen einmal erzielten Depotwert zum Vertragsablauf sicher. Auch hierbei entnimmt der Vermögensverwalter Werte aus den Selektionen und schichtet diese in Zero-Bonds erstklassiger Bonität um.

Praxistipp 100:

Die Restlaufzeit bei der Wahl der Kapitalsicherung muss aber noch mindestens 35 Jahre betragen, was jedoch bei praxisnaher Betrachtung wenig Bedeutung hat, da mit der Kapitalsicherung vor allem Schwankungen und Verluste kurz vor Beginn des Altersruhestandes vermieden werden sollen.

Beide Sicherungsbausteine sind jederzeit abwählbar oder für die verbleibende Vertragslaufzeit jederzeit zuwählbar. Es fallen keine zusätzlichen Garantiekosten an.

Die steuerliche Behandlung bei Kapitalisierung und Teilkapitalisierung richtet sich nach den allgemeinen für Lebensversicherungen geltenden Regelungen.[300] Erfolgt die Auszahlung oder Teilauszahlung vor dem 60. Lebensjahr, ist der Ertragsanteil (das Fondsguthaben abzüglich der investierten Beiträge) im Jahr der Auszahlung mit 25 Prozent Abgeltungsteuer zu besteuern. Bei Auszahlungen nach dem 60. Lebensjahr der versicherten Person und mindestens zwölfjähriger Vertragslaufzeit ist die Hälfte des

---

[300] Vgl. Teil I Abschnitt: Besteuerung von Kapitallebensversicherungen und fondsgebundenen Lebensversicherungen.

Ertrages nicht mit der Abgeltungsteuer, sondern zum individuellen Steuersatz zu versteuern.[301]

Der Besteuerung unterliegt dabei nur der tatsächlich ausbezahlte Betrag der oben beschriebenen Besteuerung. Alle weiterhin in der Police verbleibenden Fondsanteile und deren Erträge, wie z.B. Ausschüttungen, bleiben bis zur Auszahlung komplett steuerfrei. Der halbe Ertrag innerhalb der Auszahlungssumme erhöht das zu versteuernde Einkommen des Versicherungsnehmers im Jahr der Entnahme nach dem 60. Lebensjahr.

Beispiel:

Auszahlung:	10.000,00 €
Beiträge:	2.000,00 €
Ertrag:	8.000,00 €
zu versteuern (halber Ertrag):	4.000,00 €
Steuer bei 30% Steuersatz:	1.200,00 €
Steuerfreie Auszahlung:	8.800,00 €

Tabelle 22: Beispielhafte Ertragsbesteuerung bei einer Fondspolice mit dynamischer Allokation (Quelle: MEDIUS GmbH, München)

Die steuerliche Behandlung bei lebenslanger Verrentung gestaltet sich in Höhe des sogenannten Ertragsanteils[302] als sonstige Einkünfte. Bei Rentenbeginn mit vollendetem 65. Lebensjahr bedeutet dies beispielsweise, dass 18 Prozent der jährlichen Renteneinnahmen als steuerpflichtige Einkünfte zu behandeln sind.[303] Die Besteuerung erfolgt im Rahmen der Einkommensteuerveranlagung. Es fällt keine Abgeltungsteuer an.

Beispiel:

Jahresrente Beginn mit 65:	10.000,00 €
Ertragsanteil 18%:	1.800,00 €
Steuern bei 30% Steuersatz:	540,00 €
Steuerfreie Jahresrente:	9.460,00 €

Tabelle 23: Beispielhafte Ertragsbesteuerung bei einer Fondspolice mit dynamischer Allokation und Verrentung der Versicherungsleistung (Quelle: Medius München).[304]

---

[301] § 20 Absatz 1 Nr. 6 EStG.
[302] § 22 Nr. 1 EStG.
[303] Die Höhe der jeweiligen Ertragsanteilswerte hängt vom Alter bei Rentenbeginn ab und bleibt für den gesamten Zeitraum gleich, vgl. oben Abschnitt: Besteuerung von privaten Rentenversicherungen.
[304] Tatsächlich sind ca. 95 Prozent der Renteneinnahmen komplett steuerfrei!

Das Anlagekonzept ist bereits ab einem Monatsbeitrag von 35 Euro möglich. So können sich auch Kleinanleger an bis zu 24 der nachweislich erfolgreichsten Aktienfonds der Welt mit einer regelmäßigen Qualitätskontrolle in Form einer aktiven Vermögensverwaltung beteiligen. Kapitalanleger erhalten einen jährlichen Bericht über die Entwicklung der Vermögensanlage.

Weitere Informationen: Michael Kneißl, MEDIUS GmbH, Luise Kiesselbach Platz 35, 81377 München, Telefon: 089/ 7414500, E-Mail: mkneissl@medius.de, Internet: www.medius.de.

Teil V: Das abgeltungsteuerfreie Konto im Ausland

Der territoriale Geltungsbereich der Abgeltungsteuer endet an den deutschen Grenzen, so dass Kapitalanleger mit einem Konto im Ausland keine Abgeltungsteuer auf Einkünfte und Veräußerungsgewinne zahlen. Dadurch ergibt sich ein attraktiver Steuerstundungseffekt. Qualifizierte Finanzplätze bieten Diskretion; das Auslandskonto unterliegt nicht dem Kontenabruf.

Allgemeines

Wahl des Anlagelandes: Checkliste der wichtigsten Kriterien

Kapitalanleger, die wegen der Abgeltungsteuer ihr Kapital ins Ausland transferieren, sollten die in der folgenden Abbildung angeführten Kriterien berücksichtigen:

	🇩🇪	🇱🇮	🇨🇭
Bankgeheimnis	–	☑	☑
Sicherheit der Einlagen	☑	☑	☑
Rechtliche Stabilität	–	☑	☑
Wirtschaftliche Stabilität	☑	☑	☑
Politische Stabilität	☑	☑	☑
Geringe Besteuerung der Erträge	–	☑	☑
Keine Erbschaftssteuer	–	☑	☑
Keine Vermögenssteuer	☑	☑	–
Leistungsstarke Vermögensmanager	☑	☑	☑

Abbildung 9: Kriterien für Finanzplätze (Quelle: Bankhaus Jungholz, www.bankhaus-jungholz.com)

Während es in Deutschland gegenüber den Finanzbehörden kein Bankgeheimnis gibt und die Vorschrift des in der deutschen Abgabenordnung unter der Überschrift „Schutz von Bankkunden" enthaltenen § 30a AO dem unerfahrenen Anleger nur ein finanzbehördliches Bankgeheimnis vorspielt, ist das Bankgeheimnis in Österreich und der Schweiz gesetzlich geregelt und gewährt dem Anleger absolute Diskretion.[305] Neben einem gesetzlich verankerten Bankgeheimnis sollte das gewählte Anlageland möglichst niedrige Quellensteuern erheben sowie rechtlich, wirtschaftlich und politisch stabil sein. Zur langfristigen und generationenübergreifenden Vermögensplanung sollte der Anleger auf eine möglichst niedrige Belastung seines Vermögens mit Erbschaft- oder Vermögensteuer achten. In Österreich beispielsweise ist die Erbschaft- und Schenkungsteuer mit 31.7.2008 aufgehoben worden.

---

[305] Näheres hierzu vgl. Götzenberger, Anton-Rudolf, Diskrete Geldanlagen, 5. Auflage, Linde Verlag, Wien 2007, Teil III.

Praxistipp 101:

Deutsche Kapitalanleger genießen mit einem Konto im Ausland in den nachfolgend dargestellten Anlageländern absolute Diskretion. Nachdem von Seiten der dort tätigen Geschäftsbanken keinerlei Meldungen oder Mitteilungen an deutsche Finanzbehörden fließen, dürften deutsche Behörden im Normalfall auch keine stichfesten Beweismittel für ein Konto im Ausland gewinnen können. Gesetzlich verankerte Bankgeheimnisse werden außerdem nicht zur Beschaffung von Unterlagen in einem steuerlichen Ermittlungsverfahren aufgehoben. Weil die meisten Bankgeheimnisse erst aufgehoben werden, wenn ein Steuerstrafverfahren eingeleitet worden ist und ein solches die Aufhebung des Bankgeheimnisses zur Beweisgewinnung bedingen würde, besteht ein für den Kapitalanleger „schützender" Zirkelschluss, welcher die Offenlegung von Auslandskonten nur in Ausnahmefällen möglich erscheinen lässt. Dennoch sollten gesetzliche Bankgeheimnisse und Verschwiegenheitspflichten ausländischer Banken nicht zur Hinterziehung von Abgeltungsteuer animieren.

Wahl der Auslandsbank: Global Investment Performance Standards (GIPS) als Auswahlkriterium

Die GIPS® stehen für international anerkannte ethische Branchenstandards in der Vermögensverwaltung. Als Eigner der GIPS® fungiert das CFA-Institute (Chartered Financial Analysts; www.cfainstitute.org). Ein von der CFA und den Vertretern der beteiligten Länder initiiertes GIPS-Council sorgt für die laufende Weiterentwicklung der Standards.

Die GIPS® garantieren dem Vermögensverwaltungskunden eine durchgängige Transparenz bei der Performancemessung seiner Geldanlagen, eine globale Vergleichbarkeit des Reportings sowie eine umfassende und fundierte Präsentation der Anlageergebnisse. Der Kunde einer GIPS-zertifizierten Vermögensverwaltungsbank kann präzise und konsistente Performancedaten beim Reporting erwarten. Ebenso wird ihm von der Bank eine mindestens fünfjährige Performancehistorie auf der Basis von sogenannten Composites präsentiert. Als Composite gilt eine Gruppe von Einzelportfolios mit einer tatsächlich vergleichbaren Anlagestrategie. Für diese Gruppe wird dann die vermögensgewichtete Rendite ausgewiesen. Ein einseitiges Cherry-Picking – das ist zum Beispiel die

Darstellung von besonders günstigen Performance-Zeiträumen – wird dadurch unmöglich gemacht.

Praxistipp 102:

Die GIPS® bringen neben der Optimierung der internen Prozesse einer Vermögensverwaltungsorganisation dem Kunden die Gewissheit, dass er sich auf die präsentierten Anlageergebnisse verlassen kann, da sie von einem unabhängigen Dritten – im Regelfall einem renommierten Wirtschaftsberatungsunternehmen – überprüft und testiert worden sind.

Die Besteuerung ausländischer Kapitaleinkünfte

Allgemeines

Ausländische Kapitaleinkünfte werden von der Abgeltungsteuer nicht erfasst, wenn sie im Ausland anfallen bzw. einem ausländischen Konto/Depot gutgeschrieben werden, weil ausländische Kreditinstitute keine Abgeltungsteuer erheben. Dies gilt neben den Dividenden und positiven Veräußerungsergebnissen auch für Erträge aus sogenannten „verbrieften Forderungen" (Anleihen) sowie für Erträge aus Spareinlagen, Festgeldern usw., für die das ausländische Kreditinstitut selbst Schuldner ist.

Deutsche Kapitalanleger, die ihre Geld- und Wertpapieranlagen ins Ausland verlegen, entledigen sich dadurch allerdings nicht ihrer unbeschränkten Steuerpflicht. Ausländische Kapitalerträge unterliegen derselben abgeltenden Besteuerung wie inländische. So sind nicht der Abgeltungsteuer (Kapitalertragsteuer) unterliegende ausländische Kapitaleinkünfte in der Einkommensteuererklärung anzugeben; die tarifliche Einkommensteuer erhöht sich entsprechend um 25 Prozent der Einkünfte.[306]

Kapitalanleger können mit einem Konto im Ausland jedoch den sofortigen Abzug der Abgeltungsteuer auf Zins-, Dividendenerträge und Veräußerungsgewinne legal vermeiden. Zusätzliche Vorteile genießen deutsche

---

[306] Zzgl. Kirchensteuer, Solidaritätszuschlag; § 32d Abs. 3 EStG, § 2 Abs. 6 Satz 1 EStG – keine Besteuerung zum persönlichen Einkommensteuersatz.

Kapitalanleger mit einem ausländischen Wertpapierdepot in Ländern mit attraktiven Rahmenbedingungen für Investoren und ihr Geld.

Deutsche Kapitalanleger genießen mit einem Auslandsdepot einen ganz legalen Steuerstundungseffekt für die Zeit zwischen dem Anfall der Erträge (zu diesem Zeitpunkt wäre in Deutschland die Abgeltungsteuer fällig) und der tatsächlichen Zahlungspflicht der Einkommensteuer. Denn erst einen Monat nach Bekanntgabe des Steuerbescheides schuldet der Kapitalanleger die Einkommensteuern auf ausländische Kapitalerträge. Zwischen Anfall der Erträge/Gewinne und der Fälligkeit der Steuerzahlung können unter Umständen fast zwei Jahre liegen! In dieser Zeit legt der Auslandsgeldanleger seine Erträge/Gewinne ohne Steuerabzug wieder an.[307]

Beispiel:
Angenommen, der deutsche Geldanleger erhält auf festverzinsliche Wertpapiere, die er im Depot bei seiner Hausbank hat, einen Zinsertrag von 25.000 Euro im Jahr. In diesem Fall waren in Deutschland sofort 6.955 Euro an Abgeltungsteuer fällig (= 27,82% aus 25.000 Euro inkl. Solidaritätszuschlag und Kirchensteuer). Angenommen, der Kapitalanleger reinvestiert die 6.955 Euro sofort für zwei Jahre zu vier Prozent, erzielt er daraus nochmals einen Zinsertrag von rund 568 Euro. Von diesen Mehrzinsen verbleiben dem Auslandsanleger nach Steuern 75 Prozent bzw. 425 Euro – ganz legal.

Praxistipp 103:

In Ländern, in denen die EU-Zinssteuer erhoben wird (insbesondere in Luxemburg, Belgien, Österreich), legt der Kapitalanleger seiner Auslandsbank eine von seinem Wohnsitzfinanzamt ausgestellte steuerliche Ansässigkeitsbescheinigung vor. Die Bank geht zum optionalen Meldeverfahren über und stellt das Depot steuerfrei.

---

[307] Gilt, sofern keine ausländischen Quellensteuern wie EU-Zinssteuer, Verrechnungssteuer oder Quellensteuer auf Dividenden zum Abzug kommen.

Anrechnung von ausländischen Quellensteuern auf die Abgeltungsteuer

Quellensteuern auf ausländische Kapitalerträge werden im Regelfall im Rahmen der Führung des Verlustverrechnungstopfes[308] bereits durch die auszahlende Stelle berücksichtigt. Dadurch tritt auch bei ausländischen Kapitaleinkünften eine Abgeltungswirkung ein. Ein gesondertes Antragsveranlagungsverfahren ist für Kapitalanleger mit quellensteuerbelasteten ausländischen Kapitalerträgen daher im Regelfall nicht notwendig.

Gezahlte ausländische Quellensteuern führen auch im Abgeltungsteuerverfahren zu einer Reduzierung der inländischen Steuerfestsetzung; das heißt, die Abgeltungsteuer mindert sich um anrechenbare ausländische Steuern.[309] Anrechenbare ausländische Steuern sind in der Formel für die Berechnung der Abgeltungsteuer mit „4q" berücksichtigt.[310]

Welche ausländischen Steuern auf die Abgeltungsteuer anrechenbar sind, richtet sich wie bisher nach den Vorschriften des Einkommensteuerrechts.[311] § 34c Abs. 1 Satz 1 EStG bestimmt hierzu, dass bei in Deutschland unbeschränkt Steuerpflichtigen, die mit ausländischen Einkünften in dem Staat, aus dem die Einkünfte stammen, zu einer der deutschen Einkommensteuer entsprechenden Steuer herangezogen werden, die festgesetzte, gezahlte und um einen entstandenen Ermäßigungsanspruch gekürzte ausländische Steuer auf die deutsche Einkommensteuer anzurechnen ist.

Deutsche Kapitalanleger mit einem Konto im Ausland müssen dabei unterscheiden zwischen:

- einem Konto in einem ausländischen Finanzplatz, mit dem ein Doppelbesteuerungsabkommen (DBA) besteht, und

- einem Konto in einem ausländischen Finanzplatz, mit dem kein Doppelbesteuerungsabkommen besteht.

Doppelbesteuerungsabkommen sind völkerrechtliche Verträge, die die Vermeidung einer doppelten Steuerbelastung zum Ziel haben. Dies wird dadurch erreicht, dass entweder ein Vertragsstaat von seinem Besteuerungsrecht keinen Gebrauch macht (Freistellungsmethode) oder der

---

[308] § 43a Abs. 3 EStG.
[309] § 32d Abs. 1 Satz 2 EStG.
[310] Vgl. Teil I Abschnitt: Steuerberechnung.
[311] § 32d Abs. 5 EStG iV.m. § 34 c EStG.

andere die bereits bezahlte Steuer auf seinen Steueranspruch anrechnet (Anrechnungsverfahren). Liegt ein Doppelbesteuerungsabkommen vor, ist dieses gegenüber dem nationalen Einkommensteuerrecht vorrangig. Nach dem Doppelbesteuerungsabkommen bestimmt sich, wer zur Anrechnung befugt ist, was ausländische Einkünfte sind und welche ausländischen Steuern angerechnet werden können.

Für die Anrechnung ausländischer Quellensteuer aus einem Nicht-DBA-Staat (z.B. EU-Steuerrückbehalt bei einem Konto in Liechtenstein) ist Voraussetzung, dass ausländische Einkünfte aus Kapitalvermögen vorliegen. Solche liegen vor, wenn der Schuldner Wohnsitz, Geschäftsleitung oder Sitz im Ausland hat oder das Kapitalvermögen durch ausländischen Grundbesitz gesichert ist.[312] Darüber hinaus müssen die oben genannten Tatbestandsmerkmale erfüllt sein, insbesondere das Tatbestandsmerkmal „der deutschen Einkommensteuer entsprechende ausländische Steuer".

Beispiel:
Kapitalanleger A hat im Jahr 2008 inländische Kapitaleinkünfte von 2.000 Euro und ausländische Kapitaleinkünfte von 40.000 Euro. Auf die ausländischen Kapitaleinkünfte wurden 20 Prozent EU-Zinssteuer einbehalten. Die Abgeltungsteuer errechnet sich wie folgt:

$$\frac{42.000\ €\ (\text{Gesamtbetrag der Kapitaleinkünfte})\ ./.\ 4 \times 8.000}{4 + 9/100\ =\ 4{,}09\ (\text{bei } 9\%\ \text{Kirchensteuer})} = 2.444{,}99\ €$$

Kontrollrechnung:

Kapitaleinkünfte gesamt	42.000,00 €
Als Sonderausgabe abziehbare Kirchensteuer (9% aus 2444,98 €)	220,04 €
Verbleibende Einkünfte	41.779,96 €
Davon Abgeltungsteuer 25%	10.444,99 €
Anrechenbare ausländische EU-Zinssteuer	8.000,00 €
Verbleibende Abgeltungsteuer	2.444,99 €

---

[312] § 34d Nr. 6 EStG.

Das Konto in der Schweiz

Allgemeines

Der Finanzplatz Schweiz gilt als ältester und traditionsreichster Finanzplatz Europas, er genießt als Investitionsland „par excellence" international einen hohen Stellenwert. In der Sparte Vermögensverwaltung für Privatkunden nimmt die Schweiz trotz Verrechnungssteuer und dem EU-Steuerrückbehalt, der zum 1.7.2008 von 15 Prozent auf 20 Prozent steigt, eine Spitzenstellung ein. Im Mai 2007 erreichten die Depotbestände im Alpenland nach den Statistiken der Schweizer Nationalbank ein Rekordvolumen von knapp 5.400 Mrd. Schweizer Franken (ca. 3.200 Mrd. Euro). 59 Prozent davon entfielen auf ausländische Depotinhaber. Die Schweiz steht damit mit einem Marktanteil von neun Prozent auf Platz 3 der weltweiten privaten Vermögensanlage. Im Segment der privaten grenzüberschreitenden Vermögensanlage zählt die Schweiz mit einem Marktanteil von 28 Prozent zu den wichtigsten Finanzplätzen. Der Schweizer Franken eröffnet nahezu unbegrenzte Anlagemöglichkeiten. Hohe Bonität, hervorgerufen durch strenge Liquiditätsvorschriften und hohe Eigenkapitalquoten, lassen Schweizer Banken wenig konkursgefährdet erscheinen. Hinzu kommt, dass die Kreditvergabe im Vergleich zur Vermögensverwaltung – dem Hauptgeschäft Schweizer Banken – nur eine untergeordnete Rolle spielt.

Bankgeheimnis, Amts- und Rechtshilfe

Das Schweizer Bankgeheimnis ist in Art. 47 des Schweizer Bundesgesetzes über die Banken und Sparkassen gesetzlich geregelt.[313] Es gehört zwar zu den wesentlichen Staatsinteressen der Schweiz und damit zum Ordre

---

[313] Art. 47 des „Bundesgesetzes über die Banken und Sparkassen" lautet: „1. Wer ein Geheimnis offenbart, das ihm in seiner Eigenschaft als Organ, Angestellter, Beauftragter oder Liquidator einer Bank, als Untersuchungs- oder Sanierungsbeauftragter der Bankenkommission, als Organ oder Angestellter einer anerkannten Revisionsstelle anvertraut worden ist oder das er in dieser Eigenschaft wahrgenommen hat, wer zu einer solchen Verletzung des Berufsgeheimnisses zu verleiten sucht, wird mit Gefängnis bis zu sechs Monaten oder mit Busse bis zu 50 000 Franken bestraft. 2. Handelt der Täter fahrlässig, so ist die Strafe Busse bis zu 30.000 Franken. 3. Die Verletzung des Berufsgeheimnisses ist auch nach Beendigung des amtlichen oder dienstlichen Verhältnisses oder der Berufsausübung strafbar. 4. Vorbehalten bleiben die eidgenössischen und kantonalen Bestimmungen über die Zeugnispflicht und über die Auskunftspflicht gegenüber einer Behörde."

Public. Im Unterschied zum österreichischen Bankgeheimnis[314] steht dem Schweizer Bankgeheimnis allerdings nicht der Rang eines verfassungsmäßigen Rechtes zu.

Das Schweizer Bankengesetz verpflichtet die Beschäftigten im Bankensektor, ihren Kunden gegenüber alle in Ausübung der beruflichen Tätigkeit anvertrauten oder wahrgenommenen Geheimnisse zu wahren. Zu erwähnen sind hier insbesondere Plaudereien im Bekanntenkreis des Bankmitarbeiters – ein unumstritten gefährliches Terrain, dem man mit Nummernkonten entgegenzutreten versucht. Der Schweigepflicht unterliegen neben den gewöhnlichen Angestellten auch die Mitglieder der Geschäftsleitung, Direktionsmitglieder, Vorstands- und Aufsichtsräte oder der Prokurist, der mit der Verwaltung eines diskreten Nummernkontos beauftragt worden ist. Auch außenstehende Dritte, die mit der Bank in einem externen Beschäftigungs-/Auftragsverhältnis stehen, müssen das Bankgeheimnis wahren.

Dem Schweizer Bankgeheimnis unterstellt sind alle in der Schweiz ansässigen ausländischen Kreditinstitute. Lässt der Kapitalanleger sein diskretes Nummernwertpapierdepot von der Schweiz-Tochter eines ausländischen Kreditinstituts verwalten, steht auch dieses Konto unter Bankgeheimnisschutz.

Soll eine Schweizer Bank zur Aufklärung von Steuersachverhalten eines deutschen Anlegers verpflichtet werden, ist grundsätzlich zu unterscheiden, ob das an die Bank gerichtete Auskunftsbegehren der Gewinnung von Informationen zur Steuerfestsetzung (Besteuerungsverfahren) dient oder ob gegen den Bankkunden bereits ein Verfahren wegen Steuerbetrugs gemäß Art. 186 des Bundesgesetzes über die direkte Bundessteuer (DBG) (oder Abgabebetrug nach Art. 14 Abs. 2 des Bundesgesetzes über das Verwaltungsstrafrecht bei ausländischen Rechtshilfeverfahren) anhängig ist. Des Weiteren ist zu unterscheiden, ob es sich bei den hinterzogenen Steuern um direkte (Einkommensteuer)[315] oder indirekte Steuern[316] (Mehrwertsteuer, Konsumsteuern, Verbrauchssteuern) handelt. Für indirekte Steuern leistet die Schweiz bereits bei einfacher Steuerhinterziehung in Höhe von mindestens 25.000 Euro Rechtshilfe; das Bankgeheimnis fällt.[317]

---

[314] Vgl. Teil V Abschnitt: Das Konto in Österreich.
[315] Steuerobjekt = Bemessungsgrundlage für die Steuern.
[316] Steuerobjekt und Bemessungsgrundlagen fallen auseinander.
[317] Nach Maßgabe des sogenannten Bilaterale-II-Betrugsbekämpfungsabkommens zwischen der Schweiz und der EU vom 26. Oktober 2004 sowie des Schengener Assoziierungsabkommens.

Davon ausgenommen sind wiederum solche indirekten Steuern, die keinen Zusammenhang mit dem Waren- und Dienstleistungsverkehr haben, insbesondere Erbschaft- und Schenkungsteuer.

Geht es um hinterzogene direkten Steuern,[318] kommt es zur Durchbrechung des Bankgeheimnisses nur dann, wenn ein Steuerbetrug bzw. Abgabetrug vorliegt, nicht jedoch schon bei einfacher Steuerhinterziehung.

Praxistipp 104:

Auch das Schengener Assoziierungsabkommen erfasst die direkten Steuern nicht. Zudem braucht die Schweiz eine Weiterentwicklung von Schengen nicht mitzutragen, sofern dieses Abkommen um eine Rechtshilfepflicht im Bereich der direkten Steuern erweitert werden sollte. Hinzu kommt, dass die Schweiz im gemischten Ausschuss zum Schengener Abkommen ebenfalls stimmberechtigt ist. Die Weiterentwicklung des Abkommens auf den Bereich der direkten Steuern würde außerdem eine Zustimmung der Schweiz erfordern.

Unter einer einfachen Steuerhinterziehung verstehen die Eidgenossen den Umstand, dass eine Steuerveranlagung zu Unrecht unterblieb oder sich eine Steuerfestsetzung als ungenügend erweist und die unrichtige Versteuerung auf das Verhalten des Steuerpflichtigen zurückzuführen ist; die Steuerhinterziehung ist eine Übertretung, die mit Bußgeld geahndet wird.

Ein Steuerbetrug liegt hingegen vor, wenn eine arglistige Täuschung der Steuerbehörden durch gefälschte, verfälschte oder inhaltlich unwahre Urkunden wie Geschäftsbücher, Bilanzen, Erfolgsrechnungen, Lohnausweise oder andere Bescheinigungen Dritter gegeben ist. Abgabebetrug ist arglistiges Verhalten auch ohne Einsatz von gefälschten Urkunden. In solchen Fällen ist die Bank zur Auskunftserteilung uneingeschränkt verpflichtet – auch wenn es ausländische Kunden betrifft! Bei Abgabetrug leistet die Schweiz die kleine (akzessorische) Rechtshilfe;[319] bei Steuerbetrug ver-

---

[318] Direkte Steuern sind in Art. 2 Ziffer 4 des Betrugsbekämpfungsabkommens von der Rechtshilfe ausdrücklich ausgenommen.

[319] Die schweizerischen Behörden unterstützen bei Abgabebetrug die Institutionen des ersuchenden Staates bei Verfahren in strafrechtlichen Angelegenheiten im Rahmen der sogenannten „kleinen", „akzessorischen" oder „anderen" Rechtshilfe, indem sie adäquate und nach schweizerischem Recht zulässige Amtshand-

hindert das Bankgeheimnis auch richterliche Zwangsmaßnahmen wie die Durchsuchung und die Beschlagnahme nicht. Sofern das geltende Strafprozessrecht für Personen, die dem Bankgeheimnis unterworfen sind, nichts anderes bestimmt, sind diese als Zeugen zur Aussage auch über Tatsachen verpflichtet, die unter das Bankgeheimnis fallen. Auf Strafrechtsebene ist der Bankrepräsentant dann auch zur Mitteilung aller Tatbestände verpflichtet, die er über einen Kontoinhaber und dessen Verhältnis mit Dritten (wirtschaftlich Berechtigten) kennt. Eine Schweizer Bank darf aber nicht unter Hinweis auf die Existenz wahrer wirtschaftlich Berechtigter hinter dem Kontoinhaber Auskünfte über den deshalb nur „formellen" Kontoinhaber an Strafverfolgungsbehörden erteilen.

Steuerbetrüger sind durch das Schweizer Bankgeheimnis nicht geschützt. Dies wurde zuletzt im Rahmen der jüngsten Revision des Doppelbesteuerungsabkommens zwischen Deutschland und der Schweiz wieder einmal bekräftigt. Die Neufassung des Artikels 27 DBA-Schweiz ermöglicht erstmals den Austausch von Informationen für die Durchsetzung des innerstaatlichen Rechts bei Betrugsdelikten zwischen den beiden Abkommensstaaten auf Ebene der Amtshilfe. Unter ein Betrugsdelikt i.S. des DBA fällt jedes betrügerische Verhalten, welches nach dem Recht beider Staaten als Steuervergehen gilt und mit Freiheitsstrafe bedroht ist, also der „Abgabebetrug". In dem zum Abkommen angefügten Revisionsprotokoll heißt es hierzu: „Es besteht Einvernehmen, dass das Bankgeheimnis der Beschaffung von Urkundenbeweisen bei Banken und deren Weiterleitung an die zuständige Behörde des ersuchenden Staates in Fällen von Betrugsdelikten nicht entgegensteht." Der große Vorteil dieser Neuregelung liegt für die deutschen Steuerbehörden darin, dass diese die auf dem Amtshilfewege – im Gegensatz zu den auf dem Rechtshilfewege – erlangten Kenntnisse im Veranlagungsverfahren zur Nachversteuerung nutzen können. Auskünfte,

---

lungen vornehmen und das daraus gewonnene Ergebnis der Behörde des ersuchenden Staates mitteilen. Als Rechtshilfemaßnahmen kommen namentlich in Betracht (Art. 63 Abs. 2 IRSG):
- die Zustellung von Schriftstücken,
- die Beweiserhebung, insbesondere die Durchsuchung von Personen und Räumen,
- die Beschlagnahme, der Herausgabebefehl, die Einvernahme und Gegenüberstellung von Personen,
- die Herausgabe von Akten und Schriftstücken,
- die Herausgabe von Gegenständen oder Vermögenswerten zur Einziehung oder Rückerstattung an den Berechtigten.

die auf dem Rechtshilfeweg erlangt worden sind, unterliegen hingegen dem Spezialitätsvorbehalt und dürfen für Veranlagungszwecke nicht verwertet werden. Die auf dem Amtshilfeweg erlangten Auskünfte dürfen hingegen auch zur Ahndung von Steuerstraftaten verwendet werden.

Praxistipp 105:

Unwahre Steuererklärungen stellen die typische Steuerhinterziehung dar, die bei den direkten Steuern kein Steuerbetrug und nicht rechtshilfefähig ist, auch wenn das ausländische Recht die Steuerhinterziehung anders qualifiziert und sogar mit Freiheitsstrafe ahndet. Steuererklärungen sind keine Urkunden, sondern lediglich als „bloße schriftliche Erklärungen" zu qualifizieren. Auch Einnahmen-Überschussrechnungen sind keine Urkunden; sagen sie doch lediglich etwas darüber aus, dass der Kapitalanleger behauptet, den in der Steuererklärung aufgeführten Gewinn erzielt zu haben. Geldanleger, die sich als Einnahmen-Überschussrechner lediglich darauf beschränken, in ihrer Rechnung Einkünfte nicht vollständig aufzuführen, begehen keinen rechtshilfefähigen Steuerbetrug.[320] Das Erfordernis der Arglist bewirkt außerdem den Ausschluss aller Ordnungswidrigkeiten von der Rechtshilfe.

Kontoarten und Einlagensicherung

Schweizer Banken eröffnen alle gängigen Bankkonten. Für Kapitalanleger besonders geeignet sind Nummern- und Pseudonymkonten. Diese Konten sind besondere Konten, die nicht auf den bürgerlichen Namen des Kontoinhabers lauten, sondern auf eine bestimmte Nummer oder ein frei gewähltes Pseudonym (eine bestimmte Namensbezeichnung). Die Nummern oder Pseudonyme werden bei Kontoeröffnung zwischen dem Kunden und seinem Betreuer vereinbart und auf den Kontoeröffnungsunterlagen vermerkt. Die Bank eröffnet das Konto auf die/das vereinbarte Nummer/Pseudonym. Diese Codes ersetzen auf allen Kontoauszügen und Korrespondenzen den bürgerlichen Namen des Anlegers.

Das Kontoeröffnungsverfahren mit der maßgeblichen Identifizierung des Kontoeröffners gleicht allerdings demjenigen für Namenskon-

---

[320] BGE 1A 4/1999 vom 19.4.1999.

ten; das heißt, auch auf unter Nummern oder Kennwörtern geführte Konten sind nach der Vereinbarung über die Standesregeln zur Sorgfaltspflicht der Banken die Vorschriften zur Identifikation des Vertragspartners und zur Feststellung des wirtschaftlich Berechtigten anzuwenden. Nummern- und Pseudonymkonten müssen außerdem in Bankbestätigungen über die „gesamten Geschäftsbeziehungen" zu einem Kunden einbezogen werden. Die einzigen Unterschiede zu den Namenskonten bestehen darin, dass sich das Legitimationsverfahren nicht am Schalter, sondern gegenüber ausgewählten leitenden Bankangestellten vollzieht, die wahren Personendaten in der Security-Zone der Bank abgelegt sind, zu der nur bestimmte Personen Zugang haben, und der Kontoinhaber sämtliche Bankgeschäfte ohne Namensnennung mit Nummer oder Pseudonym abwickeln oder einem Betreuer übertragen kann.

Die Nummer (das Pseudonym) ist auch unterschriftsgültig. Ein Geheimkontoinhaber unterschreibt somit nur noch mit dem vereinbarten Geheimcode (Nummern müssen dabei in Worten ausgeschrieben werden). In den Kontoeröffnungsunterlagen wird deshalb zwischen „vereinbarter Unterschrift" und „üblicher Unterschrift" unterschieden. Erstere verkörpert die Nummer oder das Pseudonym, Letztere den bürgerlichen Namen. Der Geldanleger braucht für Transaktionen zu Lasten seines Nummernkontos keine Buchungsbelege zu unterzeichnen.

Zum Servicepaket solcher Geheimkonten gehört auch die Einrichtung einer banklagernden Post. Der Vorteil dieser Einrichtung ist, dass jegliche Korrespondenz bei der Bank hinterlegt werden kann und dem Kontoinhaber nicht zugesandt werden muss. Besucht der Kunde dann seine Filiale, kann er entweder sein „Postfach" oder seine „Postmappe" einsehen oder es wird ihm bei Erscheinen sein Postfach direkt vom EDV-System ausgedruckt.

Einlagen, die nicht auf den Inhaber lauten, einschließlich Kassenobligationen, die im Namen des Einlegers bei der Bank hinterlegt sind, sind bis zum Höchstbetrag von 30.000 Franken je Gläubiger konkursgesichert.[321] In der Schweiz kommt der abgeltungsteuersensible deutsche Geldanleger in den Genuss der „zwei Säulen" der Einlagensicherung – dabei handelt es sich zum einen um das gesetzliche Konkursprivileg von 30.000 Schweizer Franken pro Person und zum anderen um die Selbstregulierung zur

---

[321] Art 37b Bundesgesetz über Banken und Sparkassen, vgl. auch http://www.einlagensicherung.ch/links.htm.

Sicherung der nötigen Liquidität und Auszahlung der privilegierten Guthaben innerhalb von drei Monaten. Seit 2006 gilt das Privileg für alle Einlagen, nicht mehr nur für ausgewählte Kontoarten. Seit 2006 gewährt das Gesetz Anlegern auch ein Recht auf Auszahlung der privilegierten Guthaben innerhalb von drei Monaten. Einlagen bei Kantonalbanken sind zudem „staatsgarantiert". Hinter jeder Kantonalbank steht das jeweilige Bundesland.

Praxistipp 106:

Besonderer Überlegungen zur Einlagensicherung bedarf es allerdings nicht bei Anlagen in Form von Wertpapieren. Für Depotwerte (wie z.B. ein Aktienportfolio) gilt, dass diese im Konkurs der Bank ausgesondert werden; das heißt, sie fallen gar nicht erst in die Konkursmasse und werden den Kunden herausgegeben.[322]

Die Suche nach der richtigen Bank

Das Schweizer Bankensystem ist auf dem Universalbankenmodell aufgebaut. Das heißt, alle Banken können alle Bankdienstleistungen anbieten. Dennoch haben sich spezifische Bankengruppen herauskristallisiert: Zum einen die Großbanken. Die zwei Großbanken sind CS Group und UBS AG. Sie teilen sich über 50 Prozent der gesamten Bilanzsumme. Die UBS ist die zweitgrößte Bank weltweit. Dann gibt es die Kantonalbanken. Eigner bzw. Mehrheitseigner der 24 Kantonalbanken sind die Kantone. Die Kantone haften für die gesamten Verbindlichkeiten der Kantonalbanken. Und schließlich gibt es die Regionalbanken (RBA und andere) und die Sparkassen.

Zu den ältesten Banken in der Schweiz zählen die Privatbanken. Privatbankiers sind Einzelunternehmen, Kollektiv- oder Kommanditgesellschaften. Der Privatbankier haftet subsidiär unbeschränkt mit seinem persönlichen Vermögen. Privatbankiers sind fast ausschließlich im Vermögensverwaltungssektor tätig.

---

[322] Art. 37d BankG.

Besteuerung der Kapitalerträge auf nationaler Ebene

Verrechnungssteuer

Die Schweiz erhebt auf bestimmte Kapitalerträge eine Verrechnungssteuer. Bei dieser Steuer handelt es sich um eine Quellensteuer nach dem Schuldnerprinzip: Die Steuer wird nicht beim Empfänger, sondern beim Schuldner der steuerbaren Leistung erhoben. Dieser ist verpflichtet, die Verrechnungssteuer durch entsprechende Kürzung der steuerbaren Leistung auf den Empfänger zu überwälzen mit der Folge, dass nur Erträge aus schweizerischer Quelle Gegenstand der Steuer sein können. Die Verrechnungssteuer soll die in der Schweiz ansässigen Steuerpflichtigen veranlassen, ihr Vermögen und die daraus fließenden Erträge bei den direkten Steuern korrekt zu deklarieren (sog. Sicherungsfunktion).

Die schweizerische Verrechnungssteuer beträgt 35 Prozent der steuerbaren Leistung; sie wird erhoben auf:

- den Ertrag beweglichen Kapitalvermögens (Dividenden aus Schweizer Aktien und Partizipationsscheinen, Erträge aus schweizerischen Anlagefonds, Zinsen der von einem Schweizer Emittenten ausgegebenen Obligationen und Zinsen der bei einer Schweizer Bank angelegten Gelder),
- Lotteriegewinne und
- Versicherungsleistungen.

Stammt der Kapitalertrag aus einer schweizerischen Quelle, so fällt die Verrechnungssteuer immer an. Das schweizerische Verrechnungssteuersystem erfasst somit sämtliche Ausschüttungen der oben erwähnten Kapitalerträge auch an Ausländer. Für die Steuererhebung spielt weder die Person des Empfängers – das heißt, ob es sich um eine natürliche oder juristische Person oder um einen In- oder Ausländer handelt – noch die Zahlstelle – das heißt, ob überhaupt eine Zahlstelle eingesetzt wird und ob diese im Inland oder im Ausland liegt – eine Rolle.

> **Praxistipp 107:**
>
> Ausländische Kapitalanleger können eine Rückerstattung erlangen, wenn ein Doppelbesteuerungsabkommen (DBA) zwischen ihrem Ansässigkeitsstaat und der Schweiz eine volle oder teilweise Rückerstattung vorsieht. Das DBA Deutschland-Schweiz sieht bei Dividenden eine Quellenbesteuerung von maximal 15 Prozent vor.[323] Da die Verrechnungssteuer 35 Prozent beträgt, hat der deutsche Kapitalanleger einen Rückerstattungsanspruch in Höhe von 20 Prozent der gezahlten Steuern. Die Rückerstattung der Verrechnungssteuer an einen ausländischen Leistungsempfänger setzt eine Mitwirkung der Steuerbehörden seines Wohnsitzstaates voraus, die damit Kenntnis von den schweizerischen Kapitalerträgen erlangen.

EU-Steuerrückbehalt

Zur Verhinderung einer Umgehung der EU-Zinsbesteuerung durch ein Konto in der Schweiz hat diese auf Basis der staatsvertraglichen Vereinbarung mit der EU deren Zinsbesteuerungsmodell übernommen. Kernstück des Abkommens zwischen der Schweiz und der EU ist, auf Zinszahlungen, die eine auf dem Gebiet der Schweiz gelegene Zahlstelle[324] einer natürlichen Person mit steuerlichem Wohnsitz in einem EU-Mitgliedstaat auf ein Konto gutschreibt oder für dessen Rechnung vereinnahmt, einen sogenannten „EU-Steuerrückbehalt" einzubehalten.[325] Damit kommen schwei-

---

[323] Art. 10 Abs. 2 c DBA Schweiz.
[324] In der Schweiz gelten als Zahlstelle in erster Linie die Banken, Effektenhändler, übrige Zahlstellen (Zahlstellen kraft Vereinnahmung) sowie natürliche und juristische Personen, Personengesellschaften und Betriebstätten ausländischer Gesellschaften, die im Rahmen ihrer Geschäftstätigkeit regelmäßig oder gelegentlich zinstragende Vermögenswerte von Dritten entgegennehmen, halten, anlegen oder übertragen oder lediglich Zinsen zahlen. Übrige Zahlstellen sind insbesondere Fondsleitungen, Versicherungseinrichtungen, Vermögensverwalter, Treuhänder, Anwälte und Notare sowie Gesellschaften und Betriebstätten ausländischer Unternehmen, die im Rahmen ihrer Geschäftstätigkeit regelmäßig oder auch nur gelegentlich zinstragende Vermögenswerte halten oder Zinsen auf Forderungen zahlen, bei denen sie nicht selber Schuldner sind (Quelle: Wegleitung zur EU-Zinsbesteuerung der Eidgenössischen Steuerverwaltung [Steuerrückbehalt und freiwillige Meldung] vom 24. Juni 2005 Rz. 6 ff).
[325] Unter EU-Steuerrückbehalt wird generell die Erhebung einer Kapitalertragsteuer verstanden, wobei die Steuerpflicht weder an bestimmte qualitative Merkmale beim Schuldner noch beim Empfänger der steuerbaren Leistung, sondern an die Funk-

zerische Banken als „Zahlstellen" seit dem 1.7.2005 einer identischen steuerlichen Verpflichtung nach wie die Banken innerhalb der EU. Der EU-Steuerrückbehalt tritt neben die Verrechnungssteuer. Beide Steuern schließen sich gegenseitig aus.

Vom EU-Steuerrückbehalt erfasst sind aus ausländischen Quellen fließende Zinszahlungen, die von einer schweizerischen Zahlstelle an eine natürliche Person mit Ansässigkeit in der EU entrichtet werden. Zinserträge aus von Nicht-Schweizer Schuldnern emittierte Wertpapiere werden nicht von der Verrechnungssteuer erfasst.

Der EU-Steuerrückbehalt fällt auf folgende Zinserträge an:

- Auf ein Konto eingezahlte oder einem Konto gutgeschriebene Zinsen, die mit Forderungen jeglicher Art zusammenhängen, unabhängig davon, ob sie hypothekarisch gesichert sind oder nicht, und unabhängig davon, ob sie ein Gewinnbeteiligungsrecht beinhalten oder nicht. Darunter fallen insbesondere Erträge aus Anleihen einschließlich der mit diesen Titeln verbundenen Prämien und Gewinne.

- Aufgelaufene oder kapitalisierte Zinsen im obigen Sinne sowie der Zinsanteil aus dem Verkauf von Zero- oder Discountbonds.

- Aufgelaufene oder kapitalisierte Zinsen, die bei Verkauf, Rückzahlung oder Einlösung von Anteilen an Investmentfonds usw. realisiert werden.

Auf direkte Zinserträge fällt der Steuerrückbehalt grundsätzlich anteilig für den Zeitraum des Besitzes des Forderungswertpapiers an. Somit findet beim EU-Steuerrückbehalt im Gegensatz zum für die Schweizer Verrechnungssteuer geltenden Fälligkeitsprinzip eine Pro-rata-Besteuerung statt. Das heißt insbesondere auch, dass die bei einem Verkauf eines Forderungspapiers vereinnahmten Stückzinsen dem Rückbehalt voll unterliegen.

Ausbezahlte oder einem Konto gutgeschriebene Zinsen unterliegen im Zeitpunkt der Auszahlung bzw. Gutschrift dem Steuerabzug. Der Abzug erfolgt anteilig für den Zeitraum, während dem die Forderung gehalten wurde.

---

tion als Zahlstelle anknüpft, indem die Zahlstelle der steuerbaren Leistung den Steuerabzug vorzunehmen und diese Steuer durch Kürzung der Leistung um den Steuerbetrag auf den Leistungsempfänger überzuwälzen hat.

Aufgelaufene oder kapitalisierte Zinsen fallen bei sogenannten Diskontpapieren an. Als Diskontpapiere gelten Anleihen mit einem im Voraus festgelegten Emissions- und Rückzahlungspreis. Die für die Ermittlung des Rückbehalts maßgebliche Bemessungsgrundlage errechnet sich aus dem auf die Haltedauer entfallenden Zinsanteil. Bei Diskontpapieren mit einem variablen Rückzahlungspreis ist für die Berechnung des Zinsanteils während der Laufzeit der garantierte Rückzahlungspreis maßgebend. Nur die Differenz zwischen diesem und einem höheren Rückzahlungsbetrag wird im Zeitpunkt der Rückzahlung durch den Steuerrückbehalt erfasst.

Dem EU-Steuerrückbehalt unterliegen als Thesaurierungsfonds ausgerichtete Investmentfonds, wenn der Fonds mehr als 40 Prozent seines Anlagevermögens in zinsabwerfende Produkte investiert hat. Als Ausschüttungsfonds ausgerichtete Investmentfonds unterliegen dem EU-Steuerrückbehalt, wenn sie mehr als 15 Prozent ihres Fondsvermögens in zinsabwerfende Produkte investiert haben. Bei ausschüttenden Fonds, die mehr als 15 Prozent, jedoch maximal 40 Prozent ihres Vermögens in zinssteuerpflichtige Anlagen investieren, sind die Ausschüttungen, jedoch nicht die Erträge bei Verkauf, Rückzahlung oder Einlösung der Fondsanteile vom EU-Steuerrückbehalt betroffen. Ausschüttungen steuerpflichtiger Anlagefonds werden mit demjenigen Teil dem EU-Rückbehalt unterworfen, der sich auf vom Fonds vereinnahmte Zinsen bezieht. Der Rückbehalt wird anteilig für den Zeitraum erhoben, während dem der Fondsanteil vom ausländischen Kapitalanleger gehalten wurde.

Die Steuer wird im Rahmen des Revenue-Sharing[326] anonym an die betreffenden EU-Mitgliedsländer abgeführt. Damit bleiben deutsche Kapitalanleger mit Wertpapierveranlagungen in der Schweiz gegenüber dem deutschen Fiskus unentdeckt.

Das Konto im Fürstentum Liechtenstein

Allgemeines

Mit einer Länge von 24,8 km, einer Breite von 12,5 km und 35.168[327] Einwohnern auf einer Fläche von 160 km² macht Liechtenstein eine wahr-

---

[326] Der Steuerrückbehalt wird zu 75 Prozent an die Mitgliedstaaten abgeführt, in denen die Steuerpflichtigen ihren Wohnsitz haben.
[327] Quelle: Liechtenstein in Zahlen 2007/2008, Amt für Volkswirtschaft, Vaduz.

haft winzige Figur. Wer über die Schweiz auf der Autostraße „E 43", oder schweizintern „N 13" genannt, in Richtung Chur fährt, kommt von der Autobahn abzweigend ganz beiläufig nach Liechtenstein. Deutsche Kapitalanleger reisen über St. Margrethen. Von dort aus dann über die E 43 bzw. N 13 Richtung Chur und in Höhe Buchs links Richtung Schaan und dann weiter nach Vaduz.

Das Fürstentum ist mit der Schweiz in einer Wirtschafts-, Zoll- und Währungsunion verbunden. Dass der Schweizer Franken offizielle Landeswährung ist und dass alle währungspolitischen Beschlüsse seit dieser Zeit der Schweizerischen Nationalbank obliegen, beruht auf diesem Zollvertrag. Eine von Anlegern sehr geschätzte stabile Sozial-, Rechts- und Wirtschaftsordnung garantiert das Fürstentum durch ein hohes Maß an politischer Kontinuität und Stabilität, verbunden mit einer strengen konservativ-liberalen Einstellung von Regierung und Bevölkerung. Liechtenstein ist nach der neuen Verfassung von 1921 eine konstitutionelle Erbmonarchie auf demokratischer und parlamentarischer Grundlage. Die Staatsgewalt ist im Fürsten und im Volke verankert und wird von beiden nach Maßgabe der Verfassung ausgeübt.

Seit dem 1. Mai 1995 gehört Liechtenstein dem Europäischen Wirtschaftsraum (EWR) an. Das liberale Steuer- und Gesellschaftsrecht sowie der in der liechtensteinischen Rechtsordnung umfassend ausgebaute Geheimnisschutz blieb trotz EWR-Beitritt erhalten.

Bankgeheimnis, Amts- und Rechtshilfe

Liechtenstein verfügt über ein gesetzlich geregeltes Bankgeheimnis. Art. 14 des liechtensteinischen Gesetzes über die Banken und Wertpapierfirmen[328] verpflichtet „die Mitglieder der Organe von Banken und ihre Mitarbeiter sowie sonst für solche Banken tätige Personen … zur Geheimhaltung von Tatsachen …, die ihnen auf Grund der Geschäftsverbindungen mit Kunden anvertraut oder zugänglich gemacht worden sind. Die Geheimhaltungspflicht gilt zeitlich unbegrenzt." Mitglieder der Organe von Wertpapierfirmen und ihre Mitarbeiter sowie Dritte sind unter diese Verschwiegenheitspflicht einbezogen.

Mitglieder der Organe von Investmentunternehmen und ihre Mitarbeiter unterstehen außerdem den Verschwiegenheitspflichten nach dem

---

[328] Vom 21. Oktober 1992 (Bankengesetz BankG), LGBl. 1992 Nr. 108 v. 15.12.1992 i.d.F. LGBl. 2007 Nr. 261.

Gesetz über Investmentunternehmen (IUG).[329] Art. 15 des Gesetzes verpflichtet die „Mitglieder des Verwaltungsrats und der Geschäftsleitung von Verwaltungsgesellschaften und ihre Mitarbeiter sowie sonst für solche Gesellschaften tätige Personen ... zur Geheimhaltung von Tatsachen ... die ihnen aufgrund der Geschäftsbeziehungen mit Kunden anvertraut oder zugänglich gemacht worden sind". Die Geheimhaltungspflicht gilt auch hier zeitlich unbegrenzt.

Geheimhaltungspflichtige Daten aus der Privat- und Geheimsphäre von Bankkunden sind: Name, Adresse, Nationalität, Wohnsitz, steuerlicher Wohnsitz und Kundenstammnummer des Kunden; Hinweise für den Versand von Publikationen, Todesfall- und Nießbrauchsinstruktionen; Verwahrungs- und Verwaltungsaufträge, Referenzangaben für Dritte, Unterschriftenkarten, Kontoart, Kontonummer sowie Kontoeröffnungskorrespondenzen. Durchbrechungen des Bankgeheimnisses sind nur insoweit gestattet, als gesetzliche Vorschriften über die Zeugnis- oder Auskunftspflicht gegenüber den Strafgerichten und Aufsichtsorganen sowie die Bestimmungen über die Zusammenarbeit mit anderen Aufsichtsbehörden dies bestimmen.[330] Das Bankgeheimnis kann insbesondere zur Wahrnehmung von Meldepflichten bei Verdacht auf Geldwäsche durchbrochen werden.

Nicht durchbrochen werden kann das Bankgeheimnis mangels nationaler Rechtsvorschrift bei (ausländischen) Steuerdelikten. In Sachen Rechtshilfe verhält sich Liechtenstein diskreter als die Schweiz oder Luxemburg. Ausländische Steuerbehörden erhalten von Liechtenstein auch bei Abgabe- bzw. Steuerbetrug[331] keine Rechtshilfe. Liechtenstein hat zwar das Europäische Übereinkommen über die Rechtshilfe in Strafsachen[332] unterzeichnet und leistet auch Rechtshilfe nach Maßgabe dieses Übereinkommens. Das Übereinkommen verpflichtet Liechtenstein jedoch nicht zur Durchbrechung des Bankgeheimnisses in ausländischen Steuerangelegenheiten; es verweist vielmehr auf nationales Recht. Das liechtensteinische nationale Rechtshilferecht[333] schließt Rechtshilfe in Fiskalsachen nach wie vor aus.

---

[329] LGBl. Nr. 156 vom 9. August 2005.
[330] Art. 14 Abs. 2 Bankengesetz.
[331] Vgl. oben Abschnitt: Das Konto in der Schweiz.
[332] Näheres dazu vgl. Götzenberger, Anton-Rudolf, 5. Auflage, Diskrete Geldanlagen, Wien 2007, dort Teil IV S. 122 ff.
[333] Gesetz über die internationale Rechtshilfe in Strafsachen vom 15. September 2000 (RHG), Art. 51 Abs. 1 Zi. 1 i.V.m. Art 15 Zi. 2 RHG.

Praxistipp 108:

Das Bankgeheimnis schmilzt hier also nicht gleich bei größeren Steuerdelikten. Nach dem liechtensteinischen Rechtshilfegesetz wird einem Rechtshilfeersuchen grundsätzlich nicht entsprochen, wenn eine Tat Gegenstand des Verfahrens ist, die auf eine Verkürzung fiskalischer Abgaben gerichtet erscheint.

Kontoarten und Einlagensicherung

Im Fürstentum Liechtenstein können sämtliche Bankkonten eröffnet werden. Nummern- und Pseudonymkonten sind zulässig, wobei als Pseudonym mit tatsächlichen natürlichen Personen verwechselbare Namen nicht zulässig sind. Einlagen bis zu einem Gesamtbetrag von 20.000 Euro fallen für den einzelnen Kapitalanleger unter das Einlagensicherungssystem des Liechtensteinischen Bankenverbandes. Spar- und Lohnguthaben genießen bis zu einem Betrag von 50.000 Schweizer Franken (ca. 30.000 Euro) außerdem ein Konkursprivileg.[334]

Die Suche nach der richtigen Bank

Das Bankensystem

Das Fürstentum verfügt über ein leistungsfähiges Bankensystem, gestützt auf ein strenges Bankgeheimnis. Wie in der Schweiz und anderen Ländern unterscheidet auch das liechtensteinische Bankensystem zwischen Universal- und Privatbanken, wobei der Geldanleger in Liechtenstein den klassischen „Privatbanquier" nicht finden wird. Liechtensteins Privatbanken firmieren nicht als Einzel- oder Kommanditgesellschaft, sondern ausschließlich in der Rechtsform der Aktiengesellschaft. Der Grund hiefür liegt im liechtensteinischen Bankengesetz; danach dürfen Banken und Finanzgesellschaften nur in der Rechtsform der Aktiengesellschaft errichtet werden.

Die Bonität der liechtensteinischen Banken ist durch die von der Schweizerischen Nationalbank garantierten „lender of last resort"-Funktion (Liquiditätshilfe im Krisenfall) gesichert. 15 Geschäftsbanken teilen sich in Liechtenstein das Kapitalanlage- und Vermögensverwaltungsge-

---

[334] Art. 56, Art. 7 Bankengesetz (BankG).

schäft. Im Geschäftsjahr 2006 betreuten Liechtensteins Banken ein Kundenvermögen von insgesamt 160,9 Mrd. Schweizer Franken.
Das Mindestvolumen, das von liechtensteinischen Privatbanken für ein standardisiertes/diskretionäres Vermögensverwaltungsmandat gefordert wird, liegt im Schnitt bei einer viertel Million Schweizer Franken. Die fondsgestützte Vermögensverwaltung ist aber auch bereits ab 25.000 bis 50.000 Schweizer Franken zu haben.

Ausgewählte Geschäftsbanken[335]

Bank Alpinum: Als unabhängige Privatbank wurde die Bank Alpinum von erfolgreichen Unternehmern, Anwälten und Bankiers gegründet. Die Bank Alpinum verfolgt einen ganzheitlichen Beratungsansatz und bietet einen umfassenden Service an.

Praxistipp 109:

Die Bank Alpinum hebt sich vor allem durch Ihre Unabhängigkeit und die damit verbundene absolute Produktneutralität von den anderen Institutionen ab. Dies bedeutet, dass die Bank selbst über keine eigenen Produkte wie Fonds und dergleichen verfügt und somit jederzeit die besten am Markt erhältlichen Produkte ihrer Kundschaft empfehlen kann.

Die Bank bietet nebst einer traditionellen Kundenberatung und Vermögensverwaltung auch andere Dienstleistungen rund um das Vermögen der Kundschaft an. So werden zum Beispiel umfassende Beratungen in Erb- und Steuerangelegenheiten sowie Dienstleistungen rund um die Nachfolgeregelung angeboten. Dem persönlichen Kontakt zu den Kunden wird dabei eine sehr große Bedeutung zugemessen. Das große Netzwerk von Partnern auf verschiedenen Gebieten garantiert zudem, dass die Kunden jederzeit umfassend und in allen Belangen beraten werden können
    Bank Alpinum AG, Adresse: Städtle 17, FL-9490 Vaduz, Telefon: +423 239 62 11, Telefax: +423 239 62 21, E-Mail: info@bankalpinum.com, Internet: www.bankalpinum.com.

---

[335] In alphabetischer Reihenfolge.

Hypo Investment Bank AG: Die Hypo Investment Bank AG ist ein in Liechtenstein konzessioniertes Bankunternehmen, welches sich ausschließlich auf die Veranlagung von Kundenvermögen konzentriert. Die Vorarlberger Landes- und Hypothekenbank AG ist alleinige Besitzerin; sie hat die Bonitätsnote Aa+.

Praxistipp 110:

Die Unabhängigkeit der Hypo Investment Bank AG gegenüber Fondsgesellschaften und Treuhändern spricht für eine objektive Beratung in allen Investmentangelegenheiten. Eine GIPS-Zertifizierung[336] strebt die Bank für 2009 an.

Die Hypo Investment Bank AG stattet Kundendepots bis 5 Mio. Schweizer Franken vorzugsweise mit Indexprodukten aus. Vermögensanlagen in Indexfonds oder Indexzertifikaten bieten eine optimale Risikostreuung, bedürfen nur gelegentlichen Umschichtungen und sind spesengünstig. Für Anlagebeträge ab 100.000 Schweizer Franken (Mindesteinlage) bietet die Hypo Investment Bank eine abgerundete Fondspalette an. Die standardisierte Vermögensverwaltung gibt es ab 500.000 Schweizer Franken.

Hypo Investment Bank AG, Adresse: Austrasse 59, FL-9490 Vaduz, Telefon: +423/2655656, Telefax: +423/2655699, E-Mail: info@hypo.li, Internet: www.hypo.li.

Verwaltungs- und Privat-Bank Aktiengesellschaft (VP Bank): Die VP Bank wurde 1956 gegründet und gehört zu den größten Banken Liechtensteins. Heute verfügt sie über Tochtergesellschaften in Zürich, Luxemburg und auf den British Virgin Islands, über Vermögensverwaltungsgesellschaften in München, Dubai und Hongkong sowie Repräsentanzen in Moskau und Hongkong.

---

[336] Vgl. oben Abschnitt: Wahl der Auslandsbank: Global Investment Performance Standards (GIPS) als Auswahlkriterium.

Praxistipp 111:

Eine individuelle oder standardisierte Vermögensverwaltung auf Basis bewährter Anlagestrategien gibt es für Kunden der VP Bank ab 1 Mio. Schweizer Franken oder ca. 650.000 Euro. Für Geldanleger mit tieferen Vermögenswerten empfiehlt die VP Bank eine fondsbasierte Vermögensverwaltung. Im Rahmen einer gelebten offenen Architektur können die Kunden von eigenen Produkten der VP Bank und solchen von Dritten profitieren.

„Aussergewöhnliches und Kreatives zu leisten gehört zum Profil der kundenorientierten VP Bank", heißt es im Elite Report 2007, der die Bank mit einem „summa cum laude" unter die besten Vermögensverwalter im deutschsprachigen Raum einreiht. Nebst der GIPS-Zertifizierung[337] weist die VP Bank Gruppe zudem das Rating „A" (A/Stable/A-1) von Standard & Poor's aus. Damit ist sie eine der wenigen offiziell bewerteten Privatbanken in Liechtenstein und der Schweiz.

Verwaltungs- und Privat-Bank Aktiengesellschaft, Adresse: Aeulestrasse 6, LI-9490 Vaduz, Telefon +423 235 66 55, Telefax +423 235 65 00, E-Mail: info@vpbank.com, Internet: www.vpbank.com.

Besteuerung der Kapitalerträge auf nationaler Ebene

Das Fürstentum Liechtenstein hat die Regelungen der Schweiz zum EU-Steuerrückbehalt vollumfänglich übernommen.[338] Verrechnungssteuerpflichtige Zinserträge sind daher auch in Liechtenstein vom EU-Steuerrückbehalt nicht betroffen. Konten, die auf Namen eines Liechtenstein-Trusts (Treuhänderschaft) lauten, unterliegen wie Konten auf Namen einer liechtensteinischen Stiftung als juristische Person nicht dem EU-Steuerrückbehalt.

---

[337] Vgl. oben Abschnitt: Wahl der Auslandsbank: Global Investment Performance Standards (GIPS) als Auswahlkriterium.
[338] Vgl. oben Abschnitt: Das Konto in der Schweiz, Besteuerung der Kapitalerträge auf nationaler Ebene, dort EU-Steuerrückbehalt.

Exkurs: Der Brunei-Trust als Kontoinhaber eines Vermögensanlagekontos in Liechtenstein

Das Sultanat Brunei (malaiisch: Brunei Darussalam genannt) ist ein Kleinstaat an der Nordküste der Insel Borneo im Südchinesischen Meer. Das Sultanat entspricht flächen- und einwohnermäßig dem Zehnfachen des Fürstentums Liechtenstein. Neun Geschäftsbanken sind aktuell in Brunei ansässig. Brunei ist unter anderem Mitglied des Internationalen Währungsfonds und der ASEAN-Freihandelszone AFTA sowie in Währungsgemeinschaft mit Singapur verbunden. Mit der „Brunei International Trusts Order 2000" verfügt Burnei über ein modernes Trustrecht. Rechtsgrundlage des Trusts ist die diskretionäre Treuhänderschaft gemäß Brunei International Trusts Order, 2000. Bei der Konzeption der Hypo Investmentbank (Liechtenstein) AG können deutsche Kapitalanleger mit Hilfe eines Brunei-Trusts, welcher ein Konto bei der Hypo Vaduz hält, von den nachfolgenden Vorteilen profitieren:[339]

- *Bündelung von international verstreutem Vermögen auf steuerneutralem Terrain.* Der Brunei-Trust kann sowohl Konten und Depots in Brunei als auch solche in Europa bzw. Vaduz oder der Schweiz unterhalten. So ist es im Regelfall nicht notwendig, in Liechtenstein oder der Schweiz unterhaltene Anlagekonten und Wertpapierdepots an den Sitz des Trusts zu verlagern.

- *Bankverbindung ausschließlich mit der Korrespondenzbank in Europa.* Die persönlichen Daten des Geldanlegers sind lediglich der Tochtergesellschaft der Korrespondenzbank in Brunei bekannt. Es erfolgt keine öffentlich zugängliche Registereintragung, die Anonymität des Geldanlegers bleibt gewahrt.

- *Kein EU-Steuerrückbehalt (EU-Quellensteuer) auf Zinsen.* Auch für Anlagekonten, die der Trust auf seinen Namen in der Schweiz oder Liechtenstein unterhält, fällt der EU-Steuerrückbehalt auf nach der EU-Zinssteuer-Richtlinie steuerpflichtige Kapitalerträge nicht an, da die Trustees durch eine juristische Person mit Sitz außerhalb des

---

[339] Quelle: Hypo Investment Bank (Liechtenstein) AG, Vaduz, Liechtenstein. Kontaktadresse für weitere Informationen: Austrasse 59, FL-9490 Vaduz, Telefon: +423/2655656, Telefax: +423/2655699, E-Mail: info@hypo.li, Internet: www.hypo.li.

territorialen Geltungsbereichs der EU-Zinssteuer-Richtlinie bzw. außerhalb von Schweiz/Liechtenstein gestellt werden.
- *Kursgewinne sind steuerfrei.*
- *Gläubigerschutz*: Gläubiger des Treugebers haben grundsätzlich keinen direkten Zugriff auf das Trustgut.
- *Optimale Vermögensnachfolgeregelung*:
  - Schenkungsteuerfreie Zuwendungen bei Verlegung des Wohnsitzes durch die Begünstigen in steuerneutrales Terrain
  - Keine Erbschaftsteuer beim Ableben des Errichters des Trust
  - Die Anfechtung der Treuhänderschaft wegen Verkürzung eines Pflichtteilsanspruchs nach ausländischem Recht ist in Brunei hinsichtlich beweglichen Vermögens gemäß Section 108 der „Internationale Trust Order, 2000" nicht möglich.

Der Brunei-Trust ist einfach, schnell und diskret errichtet. Formelles Erfordernis zur Begründung eines Trustverhältnisses ist der Abschluss eines Treuhandvertrages, in dem der Geldanleger die „Errichter (Principal)" als Trustees[340] beauftragt, einen Trust zu begründen (Letter of Intent oder Instruction Letter). Die Errichtung des Brunei-Trust erfolgt per „Declaration". Hier treten ausschließlich die Trustees im Außenverhältnis in Erscheinung und erklären, Vermögen für einen anderen zu verwalten. Dem angloamerikanischen Vorbild entnommen, ist keine konstitutive Registereintragung mit Hinterlegung öffentlich beurkundeter oder beglaubigter Statuten vorgesehen. Der Brunei-Trust gilt so mit Abschluss des Treuhandvertrages mit dem entsprechenden Treuhandunternehmen als errichtet.

---

[340] Beispielsweise die Hypo Trust and Corporate Services (Brunei) Ltd. als sogenannte Trustees. Die Hypo Trust and Corporate Services (Brunei) Ltd. wurde 2006 – als 100%-Tochterunternehmen der Hypo Investment Bank (Liechtenstein) AG – gegründet. Sie hat von der örtlichen Finanzmarktaufsicht alle Bewilligungen erhalten. Die Hypo Trust and Corporate Services (Brunei) Ltd. errichtet ausschließlich für Kunden der Hypo Investment Bank (Liechtenstein) AG Trusts. Diese dienen der Vermögensanlage und -verwaltung und sichern somit über Generationen hinweg das Familienvermögen. Die Hypo Trust and Corporate Services (Brunei) Ltd. errichtet dabei ausschließlich unwiderrufliche Trusts. Der jeweilige Trust kann lediglich mit der Hypo Investment Bank (Liechtenstein) AG Bankverbindungen errichten.

Der Vermögenstransfer erfolgt sehr diskret durch bankinterne Übertragung der Vermögenswerte beispielsweise aus einem Liechtenstein-Depot. Die sogenannten „Assets to be transferred" werden im Regelfall in einem separaten „Deed of Addition" aufgelistet und erscheinen nicht auf dem Gründungsformular (sogenannter „Instruction Letter").

Praxistipp 112:
Die jährlichen Kosten für die Verwaltung eines Trusts werden aus geschäftspolitischen Gründen niedrig gehalten. Die Gründung des Trusts ist kostenlos![341]

Das Konto in Österreich

Allgemeines
Die 83.857 km² große und in neun Bundesländer gegliederte Republik Österreich genießt in Finanz- und Anlegerkreisen einen hohen Stellenwert. Der Finanzplatz nimmt mit einer Bankstellendichte von 1615 Einwohnern pro Bankstelle einen Spitzenrang ein.[342]

Deutsche Geldanleger kommen mit einem Konto in Österreich nicht nur in den Genuss der Abgeltungsteuerfreiheit. Ihr Vermögen schützt auch ein gesetzlich verankertes Bankgeheimnis mit Verfassungsrang. Kontrollmitteilungen jeglicher Art seitens des Bankgewerbes an ausländische Empfänger verstoßen gegen das Bankgeheimnis und sind ausgeschlossen.

Zu den Attraktivitäten des Finanzplatzes Österreich gehören insbesondere die Exklaven Jungholz/Tirol und Mittelberg/Vorarlberg (Kleines Walsertal), die nur von deutscher Seite aus erreichbar sind. Die Gemeinden sind nach dem Zollgesetz österreichische Gebietsteile, die aufgrund von Staatsverträgen und Übereinkommen dem deutschen Zollgebiet angegliedert wurden.

Bankgeheimnis, Amts- und Rechtshilfe
Am Bankgeheimnis hat Österreich trotz enormen Drucks von Seiten diverser EU-Länder festgehalten. Das österreichische Bankgeheimnis ist in § 38

---
[341] Quelle und Gebührentarif: Hypo Investment Bank (Liechtenstein) AG.
[342] Quelle: Österreichische Nationalbank Statistiken Q4/07.

des österreichischen Bankwesengesetzes (BWG) verankert. Es verpflichtet „*Kreditinstitute, ihre Gesellschafter, Organmitglieder, Beschäftigte sowie sonst für Kreditinstitute tätige Personen*", *Geheimnisse*, „*die ihnen ausschließlich auf Grund der Geschäftsverbindungen mit Kunden ... anvertraut oder zugänglich gemacht worden sind*", *nicht zu offenbaren oder zu verwerten*.

Unter die Verschwiegenheitspflicht fallen „Geheimnisse", also alle einen Bankkunden betreffende Tatsachen, die nur einem verhältnismäßig beschränkten Personenkreis bekannt sind.

Praxistipp 113:

Das österreichische Bankgeheimnis genießt einen verfassungsähnlichen Rang, steht über der Ebene der sonstigen Bundesgesetze und ist stärker gegen Abänderungen (Verwässerungen) geschützt. Denn es kann vom Nationalrat nur in Anwesenheit von mindestens der Hälfte der Abgeordneten und mit einer Mehrheit von zwei Dritteln der abgegebenen Stimmen abgeändert werden.

Eine Verpflichtung zur Wahrung des Bankgeheimnisses besteht für den Banker nicht im Zusammenhang mit eingeleiteten gerichtlichen Strafverfahren gegenüber den Strafgerichten und mit eingeleiteten Strafverfahren wegen vorsätzlicher Finanzvergehen, ausgenommen Finanzordnungswidrigkeiten, gegenüber den Finanzstrafbehörden. Wann genau die Konten und Depots deutscher Kapitalanleger in Österreich preiszugeben sind, beantwortet ein kurzer Ausflug in das österreichische Finanzstrafgesetz (FinStrG):

Der Unterschied zwischen einem vorsätzlichen *Finanzvergehen* und einer bloßen *Ordnungswidrigkeit* besteht zunächst darin, dass Strafgerichte/Finanzstrafbehörden für die Verfolgung von Finanzordnungswidrigkeiten nicht zuständig sind. Die Durchbrechung des Bankgeheimnisses darf aber gerade nur gegenüber den Strafgerichten und Finanzstrafbehörden erfolgen. Die *Finanzordnungswidrigkeit* entspricht einem *Finanzvergehen*. In Österreich macht sich einer Finanzordnungswidrigkeit schuldig, wer z.B. Abgaben, die selbst zu berechnen sind, wie Vorauszahlungen an Umsatzsteuer usw., weder entrichtet noch abführt oder durch Abgabe unrichtiger Voranmeldungen ungerechtfertigte Abgabegutschriften geltend macht. Für solche Handlungen oder Unterlassungen, denen sich der deutsche Kapitalanleger ohne Wohnsitz in Österreich allerdings nicht schuldig machen wird, wird das Bankgeheimnis nicht gelüftet – in Fällen einer Steuerhinterziehung hingegen schon, und zwar auch dann, wenn diese in Deutschland begangen wird.

Eine besondere Rolle spielt in diesem Zusammenhang auch die Höhe des hinterzogenen Abgabebetrages: Bei vorsätzlichen Steuerhinterziehungsdelikten ab einem Hinterziehungsbetrag von mehr als 75.000 Euro sind die Gerichte zur Strafverfolgung zuständig; es können dann sogar innerösterreichische Kontenabfragen unter Aufhebung des Bankgeheimnisses durchgeführt werden. In allen übrigen Fällen ist die Finanzstrafbehörde zuständig.

Voraussetzung für die Aufhebung des Bankgeheimnisses in Finanzdelikten ist jedoch, dass bereits ein gerichtliches Strafverfahren oder ein Verfahren bezüglich vorsätzlicher Finanzvergehen eingeleitet ist.

Aus diesem Grund rechtfertigt nicht jedes ausländische Finanzstrafverfahren auf Ebene eines verwaltungsbehördlichen Strafverfahrens eine Durchbrechung des österreichischen Bankgeheimnisses. Die österreichische Rechtsprechung setzt hierfür in Übereinstimmung mit der Judikatur des Verfassungsgerichtshofs voraus, dass die „Einleitung" eines Finanzstrafverfahrens wegen vorsätzlicher Finanzvergehen (was Voraussetzung für die Aufhebung des Bankgeheimnisses ist) normativen Charakter hat.[343] Demzufolge müssen sich aus der Begründung des Einleitungsbeschlusses nicht nur Umstände ergeben, die nach der Lebenserfahrung auf ein Finanzvergehen schließen lassen.

Dem deutschen Geldanleger muss außerdem auch die Möglichkeit offenstehen, die Einleitung durch ein gesondertes Rechtsmittel bekämpfen zu können – eine solche Möglichkeit steht diesem freilich nicht offen. Auch hat die Einleitung eines verwaltungsbehördlichen Strafverfahrens mit Bescheid zu erfolgen, was in Deutschland ebenfalls nicht üblich ist. Nach deutschem Abgabenrecht gilt ein Steuerstrafverfahren dann als eingeleitet, „sobald die Finanzbehörde, die Polizei, die Staatsanwaltschaft, einer ihrer Hilfsbeamten oder der Strafrichter eine Maßnahme trifft, die erken-

---

[343] Erkenntnis vom 26.7.2006 in einem Steuerstrafverfahren gegen einen deutschen Zahnarzt, Az. 2004/14/0022.

bar darauf abzielt, gegen jemanden wegen einer Steuerstraftat strafrechtlich vorzugehen".[344]

Praxistipp 114:

Die Einleitung eines deutschen Steuerstrafverfahrens stellt unter Wahrung dieser rechtsstaatlichen Prinzipien keine Einleitung eines Finanzstrafverfahrens i.S. des österreichischen Finanzstrafgesetzes mit normativem Charakter dar, welches die Durchbrechung des österreichischen Bankgeheimnisses rechtfertigt.

Andere Maßstäbe und Kriterien gelten freilich, wenn das Rechtshilfeersuchen auf Gerichtsebene verläuft. Rechtshilfeersuchen von den Justizbehörden eines ausländischen (ersuchenden) Staates stützen sich auf das Europäische Übereinkommen über die Rechtshilfe in Strafsachen samt Zusatzprotokoll, aber auch auf das Protokoll vom 16.10.2001 zu dem Übereinkommen über die Rechtshilfe in Strafsachen. Und hier gelten vor allem die Maßstäbe der österreichischen Strafprozessordnung.[345]

Für die Rechtshilfe in Steuer- und Abgabesachen (also auf Besteuerungsebene) ist ein besonderer Vertrag aus dem Jahre 1954 maßgebend, der Österreich verpflichtet, gegenüber Deutschland Rechtshilfe „in allen Abgabesachen, im Ermittlungs-, Feststellungs- und Rechtsmittelverfahren, im Sicherungs- und Vollstreckungsverfahren sowie im Verwaltungsstrafverfahren" zu leisten. Und dieser Vertrag sieht bezüglich der Art und Weise der Erledigung eines Rechtshilfeersuchens vor, dass jeweils das Gesetz des ersuchten Staates gilt.[346]

Kontoarten und Einlagensicherung

In Österreich können sämtliche Kontoarten eröffnet werden. Die gängigsten Konten sind Namenskonten, aber auch Nummernkonten oder Pseudonymkonten sind zulässig. Bei Pseudonymkonten muss das Pseudonym allerdings so gewählt werden, dass dieses wegen den Geldwäschebestim-

---

[344] § 397 Abs. 1 AO.
[345] Siehe hierzu insbesondere Götzenberger, Anton Rudolf, Diskrete Geldanlagen, 5. Auflage, Wien 2007, dort Teil II S. 50ff.
[346] Sogenannte „Transformationsregel", weil sie praktisch österreichisches Recht in bestehende deutsche Steuerstrafverfahren hineintransferiert.

mungen nicht mit dem bürgerlichen Namen einer Drittperson identisch ist.

Besonders diskret im Bezug auf Kontodaten und Kontounterlagen ist das urheberrechtlich geschützte Goldfinger-Nummernkonto® des Bankhauses Jungholz, dem Private Banking der Raiffeisenbank Reutte. Es handelt sich hier um ein Nummernkonto in Verbindung mit einem Fingerprint-Legitimationssystem. Dieses hochwertige biometrische System zur Personenidentifikation macht im Bankalltag die Vorlage eines Lichtbildausweises oder sonstiger Bankdokumente überflüssig und beugt außerdem Unterschriftenfälschungen vor. Die Verfügungsberechtigung des Kunden wird stattdessen über einen elektronischen Fingerabdruck-Scanner geprüft. Das Goldfinger-Nummernkonto® dient als Basiskonto für sämtliche Anlagevarianten, z.B. als Kontokorrentkonto, als Festgeldkonto oder als Wertpapier- und Edelmetalldepot. Bei Transaktionen nennt der Kontoinhaber – und nur dieser – einfach sein Losungswort und quittiert mit seinem Fingermuster und Pseudonymunterschrift. Das System gewährt zudem einen optimalen Schutz vor Datenveruntreuung, da die persönlichen Daten des Anlegers nicht in der EDV gespeichert sind, sondern sicher in einem Datensafe verwahrt werden.

In Österreich sind Bankeinlagen nach dem Bankwesengesetz bis zu einer Höchstsicherungssumme von 20.000 Euro gesichert. Der Betrag gilt für jeden legitimierten Einleger und erhöht sich nicht, wenn der Kapitalanleger mehrere Konten bei einem Kreditinstitut unterhält. Der Höchstsicherungsbetrag gilt allerdings pro Kreditinstitut.

Österreichische Kreditinstitute gehören einer Einlagensicherung im Rahmen des jeweiligen Fachverbandes an. Dem sektoralen Aufbau der österreichischen Kreditwirtschaft entsprechend haben der Sparkassen-, Raiffeisen-, Volksbanken- und der Landeshypothekenbanken-Bereich eigene Sicherungseinrichtungen.[347] Der führende Fachverband der sogenannten österreichischen Aktienbanken ist die Einlagensicherung der Banken & Bankiers GmbH in Wien.

---

[347] Es sind dies die: Sparkassen-Haftungs Aktiengesellschaft,Österreichische Raiffeisen-Einlagensicherung reg.Gen.mbH, Schultze-Delitzsch-Haftungsgsen reg.Gen. mbH (Volksbanken), HYPO-Haftungs Gesellschaft m.b.H.

Praxistipp 115:

Wichtige Informationen zur Einlagensicherung in Österreich findet der Leser auf der Website: www.einlagensicherung.at.

Die Suche nach der richtigen Bank
Das Bankensystem

Das österreichische Bankenwesen basiert auf dem Universalbankensystem und lässt sich in mehrere Sektoren gliedern. Den größten Sektor bilden die Aktienbanken. Der zweite Sektor wird von den Sparkassen geprägt. Daneben steht dem Geldanleger noch der Raiffeisensektor zur Verfügung; ihm gehören acht Raiffeisenlandesbanken an, die wiederum als Spitzeninstitut für zahlreiche örtliche Raiffeisenkassen fungieren.

Praxistipp 116:

Ein österreichisches Bankinstitut[348] – nach eigenen Angaben das erste und bislang einzige im Bereich Private Banking – verfügt über eine Zertifizierung nach den Global Investment Performance Standards (GIPS®).

Zollausschlussgebiete Vorarlberg/Mittelberg und Jungholz

Neben den in Innerösterreich tätigen Geschäftsbanken können sich „abgeltungsteuerverdrossene" Geldanleger besonders den Kreditinstituten in den Zollanschlussgebieten Kleinwalsertal/Vorarlberg und Jungholz/Tirol anvertrauen. Trotz wirtschaftlicher Angliederung der Gemeinden an Bayern sind das Kleinwalsertal und Jungholz Bestandteile des österreichischen Hoheitsgebietes und gelten als österreichisches Zollausschluss- bzw. deutsches Zollanschlussgebiet. Es gilt österreichisches Recht, somit auch das strenge österreichische Bankgeheimnis. Die in den Exklaven ansässigen Banken sind mit den deutschen Börsen direkt verbunden. Im Gegensatz zu Innerösterreich fallen in den deutschen Zollanschlussgebieten keine

---

[348] Hypo Landesbank Vorarlberg, www.hypovbg.at, Filiale Kleinwalsertal www.hypokleinwalsertal.de.

zusätzlichen Auslandsspesen beim An- und Verkauf deutscher Wertpapiere an und die Zeichnung von Daueremissionen des Bundes ist über die Exklavenbanken möglich.

Die Gemeinden sind im deutschen Gironetz integriert und Überweisungsaufträge zugunsten von Konten bei Exklavenbanken gelten als Inlandsüberweisungen. Auch von der Gebührenseite her erweisen sich die Exklavenbanken als attraktiv. Die Gebühren und Konditionen der Exklavenbanken liegen in den meisten Fällen unter jenen Gebühren, die innerösterreichische Banken erheben. Letzteres gilt besonders für die Kontoführungsgebühren.[349]

- Banken im Kleinwalsertal[350]

Bank Austria Creditanstalt: Geldanleger, die auf anspruchsvolle, diskrete Beratung und gezielten Vermögensaufbau Wert legen, sind bei der Kleinwalsertal-Filiale der größten Bank Österreichs willkommen.

Praxistipp 117:

Die Bank Austria Creditanstalt verfügt über zahlreiche internationale Verbindungen, die besonders jenen steuerlich sensibilisierten Geldanlegern nützlich sein dürften, die ihr Vermögen professionell und sicher verwalten lassen wollen. Einen nachvollziehbaren Mehrwert für den Kunden zu schaffen und klare Kundenorientierung haben höchste Priorität.

Kernkompetenz der Bank bildet das gehobene Anlagegeschäft. Das Knowhow und die persönliche, individuelle Betreuung der Fachspezialisten stehen diskreten Geldanlegern ab einer Anlagesumme von 50.000 Euro zur Verfügung.

Bank Austria Creditanstalt, Adresse: Walserstr. 36, D-87567/A-6991 Riezlern, Telefon: 0043/5517/3248 (Hr. Fussenegger Kurt, Hr. Schuster Lukas, Hr. Wünsche Mathias), Telefax: 0043/5517/3377, E-Mail: filiale.riezlern@ba-ca.com, Internet: www.ba-ca.com.

---

[349] Vgl. unten Tabelle 1: Gebührenübersicht Banken Österreich-Inland und Banken in den österreichischen Zollexklaven.
[350] In alphabetischer Reihenfolge.

Dornbirner Sparkasse Bank AG: Die Dornbirner Sparkasse Bank AG, eine der führenden Regionalbanken im Vorarlberger Rheintal, eröffnete im Dezember 1984 als einzige österreichische Sparkasse ihre Geschäftsstelle in Riezlern im Kleinwalsertal und hat sich hier auf das Anlagegeschäft privater Kapitalanleger spezialisiert.

Praxistipp 118:

Die Anlageberater sind sehr bemüht, auf die individuellen Kundenwünsche und die persönliche Situation der Kunden einzugehen und darauf abgestimmte Veranlagungsvorschläge zu unterbreiten.

Grundsätzlich ist die Anlageentscheidung nicht an eigene Produkte gebunden. Die Dornbirner Sparkasse Bank AG kann aber neben zahlreichen Eigenemissionen auf die mehrfach prämierten Fonds der ERSTE-SPARINVEST KAG sowie auf die Produkte der s-Versicherung zurückgreifen. Zur Produktpalette der Bank zählen auch die interessanten Varianten der Veranlagung im Mantel einer liechtensteinischen Lebensversicherung.[351]

Dornbirner Sparkasse Bank AG, Adresse: Walserstraße 23, 87567 Riezlern, Servicetelefon aus Deutschland: 0180/5147899, Telefon: 0043/50100/74050, Telefax: 0043/500100/974050, E-Mail: riezlern@dornbirn.sparkasse.at, Internet: www.riezlern.sparkasse.at.

Hypo Landesbank Vorarlberg im Kleinwalsertal: Die *Hypo Kleinwalsertal* ist die größte Filiale der Vorarlberger Landes- und Hypothekenbank AG.

Praxistipp 119:

Die Hypo Kleinwalsertal setzt auf eine nachhaltige Anlagestrategie, welche auf der genauen Kenntnis der Situation und der Ziele ihrer Kunden basiert. Diese konsequente Kundenausrichtung, dazu Handschlagqualität und klare, struktu-

---

[351] Vgl. Teil III Abschnitt: Geldanlagen im Mantel einer liechtensteinischen Lebensversicherung.

rierte Anlagevorschläge führten auch immer wieder zu diversen Auszeichnungen. Die Hypo Landesbank Vorarlberg im Kleinwalsertal gehört zur „Elite der Vermögensverwalter 2007" und wurde mit dem Prädikat „Cum laude" ausgezeichnet.[352]

Hypo Landesbank Vorarlberg im Kleinwalsertal, Adresse: Walserstr. 31, 87567 Riezlern, Telefon: Filiale Riezlern 0043/5517/5001-0, Filiale Mittelberg 0043/5517/5591, Telefax: 0043/5517/5001-8050, E-Mail: pkriezlern@hypovbg.at, Internet: www.hypo-kleinwalsertal.de.

- Banken in Jungholz

Bankhaus Jungholz: Das Bankhaus Jungholz, die Zweigniederlassung der Raiffeisenbank Reutte reg.Gen.m.b.H, ist seit 1981 vor Ort. Der vermögende und diskretionsorientierte Privatanleger steht beim Bankhaus Jungholz im Mittelpunkt – und profitiert von den Besonderheiten des Hauses.

Praxistipp 120:

Neben dem geltenden österreichischen Bankgeheimnis hat das Bankhaus Jungholz weitreichende Sicherheitsstandards zum Schutz seiner Kunden eingeführt. Alle persönlichen Kundendaten werden nicht EDV-mäßig erfasst, sondern lagern in einem separaten Datensafe, der nur wenigen ausgewählten Personen zugänglich ist. Schutz vor Datenmissbrauch und -veruntreuung bietet zudem das urheberrechtlich geschützte Goldfinger-Nummernkonto®.[353]

Die Kundenbetreuer der Bank unterliegen keinerlei internen Produkt- und Verkaufsvorgaben. So schließt das Tiroler Bankhaus ganz bewusst Interessenkonflikte zwischen Kunden und Bank von vornherein aus. Im Rahmen des Bankenvergleichs „Die Elite der Vermögensverwalter 2008" wurde das Bankhaus Jungholz zum fünften Mal in Folge mit dem Premium-Prädikat „Summa cum laude" ausgezeichnet.

Bankhaus Jungholz der Raiffeisenbank Reutte reg.Gen.m.b.H., Adresse: Haus Nr. 20, A-6691 Jungholz, Telefon: +49/180/2212323-0, Telefax: +49/180/221/23/23-4800, E-Mail: info@bankhaus-jungholz.com, Internet: www.bankhaus-jungholz.com.

---

[352] Elitereport 2007 „Die Elite der Vermögensverwalter im deutschsprachigen Raum".
[353] Vgl. oben Abschnitt Kontoarten.

Gebührenart	Österreich (Inland)*	Österreich (Zollexklaven)*
Kauf/Verkauf v. Aktien Minimumgebühr	1,5 bis 2% 80 bis 120 €	1 bis 1,25% 45 €
Kauf/Verkauf v. festverzinslichen Wertpapieren Minimumgebühr	0,9% 80 €	0,85% 45 €
Kauf/Verkauf von Investmentfonds Minimumgebühr	0,75% 22 bis 60 €	0,5% 45 €
Einlieferung/Auslieferung effektiver Stücke	Je Position ca. 34,15 € zzgl. fremde Spesen	0,25%, Minimumgebühr 52 €
Inkasso von Kupon/Tilgungserlösen	0,25%	In der Regel kostenfrei
Depotgebühren – Euro-Ausland – Fremdwährungsausland Minimumgebühren	 0,5% 0,5% ca. 20 bis 25 €	 0,2% 0,5% ca. 50 €
Kontoführung	200 bis 250 €/Jahr	20 bis 30 €/Jahr

* Gebühren jeweils in Circa-Angaben, Abweichungen möglich; Preisgrundlage ist der Kurswert; alle Preise netto, da umsatzsteuerfrei. Depotgebühren zzgl. gesetzl. MWSt.

Tabelle 24: Gebührenübersicht Banken Österreich-Inland und Banken in den österreichischen Zollexklaven.

Online-Banking in Österreich

Anleger, die keine allumfassende Vermögensverwaltung und -betreuung benötigen, können günstige Konditionen einer Online-Bank auch im Ausland in Anspruch nehmen. In Österreich bietet u.a. die „Direkt-Anlage in Österreich", das Direct Broking der Raiffeisenbank Reutte, für deutsche Kunden besondere Vorteile: Die Kontoführung erfolgt unter dem besonderen Schutz des österreichischen Bankgeheimnisses über den Finanzplatz Jungholz (Sonderstatus als österreichische Exklave[354]). Damit sind die eingebundenen deutschen Börsen Heimatbörsen mit den entsprechend günstigen Konditionen. Die Mitarbeiter der Direkt-Anlage in Österreich sind ausgebildete Bankfachleute und somit kompetente Gesprächspartner für die Kunden sowohl beim Handel als auch in der Kundenbetreuung.

---

[354] Vgl. oben Abschnitt: Zollausschlussgebiete Vorarlberg/Mittelberg und Jungholz.

Praxistipp 121:

Die Bank wickelt auch diskrete Bargeld-Transaktionen und Depotübergänge für deutsche Kunden ab. Auch Tafelpapiereinlieferungen sind möglich.

Der Wertpapierhandel wird entweder telefonisch (Festpreis von sechs Cent/ Minute im deutschen Festnetz) oder über das attraktive Online Broking abgewickelt. Online geordert werden können u.a. Aktien, Zertifikate, Anleihen, Investmentfonds und Optionsscheine. Für den langfristigen und kontinuierlichen Vermögensaufbau eignen sich insbesondere Fonds- und Zertifikate-Sparpläne. Die österreichische Bank zieht keine Abgeltungsteuer ab. Anleger sollten beachten, dass die entsprechenden Anspar-Raten nach dem 31.12.2008 der deutschen Abgeltungsteuer unterliegen.

Praxistipp 122:

Die Direkt-Anlage in Österreich ist für den gut informierten Anleger die ideale Plattform, um dessen Anlageentscheidungen diskret und sicher von zu Hause aus über den Finanzplatz Österreich abzuwickeln.

Direkt-Anlage in Österreich, Adresse: Untermarkt 13, A-6600 Reutte, Telefon: aus Deutschland 0180/2/121314 (6 Ct. aus dem deutschen Festnetz), International: +43/5672/603-160, Fax: 0180/2/151617, E-Mail: info@daio.at, Internet: www.daio.at.

Besteuerung der Kapitalerträge auf nationaler Ebene

Allgemeines

Österreich erhebt neben Luxemburg[355] und Belgien als Ersatz für Kontrollmeldungen eine EU-Quellensteuer nach den Vorgaben der EU-Zinsrichtlinie. Die EU-Quellensteuer steigt zum 1.7.2008 auf 20 Prozent (bis 30.6.2011) sowie zum 1.7.2011 auf 35 Prozent.

---

[355] Vgl. unten Abschnitt: Das Konto in Luxemburg.

Praxistipp 123:

Für Geldanleger mit abgeltungsteuerfreien Konten und Depots in Österreich bleibt die Diskretion gegen Entrichtung einer Quellensteuer gewahrt.

Maßgebliche Rechtsgrundlage für die Besteuerung der Kapitalerträge ist das EU-Quellensteuergesetz (EU-QuStG).[356] Der EU-QuSt unterliegen alle Zinszahlungen ungeachtet ihrer Herkunft, die durch eine inländische Zahlstelle (das ist im Regelfall die kontoführende Depotbank) an einen wirtschaftlichen Eigentümer gezahlt werden, der eine natürliche Person ist. Der wirtschaftliche Eigentümer muss gleichzeitig der „effektive Empfänger", das heißt der Endempfänger, sein. Des Weiteren muss es sich um eine „grenzüberschreitende Zinszahlung" handeln; das heißt, die Zahlstelle (die Österreich-Bank) und der effektive Empfänger (Kapitalanleger) müssen in verschiedenen EU-Mitgliedstaaten ansässig sein.[357]

Als quellensteuerpflichtige Zinszahlungen gelten u.a.:[358]

- „gezahlte oder auf einen Konto gutgeschriebene Zinsen oder bezahlte Zinsen, die mit Forderungen jeglicher Art zusammenhängen, unabhängig davon, ob diese hypothekarisch gesichert sind und ob sie ein Recht auf Beteiligung am Gewinn des Schuldners beinhalten, insbesondere Erträge aus Anleihen[359] und Schuldverschreibungen einschließlich der mit diesen Titeln verbundenen Prämien und Gewinne";

- „bei Abtretung, Rückzahlung oder Einlösung von Forderungen" im obigen Sinne „aufgelaufene oder kapitalisierte Zinsen";[360]

- aufgelaufene oder kapitalisierte Zinsen, die bei Verkauf, Rückzahlung oder Einlösung von Anteilen an Investmentfonds realisiert werden.

---

[356] BGBl. I 2004/33.
[357] § 1 EU-QuStG.
[358] Vgl. § 6 EU-QuStG.
[359] Das sind festverzinsliche, langfristige Schuldverschreibungen, die sowohl von der öffentlichen Hand (Bund, Länder, Gemeinden) als auch von privaten Unternehmen (Industrieobligationen) ausgegeben werden.
[360] Darunter fallen auch der Zinsanteil aus dem Verkauf von sog. Zero- oder Discountbonds.

Für die Besteuerung von Erträgen aus Anteilen an Investmentfonds unterscheidet das österreichische EU-QuStG zwischen Thesaurierungsfonds und Ausschüttungsfonds. Erträge aus Thesaurierungsfonds (das sind Investmentfonds, die ihre jährlich erwirtschafteten Erträge im Fondsvermögen zur Wiederanlage belassen) unterliegen nur insoweit der EU-QuSt, als der Fonds mehr als 40 Prozent[361] seines Anlagevermögens in zinsabwerfende Produkte investiert hat.[362] Bei Ausschüttungsfonds fällt die Quellensteuer an, sofern der Fonds höchstens 15 Prozent seines Fondsvermögens in zinsabwerfende Produkte investiert.[363] Bei Fonds, die mehr als 15 Prozent, jedoch maximal 40 Prozent ihres Vermögens in zinssteuerpflichtige Anlagen investieren, werden die Ausschüttungen, jedoch nicht die Erträge bei Verkauf, Rückzahlung oder Einlösung der Fondsanteile mit Quellensteuer belastet.

Maßgebend für die Bestimmung der Prozentanteile ist die in den Vertragsbedingungen oder in der Satzung der betreffenden Organismen oder Einrichtungen dargelegte Anlagepolitik bzw. die tatsächliche Zusammensetzung des Vermögens des Fonds.[364] Generell kein Steuereinbehalt erfolgt auf (ausgeschüttete oder thesaurierte) Erträge reiner Aktienfonds oder Immobilienfonds.

Die Zahlstelle nimmt grundsätzlich den Quellensteuerabzug zu dem Zeitpunkt vor, zu dem die Erträge durch Abtretung, Rückzahlung oder Einlösung der Fondsanteile realisiert werden. Für thesaurierte Erträge aus Investmentfonds gilt hinsichtlich der EU-Quellensteuer eine Zuflussfiktion; das heißt, es wird eine Quellensteuer auch auf „ausschüttungsgleiche Erträge" erhoben, soweit darin Zinsen enthalten sind.[365]

Derivate im engeren Sinn (Optionen, Forwards, Futures und Swaps) sind von der EU-Quellensteuer ausgenommen. Bei strukturierten Finanzinstrumenten richtet sich die Steuerpflicht nach dem Umfang des jeweils integrierten Kapitalschutzes. Jede Zusicherung der Rückzahlung eines Mindestbetrags des eingesetzten Kapitals gilt als Kapitalschutz und löst die EU-Quellensteuer aus.

---

[361] Ab dem 1.1.2011 25 Prozent.
[362] § 6 Abs. 1 Nr. 4 EU-QuStG.
[363] § 6 Abs. 3 EU-QuStG.
[364] § 6 Abs. 5 EU-QuStG.
[365] § 7 Abs. 3 EU-QuStG. Zu den ausschüttungsgleichen Erträgen nach dem deutschen InvStG vgl. Teil I Abschnitt: Besteuerung von Investmentfondsanteilen.

Praxistipp 124:

Reverse Convertibles sind Derivate, deren Rückzahlung entweder in bar oder durch physische Lieferung eines Basiswerts erfolgt. Eine Barrückzahlung erfolgt dann, wenn der Kurs des Basiswerts am Ende der Laufzeit über dem im Voraus festgelegten Ausübungspreis liegt. Zu einer physischen Lieferung (oder allenfalls zu einer Barauszahlung) kommt es, wenn der Kurs des Basiswerts unter dem Ausübungspreis liegt. Bei Reverse Convertibles gilt nur jede über separate Coupons im Voraus zugesicherte feste Entschädigung als steuerpflichtiger Zins. Bei einer Aufteilung der Entschädigung in Prämien- und Zinskomponente gilt die Prämie nicht als Zins. Der deutsche Kapitalanleger umgeht in Österreich die EU-Quellensteuer (sowie den in Schweiz und Liechtenstein geltenden EU-Steuerrückbehalt) mit Reverse Convertibles dann, wenn er Papiere mit nicht im Voraus zugesicherten Entschädigungen auf Aktien, Aktienindices oder -baskets, Metalle, Commodities, Währungen, Wechselkurse oder auch Anlagefonds oder Zertifikate, sofern die Fonds bzw. die Zertifikate keinen Zins generieren, kauft.

Sonderregelungen für Investmentzertifikate

Die Steuerpflicht von Kapitalerträgen aus Zertifikaten[366] richtet sich nach der Art des dem Zertifikat zugrunde liegenden Basiswertpapiers bzw. der Zusammensetzung des Baskets. Österreichische Banken unterscheiden hier zwischen

- Zertifikaten mit Kapitalgarantie und
- Zertifikaten ohne Kapitalgarantie[367]

Zertifikate mit Kapitalgarantie sind solche Zertifikate, bei denen die Rückzahlung eines Mindestbetrages des eingesetzten Kapitals zugesichert ist. Erträge kapitalgarantierter Zertifikate stellen quellensteuerpflichtige Zinsen nach folgender Maßgabe dar:

- Alle im Voraus garantierten Zinsen oder sonstige Vergütungen für die Kapitalüberlassung (Minimalkupon, Emissionsdisagio, Tilgungsagio etc.) gelten als steuerpflichtige Zinsen.

---

[366] Zum Begriff vgl. Teil I Abschnitt: Besteuerung von Zertifikaten.
[367] Vgl. Information der Steuersektion zur EU-Quellensteuer und Kapitalertragsteuer des österr. BMF vom 1.8.2005.

- Bei allen anderen nicht garantierten Erträgen hängt die Steuerpflicht von der Art ihrer Bezugsgröße (Basiswert, Underlying) ab.
- Handelt es sich bei der Bezugsgröße um Anleihen, Zinssätze, Inflationsraten, gelten die Erträge als Zinsen i.S.d. österreichischen EU-Quellensteuergesetzes (EU-QuStG).
- Handelt es sich bei der Bezugsgröße um Equitys (Aktien, Aktienindizes oder Aktienbaskets, Metalle, Währungen, Wechselkurse etc.), stellt der Ertrag keine Zinsen i.S.d. EU-QuStG dar.
- Handelt es sich bei der Bezugsgröße um Kapitalanlagefonds, hängt es davon ab, ob die Fonds quellensteuerpflichtige Zinserträge erzielen. Nur insoweit die Erträge der Fonds aus Zinszahlungen resultieren, stellen die Erträge des Zertifikates quellensteuerpflichtige Zinsen dar.

Zertifikate auf Aktien/Aktienindices unterliegen grundsätzlich keiner EU-Quellensteuer. Zertifikate auf Anleihenindizes oder Anleihebaskets gelten als Derivate und generieren keinen Zins, wenn der Index beziehungsweise der Basket aus mindestens fünf unterschiedlichen Anleihen verschiedener Emittenten zusammengesetzt ist. Der Anteil einer einzelnen Anleihe darf nicht mehr als 80 Prozent des Index bzw. Baskets betragen. Bei dynamischen Zertifikaten muss die 80 Prozent-Grenze während der gesamten Laufzeit eingehalten werden. Bei statischen Zertifikaten sind Änderungen der Gewichtung, die sich nach der Emission ergeben, unschädlich.

Zertifikate auf Fondsindizes oder Fondsbaskets gelten als Derivate und unterliegen nicht der EU-Quellensteuer, wenn der Index beziehungsweise Basket aus mindestens fünf unterschiedlichen Fonds zusammengesetzt ist. Der Anteil eines einzelnen Fonds darf dabei nicht mehr als 80 Prozent betragen.

Bei Zertifikaten auf gemischte Indices oder Baskets, die sowohl Anleihen als auch Fonds beziehungsweise neben Anleihen und/oder Fonds noch weitere Bezugsgrößen enthalten, muss die Regel, wonach der Index oder der Basket mindestens fünf unterschiedliche Anleihen bzw. Fonds jeweils unterschiedlicher Emittenten enthalten muss, sowohl für die Anleihen als auch für die Fonds eingehalten werden. Zertifikate auf Metalle, Commodities, Währungen, Wechselkurse und dergleichen unterliegen wie Aktienzertifikate nicht der EU-Zinssteuer.

Das Konto in Luxemburg

Allgemeines

Luxemburg ist eine konstitutionelle Monarchie mit demokratischen Institutionen. Die Rechtsordnung beruht auf dem französischen „code civil" aus dem Jahr 1805. Das Luxemburger Gesellschaftsrecht basiert auf belgischem Recht.

Das Großherzogtum Luxemburg ist mit einer Fläche von 2586 km² zwar das kleinste Mitgliedsland der Europäischen Union, von der Wirtschaftsleistung her betrachtet aber ein Riese. Das Großherzogtum führte lange Jahre die Einkommens-Rangliste der Weltbank, den „World Development Indicator", mit Platz 1 an.

Kapitalanleger schätzen an Luxemburg neben dem gesetzlich geregelten Bankgeheimnis und diversen Reglementen, die selbst vor den Einblicken nationaler Steuerbehörden in Kontounterlagen der eigenen Steuerpflichtigen schützt, vor allem die politische Stabilität und den schlanken und rasch reagierenden Staatsapparat.

Praxistipp 125:

Luxemburger Konten sind nicht pfändbar. Um von der Bank eine Erklärung zu erhalten, ob ein Konto auf den Namen eines Vollsteckungsschuldners geführt wird, ist die deutsche Finanzverwaltung gezwungen, den „normalen" Weg der Kontopfändung zu durchschreiten. Soll eine Kontopfändung Aussicht auf Erfolg haben, müssen Beweise vorgelegt werden, die den Vollstreckungsschuldner als Kontoinhaber ausweisen.[368] Denn eine Luxemburg-Bank ist regelmäßig immer erst „am Schluss" dieser Prozedur verpflichtet, Auskünfte darüber zu erteilen, ob der Steuerpflichtige bei ihr ein Konto unterhält oder nicht. Die deutschen Finanzämter haben dabei keine Möglichkeit, die von der Bank abgegebene Erklärung zu überprüfen. Vielmehr besteht nur dann Aussicht auf Erfolg, wenn es der Behörde gelingt, den Steuerpflichtigen an der Auflösung seines Kontos zu hindern. Die Finanzverwaltungen stellen deshalb sofort – nachdem sie Kenntnis über die Existenz eines Luxemburger Kontos erlangt haben – ein Rechtshilfeersuchen. Hier-

---

[368] Merkblatt zur zwischenstaatlichen Amtshilfe bei der Steuererhebung BStBl. 2000 I S. 102 Tz. 4.7.

> für bedarf es allerdings handfester Beweise, um die von der Bank abgegebene Erklärung, dass das fragliche Konto nicht besteht, im Bedarfsfall zu widerlegen.

Bankgeheimnis, Amts- und Rechtshilfe

Das Luxemburger Bankgeheimnis ist in Art. 41 des Gesetzes vom 5.4.1993 „relative au secteur financier"[369] gesetzlich verankert. Artikel 41[370] verpflichtet *„Direktoren, Mitglieder des Vorstandes und der Aufsichtsräte, leitende Angestellte, Beschäftigte und sonstige Personen, die im Dienste eines Kreditinstituts oder einer sonstigen im Finanzsektor berufsmäßig tätigen Person stehen, die Beschäftigten der Wertpapierabwicklungsunternehmen, der zentralen Gegenstellen, der Verrechnungsstellen sowie die Beschäftigten der in Luxemburg agierenden ausländischen Geschäftsbanken ... zur Geheimhaltung von Tatsachen, die ihnen im Rahmen ihrer beruflichen Tätigkeit anvertraut worden sind".*

Die Geheimhaltungspflicht endet allerdings, wenn die Bekanntgabe durch oder wegen einer gesetzlichen Bestimmung, auch aus vorherigen Gesetzen, erlaubt ist oder verlangt wird. Bezogen auf Fiskaldelikte wäre dies bei Steuerbetrug der Fall.

Das Luxemburger Steuerrecht unterscheidet wie das Schweizer Abgabenrecht zwischen einfacher Steuerhinterziehung, als „fraude fiscale simple" bezeichnet, und der „escroquerie fiscale", dem „Steuerbetrug". Als einfache Steuerhinterziehung bezeichnet werden kann z.B. eine inexakte Deklaration, hervorgerufen durch:

- die Angabe zu niedriger Einkünfte,
- Nichterklärung bestimmter Einkunftsarten (z.B. Zinseinkünfte),
- die Verwertung falscher Informationen oder
- Versäumnisse fester Zahlungsfristen.

Eine einfache Steuerhinterziehung wird in Luxemburg nicht mit Freiheitsstrafen von mindestens einem Jahr geahndet. Es drohen in aller Regel nur Geldstrafen, die allerdings bis zum Vierfachen der hinterzogenen Steuern festgesetzt werden können.

---

[369] Mémorial A-Nr. 27 v. 10. 4.1993, Gesetz zuletzt geändert durch Gesetz v. 14. Mai 2002, Mémorial A, 881.
[370] I.d.F. Änderungsgesetz vom 12. Januar 2001, Mémorial A 2001, 681, freie Übersetzung des Autors.

Des Steuerbetrugs macht sich vielmehr derjenige schuldig, der gegenüber dem Fiskus ein aus mehreren sich ergänzenden Einzelelementen zusammengesetztes Lügengebäude aufbaut, welches zu einer Verkürzung hoher Steuerbeträge führt.[371] Der Begriff „Steuerbetrug" wurde erstmals durch Gesetz vom 22.12.1993 in den – direkte Steuern betreffenden – dritten Teil der „Luxemburger Abgabenordnung" eingeführt.[372] Nach dieser Vorschrift begeht Steuerbetrug, wenn eine Steuerhinterziehung zur Verkürzung erheblicher Beträge führt, sei es in Form eines absoluten Betrages, sei es im Verhältnis zur Höhe der geschuldeten Steuern, und dies allein dadurch erreicht wurde, dass die Abgabenbehörde durch taktisches und systematisches Vorgehen über steuerlich erhebliche Tatbestände in Unkenntnis gelassen wurde oder dieser gegenüber steuerlich erhebliche Tatsachen bewusst unrichtig oder unvollständig dargestellt wurden.

Als Beispiel kann jede Art der Belege- und Urkundenfälschung, einhergehend mit einer auf Gewinnverkürzung abzielenden doppelten Buchführung, bezeichnet werden, durch die auf entsprechende Weise künstliche Ausgaben geschaffen und Einkünfte entweder nicht oder falsch – durch Kettenbuchungssätze vertuscht – erfasst werden. Steuerbetrug liegt auch in allen „Modellfällen" des fiktiven Vorsteuerabzugs vor.

Praxistipp 126:

Steuerbetrug begeht nicht schon derjenige, der eine inexakte Einkommensteuererklärung nur deshalb abgegeben hat, weil er wider besseres Wissen diverse Einkünfte nicht erklärt oder schlichtweg vergaß.

Luxemburg gewährt Rechtshilfe nach den Vorschriften des Europäischen Rechtshilfeübereinkommens und hat auf Durchsuchung und Beschlagnahme gerichtete Rechtshilfehandlungen der Bedingung unterworfen, dass die dem Verfahren zugrunde liegende Straftat nach Maßgabe des Europä-

---

[371] Ces manoeuvres doivent avoir été employées de facon systématique ce qui renvoie à une combinaison d´éléments qui se coordonnent pour concourir au résultat ou de manière à former un ensemble.
[372] § 396 Abs. 5, eingefügt durch Gesetz vom 22. 12.1993 „sur l'escroquerie en matière d'impôts", Mémorial A Nr. 99 vom 24. 12.1993; § 396 Abs. 5 in freier Übersetzung des Autors.

ischen Auslieferungsübereinkommens auslieferungsfähig ist. Dies gilt insbesondere für alle im Zusammenhang mit der Verfolgung von Steuerdelikten begehrten Beschlagnahme- und Durchsuchungshandlungen, denen die Aufhebung des Bankgeheimnisses vorausgeht.

Liegt ein Steuerbetrug vor, leistet das Großherzogtum Luxemburg auch Rechtshilfe nach Maßgabe des nationalen Rechtshilfegesetzes vom 8.8.2000.[373] Das Bankgeheimnis ist in diesem Fall aufzuheben. Es ist hier allerdings nur bei einem „auslieferungsfähigen" Steuerbetrug aufzuheben. Einen solchen kann der gewöhnliche Kapitalanleger praktisch gar nicht begehen.

Luxemburg knüpft Durchsuchungs- oder Beschlagnahmebegehren bei Banken an Handlungen, die nach dem Europäischen Übereinkommen über die Auslieferung vom 13.12.1957[374] auslieferungsfähig sind, und führt diese nur unter der Bedingung aus, dass der Richter einer Erledigung nach luxemburgischem Recht zugestimmt hat.[375] Nach dem Europäischen Auslieferungsübereinkommen sind nur solche Delikte auslieferungsfähig, die „sowohl nach dem Recht des ersuchenden als auch nach dem des ersuchten Staates mit einer Freiheitsstrafe oder die Freiheit beschränkenden Maßregel der Sicherung und Besserung im Höchstmaß von mindestens einem Jahr oder mit einer schwereren Strafe bedroht sind".

Konkret bedeutet dies, dass ein in Deutschland begangenes Steuerdelikt nach Luxemburger Abgabenrecht mit mindestens einem Jahr Freiheitsentzug bestraft werden müsste, um die Durchsuchung von Geschäftsräumen eines in Luxemburg tätigen Kreditinstituts oder die Beschlagnahme von Kontounterlagen erreichen zu können. „Fraude fiscale simple" ist weder auslieferungs- noch rechtshilfefähig und wird es auch dann nicht, wenn sich das Rechtshilfebegehren auf das Zusatzprotokoll zum 59er Rechtshilfeübereinkommen bezieht. Luxemburg hat im Gesetz vom 27.8.1997 deutlich gemacht, dass das 59er Rechtshilfeübereinkommen in Erweiterung des Zusatzprotokolls aus Gründen der Verfahrensökonomie nicht anzuwenden und Rechtshilfe zu verweigern ist, wenn es – wie beim „Fraude fiscale sim-

---

[373] Loi du 8 août sur l´entraide judiciaire internationale en matière pènale, Mémoria A-Nr. 98 v. 18. September 2000.
[374] BGBl. 1964 II S. 1369.
[375] Luxemburg hält hier lediglich an Art. 5 des Auslieferungsübereinkommens nicht fest, gewährt also einem Staat auch dann Rechtshilfe, wenn dieser mit Luxemburg kein Auslieferungsabkommen abgeschlossen hat (Art. 2 Nr. 2 Gesetz vom 27. August 1997).

ple" – offensichtlich ist, dass die eingesetzten Mittel unverhältnismäßig sind oder wesentliche Interessen des Großherzogtums (hierzu zählt auch das Bankgeheimnis) gefährdet würden.

Praxistipp 127:

Auch das Luxemburger Bankgeheimnis soll nicht zur Steuerhinterziehung animieren. Zwar sieht das nationale Rechtshilfegesetz vom 8. August 2000 den obigen Ausführungen konform keine Rechtshilfe in Fiskaldelikten (mit Ausnahme des Steuerbetrugs) vor. Von dem Augenblick an, in dem aber die allgemeinen Bedingungen der Rechtshilfe erfüllt werden, muss der ausländische Kapitalanleger stets damit rechnen, dass die Luxemburger Behörden die Durchsuchungen und Beschlagnahmen ausführen, die von ausländischen Behörden im Rahmen eines internationalen Rechtshilfeersuchens beantragt werden.

Kontoarten und Einlagensicherung

In Luxemburg können alle gängigen Bankkontoarten eröffnet werden. Die Luxemburger Bankenaufsicht erlaubt außerdem die Führung von Nummern- und Pseudonymkonten. Die Eröffnung und Verwaltung von Luxemburger Nummern- und Pseudonymkonten vollzieht sich allerdings nach Maßgabe der Bestimmungen, die für Namenskonten gelten (insbesondere bankinterne Legitimierung des Kontoinhabers).

Geldeinlagen[376] sowie die mit Anlagegeschäften verbundenen Gelder fallen unter die Einlagensicherung der „Association pour la Garantie des Dépôts, Luxembourg (AGDL)". Die AGDL garantiert Anlegern im Fall der Zahlungsunfähigkeit eines Mitgliedsinstituts[377] eine Entschädigung bis zu einem Betrag im Gegenwert von 20.000 Euro. Zusätzlich garantiert die AGDL Forderungen aus Wertpapiergeschäften[378] bis zu einem Betrag im Gegenwert von 20.000 Euro. Der Gesamtbetrag der Sicherung beträgt

---

[376] Darunter fallen alle Geldeinlagen einschließlich der mit Anlagegeschäften verbundenen Gelder.
[377] Die aktuellen Mitgliedsbanken sind abrufbar unter www.adgl.lu.
[378] Alle Forderungen aus Wertpapiergeschäften fallen unter die Anlegerentschädigung. Als solche gelten Wertpapiere, Anteile von Investmentfonds, Geldmarktinstrumente, Finanzterminkontrakte (Futures), Zinsterminkontrakte (FRA), Swaps und Optionen auf Devisen und Finanzinstrumenten.

in Luxemburg somit 20.000 Euro (Einlagensicherung) plus 20.000 Euro (Anlegerentschädigung) = 40.000 Euro pro Bankkunde.

Die Suche nach der richtigen Bank

Im Großherzogtum offerieren 157 Geschäftsbanken eine breite Palette von Anlageprodukten, welche vor allem auf die Bedürfnisse ausländischer Klientel zugeschnitten sind. Stetig wachsende Bilanzzahlen zeigen den Erfolg der Luxemburger Kreditinstitute. Vom Oktober 2006 bis Oktober 2007 konnten die Luxemburger Banken die Bilanzsumme von 851 Mrd. Euro auf über 930 Mrd. Euro steigern.[379] In Luxemburg sind Banken aus über 15 Ländern vertreten, mit 45 Kreditinstituten sind deutsche Banken am stärksten vertreten.

Besteuerung der Kapitalerträge auf nationaler Ebene

Luxemburg erhebt wie Österreich eine EU-Zinssteuer auf unter die am 3.6.2003 beschlossene EU-Zinsrichtlinie[380] fallenden Zinserträge. Sonstige Quellensteuern bestehen in Luxemburg nicht. Weitere Ausführungen zur EU-Zinsrichtlinie vgl. oben Abschnitt: Das Konto in Österreich, Besteuerung der Kapitalerträge auf nationaler Ebene.

Fokus: Das Konto im Dubai International Financial Center

Das Dubai International Financial Center (DIFC) ist ein politisch unabhängiger Finanzplatz im Emirat Dubai. Dubai ist Teil der sieben Vereinigten Arabischen Emirate (VAE) und liegt auf der Achse der Finanzzentren New York, London, Frankfurt und Zürich im Westen sowie Singapur und Hongkong im Osten. Das DIFC ist streng reguliert, Aufsichtsbehörde ist die Dubai Financial Services Authority (DFSA).[381] Dieser obliegt auch das Zulassungsverfahren für jede Bank/jeden Finanzdienstleister im DIFC.

Abgeltungsteuersensible deutsche Kapitalanleger, die Finanzgeschäfte mit Banken und Finanzdienstleister aus dem DIFC tätigen wollen, müs-

---

[379] Quelle: Commission de Surveillance du Secteur Financier – Statistiques – Banques, www.cssf.lu, Stand Oktober 2007.
[380] Richtlinie 2003/48/EG des Rates Amtsblatt der Europäischen Union Nr. L 157/38 vom 26.6.2003.
[381] Website: www.dfsa.ae.

sen „Bankable Assets" von mindestens 1 Mio. US-Dollar besitzen. Damit soll sichergestellt werden, dass Banken und Finanzdienstleister im DIFC keine Anlagegeschäfte mit Kleinkunden betreiben und in Konkurrenz zu den lokalen (landeseigenen) Geschäftsbanken treten. Die Zentralbank der VAE forderte deshalb im Zuge der Errichtung des DIFC, dass keine Konten in der einheimischen Währung „Dirham"(AED) geführt werden dürfen[382] und dass nur Kunden mit einem liquiden Vermögen (ohne Grundbesitz) von mindestens 1 Mio. US-$ akzeptiert werden. Die Banken im DIFC legen dieses Erfordernis im Regelfall aber so aus, dass es „reicht", wenn der Kunde darlegen kann, dass er insgesamt über Bankable Assets von 1 Mio. US-$ verfügt.

Unter den Begriff Bankable Assets fallen in erster Linie „Liquid Assets" wie Bargeld oder zu Bargeld konvertierbare Werte, wie börsennotierte Wertpapiere, Anleihen, Schuldverschreibungen mit einer Restlaufzeit bis zu 90 Tagen, Festgelder usw. Das Vermögen muss sich allerdings weder in Dubai befinden noch dort angelegt werden. Die „Liquid Assets" können auch in der Schweiz oder Liechtenstein sein. Ein Nachweis über die Vermögenswerte ist nicht erforderlich, lediglich die Existenz muss per Unterschrift bestätigt werden. Dies geschieht im Regelfall im Rahmen der Kontoeröffnung auf dem „Client Agreement".

Deutsche Kapitalanleger, die sich an ein Kreditinstitut innerhalb des DIFC wenden, können Konten und Depots eröffnen, ohne einen Wohnsitz bzw. Aufenthaltsgenehmigung in Dubai vorzuweisen und ohne den Umweg über eine Offshore-Gesellschaft gehen zu müssen. Einen Wohnsitznachweis gibt der Kapitalanleger hier lediglich zum Nachweis der Wohnadresse seines Heimatlandes ab (sogenannter „address proof").

Einkünfte aus Kapitalerträgen aller Art sind in Dubai steuerfrei. Quellensteuern jeglicher Art gibt es keine.

Praxistipp 128:

Die Geschäftszeiten in Dubai unterscheiden sich von jenen in Europa. Die Bank-Öffnungszeiten sind dort von Samstag bis Donnerstag im Regelfall von 8.00 bis 15.00 Uhr lokaler Zeit. Der Freitag ist in Dubai der „Sonntag". Geschäftsbanken

---
[382] Bundesgesetz Nr. 8 von 2004.

im DIFC haben jedoch meist an Europa orientierte Öffnungszeiten und sind für alle europäischen Kunden Sonntag bis und mit Donnerstag im Regelfall von 9.00 Uhr bis 20.00 Uhr Lokalzeit Dubai erreichbar; einige Banken haben sogar am Freitag einen Europa-Desk geöffnet. Die Zeitdifferenz zu Europa beträgt plus zwei Stunden bzw. bei Sommerzeit plus drei Stunden.

Teil VI: Abgeltungsteuer im internationalen Vergleich

Mit einem Quellensteuersatz von 27,82 Prozent (inkl. Solidaritätszuschlag und Kirchensteuer) liegt die Abgeltungsteuer im EU-Vergleich im oberen Spitzenbereich; das deutsche Besteuerungsniveau wird nur von Finnland und Schweden übertroffen.

Überblick

Innerhalb der Europäischen Union praktizieren folgende Staaten eine der deutschen Abgeltungsteuer bei Zinsen und/oder Dividenden vergleichbare Steuer: Belgien, Bulgarien, Finnland, Griechenland, Irland, Italien, Litauen, Luxemburg, Malta, Österreich, Polen, Portugal, Rumänien, Schweden, die Slowakei sowie Tschechien.[383]

Österreich, Polen und Schweden besteuern dabei nahezu alle Kapitalerträge (Zinsen und Dividenden) gleich, wobei Österreich private Veräußerungsgeschäfte außerhalb der Jahresfrist steuerfrei stellt. Andere Staaten erheben Abgeltungsteuer nur auf bestimmte Kapitalerträge oder mit unterschiedlichen Steuersätzen, die sich abhängig von der Art oder Quelle der Kapitaleinkünfte bemessen. Teilweise existieren überwiegend komplizierte Mischsysteme, das heißt, es wird ein Nebeneinander von Quellensteuer mit Anrechnungsmöglichkeit und Quellensteuer mit finaler Abgeltungswirkung praktiziert. Eine Abgeltungsteuer auf private Veräußerungsgewinne bzw. die Erhebung einer Quellensteuer als Wertzuwachssteuer oder Substanzsteuer – so wie es bei der deutschen Abgeltungsteuer der Fall ist – gehört zur absoluten Ausnahme. Innerhalb der Europäischen Union erhebt nur Griechenland eine 20-prozentige Abgeltungsteuer auf Veräußerungen von Anteilen an GmbHs, Personengesellschaften sowie bei einer Geschäftsveräußerung im Ganzen.

Nachfolgende Tabelle enthält die nominellen Steuersätze für Kapitalanlagen. Je nach Art der Kapitalanlage gelten unterschiedliche Steuersätze. Die effektiven Steuersätze können abweichen.

Staat	Abgeltungsteuersätze	Einkommensteuerspitzensatz des Zentralstaats sowie der Gebietskörperschaften einschließlich sonstiger Zuschläge
Belgien	15; 25	53,5
Bulgarien	7; 20	24
Finnland	28	50,4
Griechenland	10; 20	40
Irland	20	41
Italien	12,5; 27	44,15

---

[383] Aufzählung erfolgte in alphabetischer Reihenfolge, Quelle: BT-Drucksache 16/4714 v. 19.3.2007.

Staat	Abgeltungsteuersätze	Einkommensteuerspitzensatz des Zentralstaats sowie der Gebietskörperschaften einschließlich sonstiger Zuschläge
Litauen	15	27
Luxemburg	10; 20	38,95
Malta	10; 15	35
Österreich	25	50
Polen	19	40
Portugal	8; 15; 16; 20; 25	42
Rumänien	1;16	16
Schweden	30	56,6
Slowakei	19	19
Tschechien	15	32

Tabelle 25: Abgeltungsteuersätze in der Europäischen Union (Quelle: Deutscher Bundestag Drucksache 16/4714)

Fokus: Deutsche Abgeltungsteuer und österreichische Kapitalertragsteuer im Vergleich

Allgemeines

Das österreichische Kapitalertragsteuersystem wurde im Zuge der Einführung der deutschen Abgeltungsteuer oftmals als „Vorbild" für die deutsche Abgeltungsteuer gesehen. Vertreter aus der Wirtschaft haben – allerdings vergeblich – gehofft, der deutsche Gesetzgeber würde sich an das Konzept der österreichischen Kapitalertragsbesteuerung anlehnen. Zwar entfaltet auch das deutsche Abgeltungsteuersystem eine „endbesteuernde" Wirkung wie das österreichische. Die endbesteuernde Wirkung des deutschen Systems ist aber weit geringer. So ist mit der deutschen Abgeltungsteuer keinesfalls die Erbschaftsteuer mit abgegolten. Zum Nachteil deutscher Kapitalanleger hat die deutsche Bundesregierung das österreichische Kapitalertragsteuersystem nicht übernommen, sodass deutsche Kapitalanleger auch nach 2009 von einem Privatkonto oder einem (Haupt-)Wohnsitz in Österreich steuerlich profitieren.

Der österreichischen Kapitalertragsteuer – kurz KESt genannt – unterliegen folgende Kapitalerträge, die im Inland (Österreich) bezogen werden:
1. Dividenden aus Aktien, unabhängig davon, ob es sich um eine österreichische oder ausländische AG handelt
2. Ausschüttungen einer österreichischen GmbH
3. Entsprechende Ausschüttungen aus Genussrechten und Genossenschaftsanteilen
4. Zuwendungen von österreichischen Privatstiftungen
5. Erträge aus Forderungswertpapieren, unabhängig davon, ob es sich um einen österreichischen oder ausländischen Emittenten handelt (bei Emission der Wertpapiere vor dem 31.12.1983 in Schilling oder Euro bzw. vor dem 31.12.1988 in anderer Währung wird die Kapitalertragsteuer [KESt] nicht automatisch abgezogen – der Investor kann aber die Option des freiwilligen KESt-Abzuges wählen)
6. Erträge aus Zertifikaten (Dauereemissionen), lediglich jene Papiere, die die Bestimmungen des § 124b Zi. 85 EStG erfüllen und bis spätestens 1.8.2005 geschlossen wurden, unterliegen nicht der KESt
7. Zinsen aus Einlagen
8. Erträge aus einem inländischen Investmentfonds
9. Ausschüttungen aus einem ausländischen Investmentfonds
10. Ausschüttungsgleiche Erträge aus einem ausländischen Investmentfonds, sofern er die selben Meldungen tätigt wie in inländischer Investmentfonds (blütenweiße Investmentfonds oder Meldefonds)

Zwar sind – wie in Deutschland ab dem 1.1.2009 mit Einführung der Abgeltungsteuer – auch im österreichischen System tatsächliche Werbungskosten, insbesondere die Zinsen für fremdfinanzierte Wertpapieranlagen, nicht abzugsfähig. Dies gilt deckungsgleich mit dem deutschen System auch in den Fällen, in denen der österreichische Kapitalanleger die Steuerveranlagung wählt, weil sein persönlicher Steuersatz weniger als 25 Prozent beträgt und die zu viel bezahlte KESt rückvergütet erhält. Auch in diesem Fall kann der österreichische Kapitalanleger keine tatsächlichen Werbungskosten geltend machen. Des Weiteren dürfen auch in Österreich Verluste aus Wertpapieranlagen nur mit Gewinnen aus solchen Anlagen verrechnet werden. Auch hier präsentiert sich das österreichische Steuersystem nicht vorteilhafter als die neue deutsche Abgeltungsteuer.

Ein wesentlicher Vorteil des österreichischen Systems liegt aber darin, dass private Veräußerungsgewinne auf Anleihen und Aktien mit einem Beteiligungsausmaß von weniger als ein Prozent nach einer Haltefrist von mehr als einem Jahr keiner Besteuerung unterliegen.[384] Nur Veräußerungsgewinne aus Zertifikaten unterliegen der KESt auch dann, wenn diese mehr als ein Jahr im Depot gehalten werden.

Österreich praktiziert somit das bis Ende 2008 auch in Deutschland geltende Prinzip, wonach Wertzuwächse bei Anteilen von weniger als einem Prozent nach einer Mindesthaltedauer von mehr als einem Jahr von der Steuer freigestellt sind. Steuerpflichtig sind in Österreich Anteilsveräußerungen im Privatvermögen dann, wenn in den letzten fünf Jahren vor der Veräußerung das Beteiligungsausmaß mindestens ein Prozent betragen hat. Diesfalls unterliegt der Veräußerungsgewinn in Österreich aber nur dem halben durchschnittlichen Einkommensteuersatz. Die österreichische Kapitalertragsteuer ist somit grundsätzlich keine Substanzsteuer.

Die laufenden Erträge eines österreichischen Investmentfonds unterliegen bei österreichischen Anlegern ebenfalls grundsätzlich der KESt und müssen daher nicht in die Steuererklärung aufgenommen werden. Wesentlich ist, dass im Fonds realisierte Veräußerungsgewinne aus Anleihen sowie 80 Prozent der Veräußerungsgewinne aus Aktien steuerfrei sind. Veräußerungsgewinne aus Investmentfonds werden in Österreich nur mit (20% x 25%) fünf Prozent besteuert. Ebenfalls der Endbesteuerung unterliegen in Österreich ausländische Meldefonds („blütenweiße Fonds"), die ihre Erträge wie inländische Investmentfonds nachweisen und der Österreichischen Kontrollbank mitteilen.

Der österreichischen KESt unterliegen ansonsten nur tatsächliche Ausschüttungen von auf inländischen Depots liegenden ausländischen Fonds. Erträge aus sonstigen ausländischen Fonds (thesaurierend oder auf ausländischem Depot liegend) müssen grundsätzlich in die Steuererklärung aufgenommen werden.

Schließlich beträgt die österreichische Kapitalertragsteuer einheitlich 25 Prozent. Zu- oder Abschläge sind nicht zu berücksichtigen. Damit liegt der österreichische Steuertarif knapp drei Prozent unter der deutschen Abgeltungsteuer.

---

[384] Im Gespräch ist allerdings derzeit eine zeitlich unbefristete Spekulationssteuer, „Capital Gains Tax", als Ersatz für die zum 1.8.2008 entfallende Erbschaft- und Schenkungsteuer.

Vermeidung der deutschen Abgeltungsteuer durch Verlagerung der „Lebensinteressen" nach Österreich

Deutsche Kapitalanleger können ab 2009 ihr Kapitalvermögen nach dem günstigeren österreichischen Kapitalertragsteuersystem besteuern, wenn sie ihren „Mittelpunkt der Lebensinteressen" zum 31.12.2008 nach Österreich verlagern und somit dort ihren Wohnsitz im Sinne des deutsch-österreichischen Doppelbesteuerungsabkommens[385] begründen. In diesem Fall gilt das österreichische Steuersystem auch dann, wenn der Wahlösterreicher sein Konto/Depot noch in Deutschland hat, etwa weil er seinen Vermögensberater oder seine Bank nicht wechseln will. An die Stelle der KESt bzw. als Ersatz für die deutsche Abgeltungsteuer tritt in diesen Fällen die sogenannte Sondereinkommensteuer. Der Steuersatz dieser Sondereinkommensteuer entspricht demjenigen der KESt. Man spricht in diesem Fall von „Quasi-Endbesteuerung."

„Quasi-endbesteuert" sind insbesondere:

1. Zinsen aus Einlagen bei einer ausländischen Bank.
2. Erträge aus Forderungswertpapieren (auch von österreichischen Emittenten), die auf ein Depot bei einer ausländischen Bank gutgeschrieben werden.
3. Dividenden aus Aktien einer ausländischen AG, die auf ein ausländisches Depot zufließen.
4. Ausschüttungen einer ausländischen GmbH.
5. Ausgeschüttete Erträge aus ausländischen Investmentfonds, die auf ein ausländisches Depot erfolgen.
6. Ausschüttungsgleiche Erträge aus ausländischen Investmentfonds bei inländischem Depot (ausgenommen die echt endbesteuerten Meldefonds) oder bei ausländischem Depot.

Sind inländische (österreichische) Kapitalerträge nicht endbesteuerungsfähig, so müssen sie in die Einkommensteuererklärung aufgenommen und zum entsprechenden Tarif versteuert werden. Dies gilt auch für KESt-pflichtige Kapitalerträge, die nicht endbesteuerungsfähig sind. So sind bei-

---

[385] Abkommen zwischen der Bundesrepublik Deutschland und der Republik Österreich zur Vermeidung der Doppelbesteuerung auf dem Gebiet der Steuern vom Einkommen und vom Vermögen vom 24. August 2000 (BGBl. Teil II 2000, S. 734), ratifiziert durch Gesetz vom 26. März 2002 (BStBl. 2002 II S. 584).

spielsweise Erträge aus einer echten stillen Beteiligung in die Einkommensteuerveranlagung aufzunehmen. Die bereits abgeführte KESt kann auf die Einkommensteuerschuld angerechnet werden.

Um in den Genuss der günstigeren österreichischen Besteuerung auf Kapitaleinkünfte zu kommen, muss der deutsche Kapitalanleger keineswegs zwangsweise alle Brücken in Deutschland abbrechen. Mittelpunkt der Lebensinteressen ist regelmäßig der Wohnsitz, zu dem die engeren persönlichen und wirtschaftlichen Beziehungen bestehen.[386] Mittelpunkt der Lebensinteressen bzw. Wohnsitz im Sinne des deutsch-österreichischen Doppelbesteuerungsabkommens ist regelmäßig der Familienwohnsitz – ein darüber hinaus unterhaltender Zweitwohnsitz in Deutschland ist unschädlich.

Zur Begründung des Mittelpunktes der Lebensinteressen kommt es auf folgende Faktoren an, die in nachfolgender Checkliste dargestellt werden:

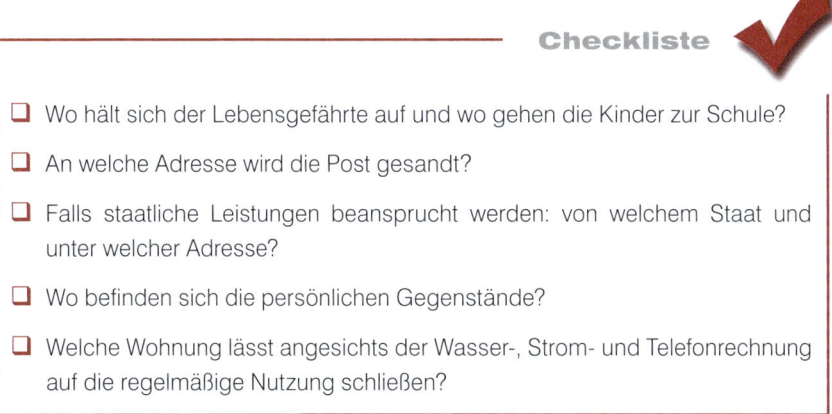

Checkliste

- Wo hält sich der Lebensgefährte auf und wo gehen die Kinder zur Schule?
- An welche Adresse wird die Post gesandt?
- Falls staatliche Leistungen beansprucht werden: von welchem Staat und unter welcher Adresse?
- Wo befinden sich die persönlichen Gegenstände?
- Welche Wohnung lässt angesichts der Wasser-, Strom- und Telefonrechnung auf die regelmäßige Nutzung schließen?

Der „Mittelpunkt ihrer Lebensinteressen" ist mittels einer Ansässigkeitsbescheinigung durch das österreichische Finanzamt dem deutschen Finanzamt nachzuweisen. Liegen die mittelbaren Lebensinteressen eines deutschen Anlegers in Österreich und liegt damit auch der DBA-Wohnsitz

---

[386] Vgl. Art. 4 Abs. 2 Buchst. a, Abkommen zwischen der Bundesrepublik Deutschland und der Republik Österreich zur Vermeidung der Doppelbesteuerung auf dem Gebiet der Steuern vom Einkommen und vom Vermögen vom 24.8.2000 (BGBl. Teil II 2000, S. 734).

(auf den es für die Besteuerung ankommt) dort, ist der deutsche Fiskus hinsichtlich der Abgeltungsteuer ausgebremst.

Praxistipp 129:

Eine bloße Ferienwohnung genügt allerdings nicht, um dem ungünstigen deutschen Abgeltungsteuersystem zu entkommen. Zweitwohnsitze, die nicht den Mittelpunkt der Lebensinteressen bilden und auch weniger als 70 Tage im Jahr genutzt werden, gewähren dem deutschen Wahlösterreicher mit Doppelwohnsitz keinen Schutz vor der deutschen Abgeltungsteuer durch das deutsch-österreichische Doppelbesteuerungsabkommen.

Stichwortverzeichnis

Abgeltungsteuer auf ausländische Kapitaleinkünfte 208
Abgeltungsteuer auf Veräußerungsgewinne 45
Abgeltungsteuersatz 28, 30
- Betriebe gewerblicher Art 28
Abgeltungswirkung 77
Abgezinste Sparbriefe 99
Abzinsungspapiere 98
Abzugsverbot für Werbungskosten 94
Aktien 27
- Dividende 40
- Veräußerungsgewinne 45
Altersvorsorgeplanung 180
Altersvorsorge-Sondervermögen 193
Altverluste 73f, 79
- aus Einkünften aus Kapitalvermögen 73
- aus privaten Veräußerungsgeschäften 73
Amtliche Disagiostaffel 98
Anleihen 26
Anrechnungsüberhänge 93
Anteile an Gesellschaften mit beschränkter Haftung 40
Antragsveranlagung 77, 79, 81
Asset-Wrapping 181
Auseinandersetzungsguthaben 50
Ausländische Quellensteuern 80, 93

Ausländische thesaurierende Aktienfonds 92
Ausländische thesaurierende Fonds 111
Ausländische thesaurierende Investmentfonds 53
Ausschüttungsgleiche Erträge 53, 55
Back-to-back-Finanzierung 60, 81
Banksparpläne 182
Berücksichtigungsfähigkeit eines Kindes 78
Besondere Entgelte 48
Bestandsschutz 82
Beteiligung an einem Handelsgewerbe 40
Beteiligungen mit Unternehmer-Interessen 62
Betrieb gewerblicher Art 42
Betriebliche Altersversorgung 184
- Direktversicherung 185
- Direktzusage 185
- Leistungen 187
- Pensionsfonds 186
- Pensionskassen 185
- Unterstützungskassen 185
Betriebsvermögen 33
Bonus-Zertifikate 52, 112
Brunei-Trust 229
Bundesschatzbrief Typ B 99
Bund-Strips 99

Dachfonds 91, 105f
Depotübergreifende Verlustverrechnung 94
Depotübertragung 64
Depotwechsel 79
Direktversicherung 185
Direktzusage 185
Discount-Zertifikate 52, 112
Dividenden 43, 53
Doppelbesteuerungsabkommen 210f
Dubai International Financial Center (DIFC) 251
Eigengenutzte Immobilie 90, 158
Einkünfte aus Kapitalvermögen 39
Emissionsdisagio 50, 101
Entgeltumwandlung 186
Erbschaften 63
Ertragsanteil 182
EU-Steuerrückbehalt 220f
Exchange Traded Funds 110
Familienpool 96
Fiktive Veräußerungstatbestände 50
Finanzierungsschätze 99
Finanzinnovationen 71
First-in-First-out-Prinzip 92
Fondsgebundene Lebensversicherungen 56, 107
Fondsgebundene Rentenversicherung 182
Fondsgebundene Rentenversicherungspolicen 182
Fondsgebundene Versicherungen 195
Fondspolice 90, 107, 195
 - Dynamische Allokation 200
 - Nettopolice 199
Freistellungsauftrag 23, 24, 76f
Garantiezertifikate 52
Genussrechte 46
Genussscheine 72
Gesamthandsanteil 51
Geschlossene Beteiligungsmodelle 156
Gesellschaftsanteile 46
Gestrippte Bundesanleihe 100

Gewerblich geprägte Personengesellschaft 95f
Gleitzinsanleihen 100
Global Investment Performance Standards 207
Grundstücksveräußerungsgeschäfte 53
Günstigerprüfung 77, 79, 80f
Halbeinkünfteverfahren 22, 26, 90
Immobilien 20
Immobilienaktien 160
Immobilienfonds
 - geschlossene 159
 - offene 159
Immobilienobjekte 159
Investmentfonds 27, 52, 83, 104
Investmentfonds
 - Altbestand 84
 - aufgeschobene Besteuerung 84
 - mit vermögensverwaltendem Charakter 108
Investmentfondsanteile 52ff
Jahresbescheinigung 23
Kapitaleinkünfte
 - abgeltungsteuerpflichtige 77f
 - für außersteuerliche Zwecke 79
 - für Zwecke der Einkommensteuer 78
Kapitalertragsteuer 21
Kapitalforderungen „anleiheähnlicher" Art 47
Kapitallebensversicherung 90
 - Altverträge 56
 - Bemessungsgrundlage 56
 - Kontrollmitteilung an Finanzämter 60
 - Neuverträge 56
 - Veräußerung von Ansprüchen 59
 - Verträge nach 31.12.2011
Kinder-Fonds-Sparplan 152
Kirchensteuer 22, 28f, 53, 80
Kirchensteuerabzugsverfahren 28
Kombizinsanleihen 100
Kontenabruf 24, 25
Kriterien für Finanzplätze 206

Lebensversicherungen 41, 103
Liebhaberei 96
Liechtenstein
- Bankgeheimnis 232f
- Bankensystem 225
- Einlagensicherung 225
- Gläubigerschutz 172
- Konto 222
- Kontoarten 225
- Rechtshilfe 223f
- Versicherungsgeheimnis 172
Liechtensteinische Lebensversicherungen 169
- Steuerstundungseffekt 176
- Zinseszinseffekt 176
Luxemburg
- Bankgeheimnis 247, 250
- Besteuerung 251
- Einlagensicherung 250
- EU-Zinssteuer 251
- Konto 246
- Kontoarten 250
- Nummernkonten 250
- Pseudokonten 250
- Steuerbetrug 247f
Luxemburger Spezialfonds 118f
- Auflösung 120
- Besteuerung 120
- Gründung 119
- Kosten 122
- Rechtsform 119
- Rückgabe 120
- Sachkundige Kapitalanleger 119
Meldungen nach § 45d EStG 23, 77
Mischfonds 104
Nachgelagerte Besteuerung 190
Negative Stückzinsen 96
Nettopolice 199
Nichtveranlagungs-Bescheinigung 74f, 148f
Niedrigzinsanleihe 100
Nullkuponanleihen 99
Nummernkonto 216f
Offene Immobilienfonds 108

Offene Investmentfonds 26
Österreich
- Amts- und Rechtshilfe 231f
- Bankgeheimnis 231f
- Bankensystem 236
- Besteuerung 241
- Einlagensicherung 234f
- EU-Quellensteuer 241
- Konto 231f
- Kontoarten 234
- Online-Banking 240
- Wohnsitznahme 260
Österreichische Kapitalertragsteuer 257f
Österreichische Spezialfonds 123f
- Anlagerichtlinien 127
- Asset Allocation 127
- Besteuerung 131
- Besteuerung Fondsanteilseigner 131
- Fondsbestimmungen 127
- Fondsbeteiligte 126
- Gründung 124
- Rechtsform 124
- Rückgabe 131
- Vermögenstransfer 125
Partiarisches Darlehen 41
Pensionsfonds 186
Pensionskassen 185
Personengesellschaft
(vermögensverwaltende) 51
Private Basis-(Rürup-)Rente 190f
Private Rentenbesteuerung 182
Private Rentenversicherungen 182
Private Veräußerungsgeschäfte 20, 26, 39, 74
Privatfonds 113f
Privatvermögen 33
Proxy Voting 135
Pseudonymkonten 216f
Publikumsfonds 83
Quellensteuer 20
- Anrechnung auf Abgeltungsteuer 210
Real Estate Investment Trusts (REITs) 157f, 158, 160

Reichensteuer 26
REITs 157f, 160
Revenue-Sharing 222
Riester-Rente 188
Schachtelprivileg 147
Schenkungen 63
Schiffsbeteiligungen 163
Schuldzinsenabzug 22
Schutz von Bankkunden 21, 206
Schweiz 212
- Amtshilfe- und Rechtshilfe 212f
- Amtshilfe in DBA 215
- Bankgeheimnis 212
- Einlagensicherung 216f
- Kontoarten 216
- Steuerbetrug 213f
- Verrechnungssteuer 219
Schweizer Bankensystem 218
Solidaritätszuschlag 21, 53
Sonderausgaben für Spenden 78
Sonderbetriebsvermögen 34
SOPARFI 147
Sparer-Pauschbetrag 23f, 61, 66, 75f, 79, 151
Spekulationsfrist 30
Spekulationsverluste 71
Spezialfonds 13f, 30, 85, 90
Steuersatz 21
Steuerstundungseffekt 53, 209
Steuerstundungsmodell 65
Stiller Gesellschafter 40
Stillhalteprämien 42, 53
Stripped Bond 98
Stückzinsen 47, 71, 96
Subsidiaritätsgrundsatz 32
Subsidiaritätsklausel 78
Substanzsteuer 20

Teileinkünfteverfahren 36, 46, 53, 58
Teilfonds 122
Termingeschäfte 47, 53
Thesaurierungsfonds 27, 90, 222
Tonnagesteuer 156, 163f
Übergangsregelungen 30
Unentgeltliche Übertragung 63
Unterstützungskassen 185
Unverzinsliche Schatzanweisungen 99
Veräußerungsgewinne 75, 82, 117
Verdeckte Einlage 50
Verdeckte Gewinnausschüttung 42
Verlustbescheinigung 69f, 94
Verlustübertrag 70
Verlustverrechnung 68
Verlustverrechnungstopf 69, 94
Verlustvortrag 79
Vermögensübertragung auf Kinder 148f
Vermögensverwalter-Fonds 92
Vermögensverwaltervertrag 152
Verrechnungssteuer 219, 221
Versicherungsplatz Liechtenstein 170
Versicherungsverträge 56f
Vorteile 48
Werbungskosten 22, 60, 65f
Werbungskostenabzug 81
Wertpapiere 85
Wertpapierveräußerungsgeschäfte 53
Zero-Bonds 90, 98
Zertifikat 27, 30, 47, 51, 82
- ohne Kapitalgarantie 52
Zinsen 53
Zinsscheine 46
Zumutbare Belastung bei außergewöhnlichen Belastungen 78
Zusammenfassende Jahresbescheinigung 23

Wie Sie dem Fiskus ein Schnippchen schlagen

- Unentbehrlich für alle, die ihr Geld diskret, sicher und vor allem gewinnbringend anlegen wollen!

- NEU in der 5. Auflage: Erweiterung der Anlageländer um Dubai und Singapur!

- Mit vielen Tipps, Checklisten und Beispielen

Götzenberger
5., akt. u. überarb. Aufl. 2007, 464 Seiten, geb.
ISBN 978-3-7093-0155-5
EUR 29,90 (D) / EUR 30,80 (A)

Dieses Werk erläutert detailliert Anlagemöglichkeiten in Steueroasen und klärt über Bankgeheimnis, Steuerrechtshilfe, Bankmeldungen und diskrete Anlagekonten auf. Viele Tipps, Checklisten und Beispiele helfen, optimale Anlageentscheidungen zu treffen und zeigen dem Leser, worauf es wirklich ankommt. Außerdem informiert dieser Top-Ratgeber, welche Gefahren dem international operierenden Geldanleger durch die globalen Maßnahmen der OECD zur Bekämpfung schädlicher Steuerpraktiken sowie auch durch nationale Maßnahmen, wie z.B. den automatisierten Kontenabruf in Deutschland oder die europaweiten Kontenabfragen, drohen.

Anton-Rudolf Götzenberger ist diplomierter Betriebswirt und seit Jahren als Fachbuchautor tätig. Er hält ständigen Kontakt zu den diskretesten Finanzplätzen in Europa und Übersee. Der Autor hat sich ferner auf die Schaffung von steueroptimierten Vermögensübertragungsmodellen auf internationaler Ebene spezialisiert.

Tel.: +43 (1) 24 630 - 0
Fax: +43 (1) 24 630 - 23
office@lindeverlag.at
www.lindeverlag.at
Scheydgasse 24
1210 Wien